由南京大学郑钢基金资助出版

折射集
prisma

照亮存在之遮蔽

Michael Heinrich

Kritik der politischen Ökonomie:
Eine Einführung

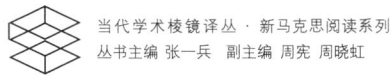

当代学术棱镜译丛 · 新马克思阅读系列
丛书主编 张一兵 副主编 周宪 周晓虹

政治经济学批判：
马克思《资本论》导论

［德］米夏埃尔·海因里希 著 张义修 房誉 译

南京大学出版社

《当代学术棱镜译丛》总序

自晚清曾文正创制造局,开译介西学著作风气以来,西学翻译蔚为大观。百多年前,梁启超奋力呼吁:"国家欲自强,以多译西书为本;学子欲自立,以多读西书为功。"时至今日,此种激进吁求已不再迫切,但他所言西学著述"今之所译,直九牛之一毛耳",却仍是事实。世纪之交,面对现代化的宏业,有选择地译介国外学术著作,更是学界和出版界不可推诿的任务。基于这一认识,我们隆重推出《当代学术棱镜译丛》,在林林总总的国外学术书中遴选有价值篇什翻译出版。

王国维直言:"中西二学,盛则俱盛,衰则俱衰,风气既开,互相推助。"所言极是!今日之中国已迥异于一个世纪以前,文化间交往日趋频繁,"风气既开"无须赘言,中外学术"互相推助"更是不争的事实。当今世界,知识更新愈加迅猛,文化交往愈加深广。全球化和本土化两极互动,构成了这个时代的文化动脉。一方面,经济的全球化加速了文化上的交往互动;另一方面,文化的民族自觉日益高涨。于是,学术的本土化迫在眉睫。虽说"学问之事,本无中西"(王国维语),但"我们"与"他者"的身份及其知识政治却不容回避。但学术的本土化绝非闭关自守,不但知己,亦要知彼。这套丛书的立意正在这里。

"棱镜"本是物理学上的术语,意指复合光透过"棱镜"便分解成光谱。丛书所以取名《当代学术棱镜译丛》,意在透过所选篇什,折射出国外知识界的历史面貌和当代进展,并反映出选编者的理解和匠心,进而实现"他山之石,可以攻玉"的目标。

本丛书所选书目大抵有两个中心:其一,选目集中在国外学术界新近的发展,尽力揭橥域外学术 20 世纪 90 年代以来的最新趋向和热点问题;其二,不忘拾遗补阙,将一些重要的尚未译成中文的国外学术著述囊括其内。

众人拾柴火焰高。译介学术是一项崇高而又艰苦的事业,我们真诚地希望更多有识之士参与这项事业,使之为中国的现代化和学术本土化做出贡献。

丛书编委会
2000 年秋于南京大学

中译序

在当代德国马克思主义研究领域，米夏埃尔·海因里希（Michael Heinrich）是一位标志性的人物，无论是在学术界还是在青年学生当中，他都具有比较大的影响。作为德国"新马克思阅读"（neue Marx-Lektüre）思潮的代表，他对马克思原始文献的研读，特别是对以《资本论》为核心的马克思政治经济学批判的创新阐释，已经在国际学术界引起了积极反响。本书正是海因里希对《资本论》以及马克思的政治经济学批判理论的一个系统凝练的导读。

一

海因里希 1957 年生于德国海德堡，先后在海德堡大学和柏林自由大学求学，专业为数学、物理学和政治学，并对马克思主义产生了浓厚兴趣。1983 年和 1986 年，他先后获得政治学和数学两个方向的硕士学位，两篇硕士论文的主题分别是"马克思从《大纲》到《资本论》'资本'概念的转变"和"现代拓扑方法在广义相对论中的应用"。此后，他开始在柏林自由大学政治学系任教，期间获得博士学位。他的博士论文也是他的代表作——《价值的科学：在科学革命与古典传统之间的马克思政治经济学批判》（*Die Wissenschaft vom Wert：Die Marxsche Kritik der politischen Ökonomie zwischen wissenschaftlicher Revolution und klassischer Tradition*）。该书首先探讨了古典政治经济学的理论传统，进而阐述了马克思从人本学异化批判向一种新的历史科学转变的过程，后者在理论视域和问题式上表现出了与古典政治经济学传统之间的断裂。该书围绕价值理论、资本理论、危机理论等主题，体现出马克思在探索政治经济学批判的过程中，一方面试图彻底超越古典政治经济学,另一方面又不得不反复调用、回应前人相关概念与问题的二难理论境遇。该书在1991年出版之后多次再版,英文版也即将出版。

2004年,海因里希在《价值的科学》一书基础上,结合自己新的研究与多年来解读《资本论》的教学心得,出版了《政治经济学批判导论》(*Kritik der politischen Ökonomie：Eine Einführung*)一书(再版时更名为《政治经济学批判:马克思〈资本论〉导论》)。随后,他又对《资本论》中的经典段落进行了逐段逐句的评注,出版了两卷本的《怎样阅读马克思的〈资本论〉?》(*Wie das Marxsche "Kapital" lesen?*)。这两部导论性质的作品不仅受到德国读者的欢迎,多次再版、重印,而且已经或正在被译为英文、西班牙文、土耳其文、日文、韩文等文字。

海因里希对马克思的《资本论》和政治经济学批判的创造性解读,具有两个特点:一方面,他非常强调马克思的原始文献,特别是《马克思恩格斯全集》历史考证版(MEGA2)中新出版的马克思手稿和笔记(他自己也曾经参与MEGA2部分卷次的编辑工作),这些一手的过程性文献为他的观点提供了重要的支持;另一方面,他的研究具有很强的针对性,他基于上述文献,对苏联传统的马克思主义体系提出了明确的批评,甚至触及了一些在苏联传统的马克思主义观点看来不可侵犯的基本信念,比如资本主义"崩溃论"等。而他的这种"离经叛道"也受到了一些比较传统的马克思主义者的尖锐回击。但是,他的研究不仅始终基于马克思的文献,而且始终坚守马克思主义的立场,致力于敞开马克思思想在当代的新的可能性。随着他的研究成果逐渐被译为英文,他的这些观点已经不仅在当代的德语学界,而且在英语学界也产生了影响。比如,海因里希2013年发表《危机理论、利润率下降规律与马克思在19世纪70年代的研究》("Crisis Theory, the Law of the Tendency of the Profit Rate to Fall, and Marx's Studies in the 1870s"),认为被恩格斯编入《资本论》第三卷的"利润率下降规律"是马克思的一个未完成的假设,并且它与马克思的危机理论并无直接关联。① 一年后,大卫·哈维(David Harvey)写作了《危机理论与利润率下降》("Crisis Theory and the Falling Rate of Profit")并在一场研讨会上发表,认为海因里希"引起了一场争论的风暴"。他用超过一页的篇幅引述和分析了海因里希的多段原文,并表示"海因里希的观点与我自己对这一规律一般意义的长期怀疑是基本一致的"②。

总的来说,海因里希不是一位具有极强原创性的思想家,但绝对是一位立场坚定、学风扎实的马克思主义学者。他从学生时代起就利用 MEGA2 出版的新材料,不断推进对马克思一系列哲学、经济学、政治学理论问题的考证和研究,提出了许多新观点。除了曾在柏林自由大学任教之外,他还曾担任《PROKLA:批判社会学》杂志主编、柏林应用科技大学教授,以及维也纳大学和南京大学的客座教授。目前,他辞去一切教职,正在专心为马克思撰写一部三卷本的传记《卡尔·马克思与现代社会的诞生》(Karl Marx und die Geburt der modernen Gesellschaft),第一卷已于 2018 年出版,并于 2019 年出版英文版。

二

本书既是海因里希关于马克思《资本论》和政治经济学批判的一部普及性、导论性著作,同时也是对他自己关于马克思政治经济学批判的一系列重要观点的一次凝炼。在此,我将结合本书的主要内容,对海因里希理解马克思的政治经济学批判的思想要点予以介绍,以方便读者对之加以把握。

海因里希在本书序言中强调,我们在面对马克思和《资本论》的时候,首先必须摒弃过去我们对相关内容的"先入之见"和背景认知,也就是哲学解释学意义上的"前理解"。"这种通过学校与媒体、对话与讨论

---

① *Monthly Review*, Volume 64, Issue 11, April 2013.
② *The Great Financial Meltdown: Systemic, Conjunctural or Policy Created?* Ed. Turan Subasat, Cheltenham: Edward Elgar, 2016, pp. 41-42.

而自发形成的**前理解**,有必要被批判性地加以追问。"而他所要批判性地加以追问的核心理解模式,就是传统的"世界观式的"马克思主义。在海因里希看来,作为一种"世界观"的、大全式的马克思主义的兴起,是由于马克思、恩格斯在工人和社会主义者当中传播自己的观点时,出于论战和工人群众的实际需要,形成了一些有这种倾向的通俗化作品,其中的代表就是《反杜林论》。后来,第二国际和苏俄时期的马克思主义理论家们进一步简化出了一套教条化的理论体系,它将马克思主义条块分割,观点硬化,而这也就成了直到今天最广为流传的关于马克思主义的"前理解"。当然,这种教条化了的传统马克思主义体系,早已受到西方马克思主义理论家们的批判。而对于海因里希来说,最为重要的是从以下两个方面予以突破:

第一,是在历史观或者历史哲学的层面,既不能将马克思主义理解为一种经济主义、经济决定论,也不能将马克思主义理解为一种历史决定论。所谓经济主义,就是将社会生活特别是意识形态和政治问题还原为对经济利益的有意识的反映。在海因里希看来,真实发生的事情不仅没有这么简单、直接,甚至恰恰相反——在资本主义日常生活中,意识形态和政治不仅不是对真实的经济关系的反映,而且往往是对这种关系的"遮蔽"和"神秘化"。马克思的核心观点,不仅不是直接指认"基础"与"上层建筑"的直接对应性,而且正是揭露这种"遮蔽"与"神秘化"。所谓历史决定论,就是把资本主义的灭亡和革命的成功当作一个自然的、必然的历史事件。海因里希认为,固然马克思在个别文本中有这样的倾向,但关键在于马克思是否在理论上完成了对这种历史必然性的"证明",而不是仅仅停留于"信念"或"期待"。今天的读者必须将这二者区分开来,这样才能真正在马克思的基础上前进。

第二,是在马克思的毕生事业——政治经济学批判方面,重新理解这一理论事业的基本性质。海因里希特别强调其中的"批判",它意味着,马克思从19世纪40年代开始所致力于实现的目标,并不是建构一套新的政治经济学"理论",即不是要把古典政治经济学的"知识""内容"科学化、精确化,而是对整个政治经济学的"批判",即对作为一个学科、一个理论传统的"政治经济学"(而不是斯密、李嘉图等个别人的经济学理论)加以根基性、方法性的批判。那么,这种批判性的考察与政治经济学的分析的根基性、方法性的差异在哪里呢?海因里希引述《资本论》以及马克思给拉萨尔的信来证明,马克思所要做的事情,不是去研究和推进既有的政治经济学的范畴,以及这些范畴所表征的经济内容,而是反思政治经济学所从来没有思考过的问题,即这些经济内容所采取的社会形式规定性、这些经济学范畴得以成立的特定的历史结构。马克思要处理的,正是被政治经济学当作不言而喻的前提而接受下来的东西,正是在这里,不仅蕴含着这一理论传统中根本的遮蔽,同时也蕴藏着现代资本主义经济关系的真正秘密。

总而言之,海因里希认为,马克思对于现代社会的分析不应被简化为某种决定论教条,他的思想中最富教益的部分,恰恰是破除日常生活视域中虚幻的直接性和物性,揭露资本主义生产方式的特殊结构,以及作为这种结构之最终完成的日常生活观念中的拜物教和神秘化。与之相一致的是,马克思的政治经济学批判不是一门实证的经济学知识,而是一套基于对现代经济社会关系的分析而衍生出来的社会批判理论。

三

既然海因里希认为,马克思的政治经济学批判针对的是古典政治经济学的自明性前提,从而实现了一种方法论层面的"断裂",那么,这种"断裂"究竟体现在哪里呢?[1] 换言之,马克思的批判方法论究竟具有怎样的独特之处?结合本书内容,可以总结出海因里希强调的如下

---

[1] 在《价值的科学》一书中,海因里希将其总结为四个层面:人类主义、个人主义、经验主义和非历史主义。他指出,马克思通过方法论的革命,超越了古典政治经济学的这四个自明前提。参见魏小萍:《马克思的劳动价值论及其同古典经济学的四个决裂——德国柏林工业与经济学院海里希教授访谈》,《马克思主义研究》2012 年第 7 期。

几个方法论要点——

　　第一，马克思不是从个人主体的预设出发，不是从个人行为的视角出发，而是从社会结构的视角来考察现代经济过程的。众所周知，《资本论》的分析不是从经济活动的当事人出发，而是从现代经济关系中的细胞形式——商品——这样一种物的关系出发。而在马克思之前的许多经济学家是从个人主义的假设出发，将交换当成人的自然本性，从而论证商品交换机制的合理性。海因里希认为，这说明"马克思**不是**基于交换者的思考而建立起价值理论的"，"马克思想要通过价值理论来揭示一种特定的社会结构，身处其中的个人**只能**遵从这一结构，**无论他们自己怎么想**"。个人的劳动只是这一社会中总劳动的一部分，个人的商品交换只是遵循着市场经济的逻辑。因此，马克思是在分析完商品和货币的性质之后，才转而从商品占有者（他们"只是商品的代表"）的行为视角来考察商品交换，并且强调，这些商品交换者遵循特定的社会结构而行动，而他们的行动必然带来货币这一结果。海因里希就此提出：马克思所要做的，并不是为劳动价值论提供新的证明，而是要转换一个思考的角度，去揭示那种使劳动价值论得以实现的现代社会的特殊形式规定（或者说"社会结构"）。换言之，马克思想说明的，不是劳动价值论为什么是对的，而是劳动价值论在一个怎样的社会中才是对的。

　　第二，海因里希反对从自然的、生理学的角度去理解马克思对抽象劳动的探讨，强调马克思理论中突出的历史性、社会性维度。他认为，马克思所分析的始终是资本主义社会中的商品，以及这种商品所蕴含的劳动二重性。商品的价值来源于抽象劳动，但是抽象劳动是不可见的，马克思没有将抽象劳动当作一种纯然"自然主义"的概念，毋宁说，抽象劳动的出场完全是基于现代社会经济的交换过程，"只有在交换过程中，构成抽象劳动之基础的抽象才得以完成"。他还进一步提出，抽象劳动不可能被物理性的时间所衡量，因为能够被衡量的总是个别的劳动时间，而马克思讲的是社会必要劳动时间，它虽然是劳动价值的来源，却是不可直接衡量的。说到底，"抽象劳动是一种在交换中构建起来的**有效关系**：在交换中，被耗费的具体劳动**充当了**特定量的形成价值的总劳动"。这个"充当"就是一种社会性的指认，而不是一种生理学、物理学的物性指认。只有在现代交换社会之中，劳动才现实地被当作是抽象的，这种现实而不可见的抽象只能被理解为一种社会总体意义上的关系规定性。

第三，从前文已经可以发现的另一点是，海因里希强调马克思的思维方式当中的关系性特质，以此反对对政治经济学的核心概念——价值——作实体主义的理解。尽管马克思明确提到了"价值实体"这样的概念，但是在海因里希看来，"价值实体"也不能被"实体主义地"理解为类似物质性的东西。毕竟，马克思本人反复强调，商品的价值对象性是一种"幽灵般的对象性""纯粹虚幻的对象性"，如果价值实体是指可见的商品的物性，那么也就没有所谓"幽灵般"或者"虚幻"可言了。价值是一种社会关系，它固然表现为物的属性，却不是真正暗含在单个的物之中的，而不过是生产者个人劳动和社会总劳动之间的关系。就此而言，我们不仅无法在单个商品中把握价值对象性，甚至也不可能只在商品的生产环节把握价值的规定性，而只有将流通过程纳入进来，只有在交换当中，个人劳动和社会总劳动的关联才会现实地表现为价值，价值实体的对象性才得以现实地出现。海因里希说，表现价值和价值量的社会关系，既不是在"生产"中，也不是在"流通"中，而是在生产"和"流通中建构起来的。这样一种关系性、过程性的价值理论才是马克思超越古典政治经济学价值概念的地方。

总之，海因里希强调马克思政治经济学批判方法论上的结构性、社会性、关系性，反对以个人主义、自然主义、实体主义的方式理解马克思的理论。这突出体现在对价值形式理论的阐述之中。

海因里希充分利用马克思对《资本论》第一卷中价值形式理论的多次修改增补的文献，完整重构了价值形式理论的核心意义。他引用马克思本人对于价值形式分析的高度评价，认为这是马克思本人尤为重视的内容，事实上马克思的反复修改也可以说明这一点。然而，在传统的讨论中,这一部分往往被理解为马克思对商品发展为货币的历史脉络的逻辑梳理。海因里希认为,这着实低估了这一部分分析作为"批判"的意义:以往的经济学家们只讨论价值的来源,但是价值的来源和价值的表现形式是两个截然不同的问题。人们只盯着价值内容,却偏偏没有思考过,价值内容所采取的表现形式是什么,又为什么要采取这样的表现形式。马克思的贡献正在于此。他通过对商品形式,即价值的表现形式的分析,在逻辑上说明了价值作为一种社会关系,必须通过另外一种有价值物的使用价值来表现,这就必然导致货币的出现。简言之,价值来源于劳动(社会必要劳动时间),它的表现形式则是货币。据此,海因里希提出,与其说马克思提出了一种新的劳动价值论(事实上马克思从未把自己的价值理论指认为"劳动价值论"),不如说马克思提出了一种"货币价值论":"如果没有价值形式,商品就无法作为价值而彼此发生关系,也只有货币形式才是对于价值而言可计量的价值形式。"就此而言,古典政治经济学将价值固定在单个的物上,既无法在实体思维中理解价值及其表现形式的问题,又无法论证货币存在的必然性,它们的劳动价值论只是一种"前货币的"价值理论。在实现了价值形式分析之后,马克思才对商品和货币拜物教的神秘化特征予以解析,这也说明,这种神秘化是现代资本主义社会所固有的"形式规定性"的产物,不可能通过主观意识的改变而改变。

四

以上我们结合本书前三章的内容,说明了海因里希对政治经济学批判在方法论上的基本理解。许多关于马克思《资本论》的解读只是强调第一卷中资本与劳动的关系,因为马克思正是在这里发现了剩余价值,揭示了资本主义剥削的秘密。海因里希则在序言中强调,对于马克思《资本论》的三卷本,应当有一个整体的理解。如果只读第一卷,那么这种理解不仅是不完整的,甚至是错误的,这是由这部著作独特的研究和叙述方式所决定的。"由于马克思将其研究对象分解为不同的、互为前提与补充的抽象阶段，我们只有在读完第三卷后，才能完整地把握第一卷所论述的价值理论和剩余价值理论。"

在《资本论》第一卷当中，马克思从市场经济的规律性导引出资本出场的必然性，"正如商品和货币之间的关系一样，必须展现货币和资本之间的内在的、必然的关联"。基于资本主义商品生产的规律，作为资本化身（马克思称之为"资本的人格化"）的资本家，在竞争的强制中推动着价值的自行增殖。这就使他必须找到一种特殊的商品，即"劳动力"。工人完全按照市场交换的原则，出卖了对自己劳动力的支配权，从而在生产过程当中受到剥削，生产出超过其自身价值的剩余价值。海因里希在这里强调，剥削并不是一种道德上的贪婪，而恰恰是由于遵循了商品交换的规律，这恰是资本主义生产关系的内在矛盾。基于此，海因里希结合从"泰勒制"到"福特制"的发展历程，重新梳理了剩余价值生产的各种形式及其历史变化。

在关于《资本论》第二卷的分析中，海因里希重点解读了马克思的再生产图式，以及其中表现出的危机的可能性。在这一部分他特别提到了两个问题：第一，由于资本流通的实际过程，不仅工人会受到拜物教思维的影响，把工资当作自己"劳动的价值"（实际上是"劳动力价值"）的报酬，而且资本家也无法参透剩余价值生产的真实规律，他们所看到的不是不变资本与可变资本的区分，而是固定资本与流动资本的区分、各种成本与利润的区分，这是拜物教的另一方面；第二，在理论发展史上，这样一种由马克思所构建的理想的再生产图式往往被过度夸大，这使其承担了许多不必要的解释义务与批评指责。而在海因里希看来，第二卷的阐述之所以建立在许多理想化的前提之下，并非为了直接触及理论逻辑之外的实际问题，而是为了使资本主义的生产与流通两个环节能够构成一个统一的基础，在此基础之上，很多具体的问题才能够得到有意义的理解。

从学术角度来看，海因里希对《资本论》第三卷的解读中包含着不少具有很强冲击性的观点。第一，他在关于利润和利润率的分析中指出,马克思并没有完成对"利润率趋向下降的规律"的证明,他的论述中隐含了一些有待反思的前提,而这甚至是通过简单的数学化归就可以发现的。但是,与许多传统的马克思主义观点看法不同,海因里希认为这一点并没有减损马克思的资本主义批判理论。无论平均利润率是否必然趋向下降,马克思都已经指出了资本主义生产方式内在的狭隘性,即生产力的发展会遇到内在限制,从而产生对人与自然的破坏性力量,这一点是确定无疑的。第二,关于信用制度,海因里希结合信用体系的发展重新梳理了信贷问题、虚拟资本问题的逻辑和基本表现形式,他认为,信用制度不是外在于资本主义生产方式的一种投机机制,而是资本主义经济的一种内在的调节机制,它一方面促进资本流动,从而促进了再生产,另一方面也潜藏着危害实体经济的趋向,正是金融市场将资本逻辑本身所具有的投机性扩大化了,以上两个方面其实都是追求利润的最大化。第三,关于危机问题,海因里希认为,马克思并没有一个非常系统的危机理论,只能从他的各种论述当中去归纳危机的各种可能性。在他看来,马克思认为资本主义危机的核心是再生产进程的中断,是趋向无限的生产与受到限制的消费之间的对立,在资本增殖的驱动下,会出现商品的过度生产和资本的过度积累。但是,危机具体的因素和形式是多样化的,不能单一地归结为平均利润率的下降或者"消费不足"。在这里,他还明确地否认马克思有一个完整的资本主义"崩溃"理论,对于这个问题更详细的讨论,可以参看本书后的附文。

海因里希将马克思的政治经济学批判视为对于现代资本主义的社会化建构过程的解析。在本书中,他反复引用《资本论》第三卷的结尾部分马克思所提到的"三位一体的公式"。在他看来,这一公式所反映的收入来源分配的假象,是现代社会日常观念中最基本的部分,也意味着资本主义拜物教的完成。马克思的三卷本《资本论》就是要说明这一拜物教是怎样实现的,而这一说明过程同时就是对资本主义内在机制的批判和揭露过程。海因里希还结合拜物教理论,创造性地讨论了拜物教关系"人格化"的一种特殊的形式,即反犹太主义,而这种拜物教观念也和一般的革命主体理论联系在一起。在本书的结尾部分，海因里希将马克思的政治经济学批判与其未完成的国家理论的探讨结合在一起，批判了将国家简单视为统治阶级工具的观点，同时批判了传统帝国主义理论的缺漏，从而对于当代资本主义国家的基本形式和世界市场的全新表现做出了新的理论探索。既然资本在从商品到货币直至国家的形式中展开，共产主义也就意味着对这一切的超越。

五

海因里希的这本书不仅有助于一般读者了解马克思的《资本论》，对于国内目前的马克思主义研究而言也具有学术价值。第一，他对于马克思政治经济学批判背后哲学方法论的把握和提炼，有助于我们更好地贯通马克思的历史唯物主义的方法论革命与后来的政治经济学批判理论，更好地理解马克思与古典政治经济学的根基性、方法性的差异，重新彰显马克思独特的思考视野与理论贡献。第二，他的相关研究开启了我们基于《资本论》而又超越《资本论》来理解马克思的整个政治经济学批判计划的新视角。想要立足于新的文献与时代语境来呈现马克思的政治经济学批判，就必须将视野从三卷本《资本论》延展到相关的一系列手稿，这样才能完整把握马克思批判历程的来龙去脉、思想转变。在此基础上，也要敢于对已经成为学界共识的一些内容加以重新审理，彰显马克思批判视域的开放性和当代性。第三，该书围绕马克思的政治经济学批判，对于当代世界的经济政治和社会文化方面的一些新情况、新问题做出了一定阐释，体现了马克思的政治经济学批判与现代社会批判的内在关联性，体现了马克思主义在解释现实问题方面非教条化的理论力量，为我们从马克思出发推动社会批判理论创新提供了启发。

如果说海因里希的研究有什么不足和问题，可能主要在于以下这两个方面：一是他对于《资本论》中若干问题的独到观点，虽然找到了一些非常关键的文本依据，但是也不免存在对马克思原意绝对化的倾向。

比如说，马克思的确有一些地方存在经验主义或者自然主义的理解，这些方面也许不是马克思思想中最本质的方面，但并不能完全地割裂和否定这一方面。二是他非常严格地按照马克思主义的方式（他所理解的马克思会认同的方式）来理解当代的问题，他强调的是马克思本人的思想的未完成性和当代性。至于马克思本人的思想是否足以解释一些当代问题，我们是否需要超出马克思的视域来加以应对，他似乎着墨不多。相比于一些其他理论家，海因里希的研究的优点是更加忠实于马克思的原意，但对于某些读者来说，缺点或许也在于此，即在原创性和时代性方面相对还是弱了一点。无论如何，这样一本书对于我们开阔理论视野、加强我们的马克思政治经济学批判研究还是非常有益的。

海因里希在书中坦承，自己的研究不仅处于"新马克思阅读"思潮的内容语境之中，其中的一些章节也突出体现了"新马克思阅读"的研究方式。"新马克思阅读"由阿多诺的学生汉斯-格奥尔格·巴克豪斯（Hans-Georg Backhaus）提出，是发端于上世纪60年代的西德的一种研读马克思的全新方式，它突出强调《资本论》第一卷第一版等文献资料对于完整理解和重构马克思思想逻辑的重要意义，并致力于为社会批判理论奠定政治经济学的基础。今天，这种研究已经发展为一种跨国界的研究思潮，吸引了许多年轻学者的目光。希望本书也能帮助国内学界更好地了解这一思潮的研究动态，打造真正属于我们、属于当代的阅读马克思的全新方式。

序　言[①]

抗争再起。近年来，由"全球化批判"领衔的形形色色的抗议运动层出不穷。关于1999年西雅图世贸组织（WTO）会议和2001年热那亚G8峰会的争论，成为再度抵抗资本主义侵犯的标志。另一方面，传统的左翼圈子也在探讨"无节制的"资本主义的破坏性后果。

简单地回顾历史可以看出，这一切并不是自然而然的。在20世纪90年代初，随着苏联的解体，资本主义似乎已经在全世界范围内最终成为经济及社会模式的不二之选。尽管始终有许多左翼人士认为，苏联的"现实社会主义"并未给出资本主义的理想替代方案，但这其中的差异如今似乎已经无关紧要。在大多数人看来，一个不同于资本主义市场经济的社会，已经只是完全脱离现实的乌托邦了。面对资本主义，主流不再是反抗，而是适应与屈从。

然而，90年代的发展就已经表明，资本主义在取得其表面的"最终胜利"之后，危机和贫困化的进程接踵而至；科索沃、阿富汗和伊拉克的战争更是表明，发达资本主义国家仍间接甚至直接地卷入战争，这种情况并没有成为历史。这一切被新的反抗运动以不同形式捕捉，进而成为批判的出发点。起初，这类批判只是关于单一事件的抗议和制度内在改善的诉求，而且常常建基于一种简单的道义性的非黑即白的立场。随着讨论的推进，一系列更具根本性的问题被不断提炼出来：关于当代资本主义的运行方式，关于资本主义、国家与战争的关联，以及关于在资本主义内部可能出现的变革。

[①] 本序言为作者为2004年德文第一版所作。最后一段是作者为中译本补写的内容。——译者注

左翼理论重新变得重要起来。任何致力于变革的实践都必须基于对现存状况的一种特定理解。例如,如果需要引入托宾税(即对外汇业务征税)来作为"驯服"那种"脱缰的"资本主义的一种重要手段,那么就意味着,需要一套特定的关于金融市场的意义、关于受控的和不受控的资本主义的理论纲领,无论其现在是否明确。因此,当代资本主义如何运行的问题,不是抽象的学术问题,对一切资本主义批判运动而言,这一问题的答案直接具有实践的重要性。

因此,毫不奇怪的是,近些年来,理论性的宏大叙事重新兴盛起来,比如安东尼奥·奈格里和麦克尔·哈特的《帝国》、曼纽尔·卡斯特的《信息时代》,以及在德国特别流行的罗伯特·库尔茨的《资本主义黑皮书》。这三部著作在内容上和政治取向上相当不同,但都或多或少地重新启用了马克思的范畴:有的被用来分析当代发展,有的被当作过时的东西而受到批判。显然,如果想要根本性地理解资本主义,在今天仍然绕不开马克思的《资本论》。然而,包括以上三部在内的许多作品,尽管通过不同的方式,但都只是对马克思的范畴作了极其表面性的诠释,所说的常常不过是陈词套话。因此,重新阐释《资本论》的原著很有必要,这不仅是为了批判那些关于马克思的表面性的理解,更是因为,相比于某些自命不凡的作品,百余年前写就的《资本论》在许多方面倒更加切合当代。

一旦我们开始阅读《资本论》,就会碰到一些困难。就算是在刚开始的地方,那些文本也不总是通俗易懂的。而三卷本所涉及的庞大范围也令人却步。不过,无论如何,我们也不应该仅仅满足于阅读其中的第一卷。由于马克思将其研究对象分解为不同的、互为前提与补充的抽象阶段,我们只有在读完第三卷后,才能完整地把握第一卷所论述的价值理论和剩余价值理论。在单独阅读第一卷后就以为获知的内容,不仅是不完整的,而且是不确切的。

想要理解《资本论》的写作目的也不是件轻松的事情。马克思将其作为著作的副标题,并以此标示出他的整个学术研究的课题:政治经济学批判。简而言之,**政治经济学**是形成于 19 世纪的一个学科,今天人们称之为宏观经济学或者经济科学。马克思通过"政治经济学批判"这个说法表明,他的研究不是单单提出一套新的政治经济学观点,而是对整个以往的经济科学进行一种根基性的批判:对马克思而言,这是一场"科学的革命",当然,这其中包含着政治性的、社会变革的目的。尽管面对上述困难,我们仍然应该阅读《资本论》的原著。本书以下的导论不能代替对原著的阅读;它只提供最初的阅读指南。①

与此同时,读者们还应该意识到,我们对于资本是什么、危机是什么,以及马克思的理论是关于什么,已经带有了一种特定的前理解(Vorverständnis)②。这种通过学校与媒体、对话与讨论而自发形成的**前理解**,有必要被批判性地加以追问。这不仅仅是说,我们要在讨论中加入新东西,而是说,我们要对那些看上去众所周知、理所当然的东西加以重新检验。

这种重新检验从本书的第一章就开始了。一方面,本书在这里提出了一个关于资本主义的初步概念,以此与许多关于资本主义的"日常的"理解区分开来;另一方面,这里讨论了马克思主义在工人运动中扮演的角色。由此将会说明的是,"唯一的"马克思主义并不存在。不仅是在"马克思主义者"和"马克思的批评者"之间,即便是在"马克思主义者"中间,对于究竟什么才是马克思理论的核心,也始终存在着争论。

在同样是预备性的第二章,即关于《资本论》的研究对象的初步描述之后,接下来的章节基本依据《资本论》三卷本的论证过程展开:第三章到第五章讨论的是第一卷的相关材料,第六章讨论第二卷,而第七章到第十章则讨论第三卷。

---

① 对《资本论》第一卷各章更详尽的评注可参见 Altvater u. a. (1999)。本书与之不同之处在于,涵盖了《资本论》全部的三卷本,但只讨论马克思论证过程中的重大问题。附有原著节选的导论性著作,可参见 Berger (2003)。

② 前理解(Vorverständnis):哲学解释学的术语,指人在具体理解某事物之前已有的观点、视角,会影响具体理解的内容。——译者注

马克思曾经计划对国家加以研究，而且这项研究应该像他对经济学的分析一样系统，但是没有实现。在《资本论》中只能发现一些关于国家的零散论述。但是，资本批判如果脱离对国家的批判，不仅是不完整的，而且会引发误解。因此，本书第十一章尽可能简要地讨论了国家批判。最后的第十二章则简要阐释了，社会主义或共产主义对马克思而言是什么——以及不是什么。

在最近的几十年间，传统的"世界观式的"马克思主义（关于这一概念参见第一章第三节）的许多理论概括受到了批评。因此，人们已经不再像传统观点那样，把马克思看成一位比其他经济学家更好的经济学家，而是首先把他看成一位批判家，他揭示了由价值所中介，从而"拜物教化的"社会化进程。这种对马克思批判经济学的文本的崭新阅读，构成了本导论的基础。因此，我的论述会与一些对马克思理论的特定阐释联系在一起，同时也会反驳一些其他的观点。不过，为了使本书作为导论的范围不至于过大，我与不同意见之间的争论只能尽可能地被放弃了。我自己对政治经济学批判的观点在《价值的科学》①一书中已经详细阐述过了，对最重要的相关文献的讨论可见相关评注②。

本书的第三章讨论的是马克思的价值理论。我推荐读者尤为细致地阅读此章内容，包括那些相信自己已经掌握了价值理论，只是希望了解基于此理论的诸如信用和危机等主题的读者。这一章不仅是理解后续内容的前提，而且也尤为突出地体现了"新马克思阅读"（neue Marx-Lektüre）的研究方式。

在完成本书的过程中，我得到了许多支持。我要向马尔克斯·布勒斯坎普（Marcus Bröskamp）、阿列克斯·加拉斯（Alex Gallas）、扬·霍夫（Jan Hoff）、马丁·克里夫金斯基（Martin Krzywdzinski）、因内斯·朗格迈尔（Ines Langemeyer）、亨里克·雷步恩（Henrik Lebuhn）、

---

① 参见本书参考文献中的 Heinrich（1999）。——译者注
② 参见本书参考文献中的 Heinrich（1999a）。——译者注

科里亚·林德纳(Kolja Lindner)、乌尔斯·林德纳(Urs Lindner)、阿尔诺·内茨班德(Arno Netzbandt)、波多·宁德尔(Bodo Niendl)、扎比内·努斯(Sabine Nuss)、阿列克西斯·佩特里奥利(Alexis Petrioli)、托马斯·萨布罗夫斯基(Thomas Sablowski)、多罗特娅·施密特(Dorothea Schmidt)、安妮·施特克纳(Anne Steckner)以及英格·施蒂策勒(Ingo Stützle)致以特别的谢意,感谢他们对本书手稿的反复的批判性阅读,感谢他们的认真研讨与重要建议。

我很高兴这本书的中译本即将出版。2016年秋季我在南京大学的访问让我了解了中国的马克思主义研究的丰富性与活跃性。希望本书能对中国的《资本论》研究作出一点贡献。感谢所有为本书的翻译与出版付出辛劳的人,特别感谢张义修的细致的翻译工作以及他所写的导论性的序言。

目 录

1 / **第一章 资本主义与"马克思主义"**
1 / 第一节 什么是资本主义?
5 / 第二节 工人运动的兴起
7 / 第三节 马克思与"马克思主义"

14 / **第二章 政治经济学批判的对象**
15 / 第一节 理论与历史
17 / 第二节 理论与批判
21 / 第三节 辩证法:马克思主义的超级武器?

24 / **第三章 价值、劳动与货币**
24 / 第一节 使用价值、交换价值与价值
29 / 第二节 一个劳动价值论的证明?(个人行为与社会结构)
32 / 第三节 抽象劳动:实在抽象与有效关系
37 / 第四节 "幽灵般的对象性":价值的生产理论还是流通理论?
40 / 第五节 价值形式与货币形式(经济的形式规定性)
46 / 第六节 货币与交换过程(商品占有者的行为)
48 / 第七节 货币职能、货币商品与现代货币体系
54 / 第八节 商品拜物教与货币拜物教的"秘密"

62 / **第四章 资本、剩余价值与剥削**
62 / 第一节 市场经济与资本:货币转化为资本
66 / 第二节 价值的"奇能":$G—W—G'$
70 / 第三节 阶级关系:"双重自由"的工人

73 / 第四节　劳动力商品的价值、剩余价值与剥削

77 / 第五节　劳动的价值：一个"虚幻的用语"

79 / **第五章　资本主义生产过程**

79 / 第一节　不变资本与可变资本、剩余价值率、工作日

84 / 第二节　绝对剩余价值与相对剩余价值，竞争的强制规律

88 / 第三节　相对剩余价值生产的方法：协作、分工与机器

93 / 第四节　资本主义生产力发展的破坏性潜能

96 / 第五节　形式与实际从属、福特制、生产与非生产劳动

101 / 第六节　资本积累、产业后备军与贫困化

107 / **第六章　资本的流通**

107 / 第一节　资本的循环：流通费用、产业资本与商人资本

111 / 第二节　资本周转：固定资本与流动资本

112 / 第三节　社会总资本的再生产

116 / **第七章　利润、平均利润与"利润率趋向下降的规律"**

117 / 第一节　成本价格、利润与利润率：范畴与日常的神秘化

120 / 第二节　平均利润与生产价格

123 / 第三节　利润率趋向下降的规律：一个批判

128 / **第八章　利息、信贷与"虚拟资本"**

128 / 第一节　生息资本、利息与企业主收入：资本拜物教的完成

132 / 第二节　信用货币、银行与"虚拟资本"

137 / 第三节　作为资本主义经济调节机制的信用制度

141 / **第九章　危　机**

141 / 第一节　周期与危机

146 / 第二节　马克思有一个崩溃理论吗？

150 / **第十章　资产阶级关系的拜物教**

150 / 第一节　"三位一体的公式"

156 / 第二节　关于反犹太主义的附评

161 / 第三节　阶级、阶级斗争与历史决定论

169 / **第十一章　国家与资本**

170 / 第一节　国家:统治阶级的工具?

173 / 第二节　资产阶级国家的形式规定:法治、福利国家与民主

183 / 第三节　世界市场与帝国主义

188 / **第十二章　共产主义:超越商品、货币与国家的社会**

193 / 附　文　"机器论片段":马克思在《大纲》中的误认及《资本论》对它的超越

211 / **参考文献**

218 / **索　引**

223 / **译后记**

第一章 资本主义与"马克思主义"

第一节 什么是资本主义？

　　当今社会交织着诸多统治和压迫关系，这些关系表现为各种不同的形式。我们看到了不对称的性别关系、种族主义的歧视、巨大的财产差异以及与之相应的社会影响的差异、反犹太主义的陈腐思想、对特定性取向的歧视。关于这些统治关系之间的关联，特别是关于是否存在一种相较而言更加根本的统治关系的问题，已经有了许多讨论。如果我们将经济上的统治与剥削关系作为后续分析的核心，那么也不是因为它是唯一重要的统治关系。毕竟，我们不可能同时谈论所有统治关系。马克思的政治经济学批判最主要是关于资本主义社会的经济结构，因此这也成为我们这一导论的中心。但我们不能陷入一种幻想，即认为只要分析了**资本主义生产方式**（*kapitalistischen Produktionsweise*）的基础，就足以讨论关于**资本主义社会**（*kapitalistische Gesellschaften*）的一切决定性的东西。

　　对于我们是否生活在一个"阶级社会"中的问题，特别是在德国还尚存争议。在这里，使用"阶级"概念已经被人嫌弃。英国最保守的前首相玛格丽特·撒切尔（Margaret Thatcher）可以毫无顾忌地谈论"工人阶级"，但在德国，连社会民主党人也对这个词难于启齿。在这个国家，只有雇员、雇主、公职人员，特别是"中间阶层"。同时，谈论阶级本身也不带有特殊的批判性。不仅那种追求阶级之间的均衡的"社会正义"主张是如此，而且某些自称"左派"的主张也是如此，他们将资产阶级政治视为"统治的"阶级对社会中其他人的一种阴谋形式。

存在一个与"被统治"和"被剥削"的阶级对立的"统治阶级"，这或许会让一位保守的德育课教员感到惊讶，他只知道"公民"，但这个说法并没有说出什么东西。我们所知道的所有社会都是"阶级社会"。"剥削"最初只是意味着被统治阶级不仅仅生产出他们自己的生活资料，而且也为统治阶级生产。历史地看，这些阶级表现得相当不同[古希腊的奴隶和奴隶主的对立、中世纪的农奴和地主的对立、资本主义社会中的资产阶级（有资产的公民）和无产阶级（依靠工资生活的工人）的对立]。关键在于，在一个社会中，阶级统治和剥削是**怎样**（*wie*）运作的。在这里，资本主义与前资本主义社会在两个方面存在根本差别：

（1）在前资本主义社会中，剥削建基于一种**人格统治和依附关系**（*persönlichen Herrschafts- und Abhängigkeitsverhältnis*）：奴隶是主人所拥有的财产，农奴被各自的地主所束缚。"主人"对其"奴仆"拥有直接的权力。在这种权力的支持下，"主人"将"奴仆"所生产出的一部分产品据为己有。而在资本主义关系中，雇佣工人与资本家签订了一份劳动合同。雇佣工人**在形式上是自由的**（没有外界的力量强迫他们签订合同，而且签订的合同也可以解约），他们与资本家**在形式上是平等的**（虽然资本家事实上拥有大量资产的优势，但不存在贵族社会中的那种"天生的"法定特权）。**人格性的**（*persönliches*）权力关系不再存在（至少在发达的资本主义社会中不再成为常态）。因此，对于许多社会理论家来说，拥有自由平等的公民的**资产阶级社会**（*bürgerliche Gesellschaft*）似乎与包含等级特权和人格依附关系的中世纪封建社会截然对立。还有许多经济学家甚至否认资本主义存在像剥削这样的事情，至少在德国，他们更爱讲的是"市场经济"。他们声称，各种"生产要素"(劳动、资本和土地)在这里共同作用,并取得相应份额的收入(工资、利润和地租)。对于资本主义的统治和剥削是怎样**借助**"交易伙伴"的形式上的自由和平等实现的,后文还将予以讨论。

(2) 在前资本主义社会中,对被统治阶级的剥削主要是用于统治阶级的消费:统治阶级成员享受着奢靡的生活,用所占有的财富来进行自我或公众的陶养(古希腊的戏剧表演、古罗马的竞技等),或者也用来发动战争。生产**直接**用于**满足需要**:满足被统治阶级的(必要的)简单需要,以及统治阶级的内容丰富的奢侈需要和战争需要。只有在例外情况下,统治阶级所占有的财富才会被用来扩大剥削的基础,通过例如削减消费,代之以购买更多奴隶,以便生产出更多的财富。但是在资本主义制度下,这成了典型的情况。一个资本主义企业的收入**不是**主要用来实现资本家的舒适生活,而是被重新用来投资,以便在未来产生更多的收益。生产的**直接**目的不再是满足需要,而是**资本的价值增殖**(*Kapitalverwertung*),而需要的满足以及资本家的舒适生活,只是这一过程的副产品,而不是其目的:如果盈利足够多,那么会有一小部分用来承担资本家的奢侈生活,最主要的部分则用于"积累"(扩大资本)。

资本家的盈利不是主要用于消费,而是用于持续的资本的价值增殖,即无休止的增加盈利的运动,这听上去也许很荒唐。但是,这并不是一种个人的狂热。单个资本家通过与其他资本家的竞争,**被迫**卷入这场无休止的盈利的运动(持续的积累、生产的扩大、新技术的引进,等等):如果不进行积累,不持续推动生产设备的现代化,那么企业就会被那些生产更便宜、更优质产品的竞争者彻底击败。如果一个单个资本家想逃避持续的积累和创新,那么他就会面临破产。无论他是否愿意,他都被迫参与进来。在资本主义中,"无节制的盈利欲"不是个体的道德缺失,而是资本家赖以生存的必然要求。正如下一节将更清楚地论述的,资本主义建基于一种**系统的**统治关系(*systemischen Herrschaftsverhältnis*),它产生了这样一种强制性,无论是工人还是资本家都要受制其中。因此,只批判单个资本家"无节制的盈利欲"而不批判作为整体的资本主义的话,这样的理解就过于短浅了。

我们(暂时地,后面还会更详细地)把**资本**理解为一种特定的价值总体,其目的是"价值增殖",即获得盈利。可以通过不同的方式获得这种"盈利"。在**生息资本**中,货币为获利息而贷出,利息在这里构成盈利。在**商业资本**中,产品在一处被低价买入,在另一处(或另一时间)被高价卖出,买卖之间的差价(扣除仓储的开销)构成盈利。而在**产业资本**中,生产过程本身终于按照资本主义方式组织起来:资本被预付于购买生产资料(机器、原料)和雇佣劳动力,以使生产过程在资本家(或其代理人)的领导之下完成。被生产出来的产品将被售卖。如果销售收入超过了生产资料和工资的开销,那么起初被预付的资本便不仅得到了再生产,而且获得了盈利。

上述意义上的资本(特别是作为生息资本和商业资本,较少地作为产业资本)实际上在所有能够交换和有货币的社会中都存在,但大多只是扮演从属性的角色,而为需要而进行的生产则占据主导地位。只有当贸易,特别是生产主要是以资本主义方式,即以盈利为导向而不再以需要为导向运作起来的时候,我们才能称之为**资本主义**。资本主义**在此意义上**主要是一种近代欧洲出现的现象。

这种近代资本主义的发展根脉可以回溯至中世纪盛期的欧洲。起初是长途贸易在资本主义的基础上组织起来,而中世纪的"十字军东征"——大规模的劫掠战争——在贸易扩张方面发挥了重要作用。渐渐地,那些最初只是购买既有产品并将之转售异地的商人,开始自己控制生产:他们通过合同约定生产特定的产品,为原料预付成本,并规定他们验收的成品的价格。

此后,欧洲文明及其资本的发展在 16 至 17 世纪经历了决定性的飞跃。这一时期在教科书上常被称为"大发现时代",马克思对此是这样概括的:

> 美洲金银产地的发现,土著居民的被剿灭、被奴役和被埋葬于矿井,对东印度开始进行的征服和掠夺,非洲变成商业性

地猎获黑人的场所——这一切标志着资本主义生产时代的曙光……在欧洲以外直接靠掠夺、奴役和杀人越货而夺得的财宝,源源流入宗主国,在这里转化为资本。(《马克思恩格斯全集》,第44卷①,第860—861、864页)

而在欧洲内部,资本主义生产的疆界日益扩张,它产生了手工工场和工厂,最终在商人资本家之外出现了产业资本家,他们在日益扩大的生产场地中雇佣日益增多的作为雇佣工人的劳动力。这种产业资本主义首先在18世纪晚期和19世纪初期的英国发展起来,此后法国、德国和美国也在19世纪紧随其后。到了20世纪,资本主义几乎遍布全球,但同时也有一些国家,像俄罗斯和中国,探索通过建设"社会主义制度"(参见第十二章)来规避这种资本主义发展的影响。[……]然而,全世界还会有很长时间不会完全资本主义化(只要看一眼非洲大部分地区便知),但这不是因为资本主义将会遭遇抵抗,而是因为价值增殖的条件各有不同,而资本总是寻找最有盈利可能性的地方,而无利可图的地方便被抛弃了(关于资本主义发展历史的导论,参见汉斯-格奥尔格·科内特的《从商业资本到全球化》②)。

第二节 工人运动的兴起

产业资本主义发展的前提,不仅包括与之相适应的大量财富的形成,还包括劳动力的"自由化":人们一方面不再受困于封建的依附关系,而是在形式上自由,从而才有可能出卖他们的劳动力,另一方面却也"自由"到没有任何收入来源,特别是没有可以维持生计的土地,以致

---

① 本书中马克思、恩格斯的引文,除单独标注外,均引自人民出版社《马克思恩格斯全集》相应卷次的最新版本。——译者注

② Conert, Hans-Georg (1998): *Vom Handelskapital zur Globalisierung. Entwicklung und Kritik der politischen Ökonomie*. Münster. ——译者注

必须出卖自己的劳动力来谋生。

赤贫的或者被从土地驱逐出去的小农（地主经常把耕地变成草场，因为这样对他而言更加有利可图），以及破产的工匠和短工组成了这种"无产阶级"的核心，他们经常经受最残酷的国家暴力（对"流浪者"和"乞丐"的迫害、"济贫院"的设立）而被迫长期从事雇佣劳动。近代资本主义的兴起绝不是安宁的，而是一个充满暴力的过程，正如马克思在《资本论》中所言：

> 如果按照奥日埃的说法，货币"来到世间，在一边脸上带着天生的血斑"，那么，资本来到世间，从头到脚，每个毛孔都滴着血和肮脏的东西。（《马克思恩格斯全集》，第44卷，第871页）

在人类巨大的苦难之下，产业资本主义在19世纪初的欧洲（最早是英国）发展起来：每天15—16小时的劳动时间、6—7岁就被迫劳作的童工，让极端危及健康和事故频发的工作条件进一步扩散。而对所有人来说，工资也难以勉强度日。

这种关系激起了不同方面的抵抗。工人们谋求更高的工资和更好的工作条件。抵抗的手段多种多样，从请愿书到罢工乃至军事斗争。罢工常常由于警察和军队力量的投入而被暴力压制，最初的工会常常被视为"叛乱"团伙而遭到迫害，其领导者常常被判刑。承认工会和罢工作为一种合法抗争方式的斗争贯穿整个19世纪。

随着时间推移，启蒙的公民和单个资本家自己也批判那种悲惨的条件，随着工业化进程而持续增长的无产阶级大部分深受其害。

最终，国家也发现，那些从儿童时起就在工厂里超长时间劳动的青年男子不适宜服兵役。部分迫于成长起来的工人阶级的压力、部分由于认识到资本和国家都需要健康的人民来充当劳动力和士兵，19世纪"工厂法"开始被制定：在一整套法律中（也是最早在英国），工人的最低健康保护得到了规定，童工的最低年龄被提高，其每天的最长劳动时间也被削减。最后，成年人的劳动时间也得到了限制。在大部分行业中，常规的工作日劳动时间为十二小时，后来又实行了十小时制。

在 19 世纪，工人运动日益强大起来，工会和工人政党相继兴起。随着选举权范围的扩大，这种权利最初仅限于有产者（更准确地说是有资产的男性），工人政党的议会党团规模也日益扩大。对于工人运动的斗争目标始终存在争论：是仅仅追求一种改良的资本主义，还是要求推翻它？同样存在争论的是，国家和政府是否也和资本一样是必须斗争的对手，或者它们也是可能的同盟者，只不过必须说服它们支持对的事情。

从 19 世纪头十年开始，出现了各种对资本主义的分析，包括空想社会主义的观点、改良资本主义的建议，以及怎样最能实现各种目标的战略构想。从 19 世纪中叶开始，马克思和恩格斯的理论从论战中脱颖而出。到 19 世纪末，他们两位已逝，随后"马克思主义"成为国际工人运动的主导思想。不过当时即有争议的是，这种"马克思主义"中有多少内容与马克思的理论有关。

第三节　马克思与"马克思主义"

卡尔·马克思（Karl Marx，1818—1883）生于特里尔。他来自一个受良好教育的小资产阶级家庭，他的父亲是一名律师。马克思在波恩和柏林名义上是学习法律，但是他主要受到日益成为主流的黑格尔（Hegel，1770—1831）哲学和青年黑格尔派（黑格尔信徒中的一个激进群体）的影响。

1842—1843 年，马克思在《莱茵报》担任编辑，该报作为莱茵地区自由主义资产阶级的阵地，抨击专制的普鲁士君主制度（当时这一制度也统治着莱茵地区）。马克思在他的文章中批判普鲁士政治，黑格尔对国家"本质"的理解，即一种超越阶级利益而存在的"理性的自由"的实现，成为马克思展开批判的出发点。在从事出版活动期间，马克思越来越多地接触经济问题，而黑格尔的国家哲学则显得越来越值得怀疑。

在路德维希·费尔巴哈（Ludwig Feuerbach,1804—1872）激进的黑格尔批判的影响下，马克思探索用"现实的人"的概念来替代黑格尔的抽象概念。在此期间，他写出了在他生前并未出版的《1844年经济学哲学手稿》。马克思在这里发展出了后来在20世纪广为人知的"异化理论"。马克思想要揭示的是，在资本主义关系中，人同人的"类本质"——人所区别于动物之处，就是人通过劳动来发展其才能与力量——"异化"了：作为雇佣工人，人既不占有其劳动产品，又不控制其劳动过程，二者都屈从于资本家的统治。因此，**共产主义**，即资本主义的消灭，被马克思理解为异化的扬弃，即通过现实的人重新占有人的类本质。

在为《莱茵报》工作期间，马克思认识了弗里德里希·恩格斯（Friedrich Engels,1820—1895），来自巴门（今属伍珀塔尔）的一位工厂主的儿子。1842年，恩格斯被父母送到英国进行商业训练，他在那里看到了英国工业无产阶级的悲惨命运。从1844年起，马克思和恩格斯建立起亲密的友谊，这份友谊直到二人生命尽头亦未曾中断。

1845年，二人共同撰写了《德意志意识形态》，这部（在他们生前未出版的）著作不仅批判了"激进的"青年黑格尔派的哲学，而且如马克思后来所写的那样，也是"把我们从前的哲学信仰"（《马克思恩格斯全集》，第31卷，第414页）清算了一下。这里所批判的，正如不久前马克思写下的《关于费尔巴哈的提纲》所批判的一样，恰恰就是"人的本质"和"异化"的哲学观念。那种人们在其中生活和劳动的现实的社会关系取而代之，成为应该被研究的对象。此后，人的（类）本质的概念不再出现于马克思的著作中，他也很少，而且不特定地谈到异化。不过，关于马克思的讨论中存在强烈分歧：他实际上放弃了异化理论，还是仅仅不再将其置于前台位置？在关于"青年"马克思和"老年"马克思的文本之间是否存在一个理论断裂的争论中，这一问题特别重要。

真正让马克思和恩格斯成名的是1848年革命前夕他们所发表的《共产党宣言》。这是受"共产主义者同盟"这个仅仅短暂存在的小革命组织之委托而撰写的一份纲领性文献。在《共产党宣言》中，马克思和恩格斯以极为凝练而精到的语言，刻画了资本主义的兴起、资产阶级与无产阶级间日益激烈的阶级对抗，以及一场无产阶级革命的必然性。这场革命将推翻生产资料私有制，以此为基础迈入共产主义社会。

1848年革命失败后，马克思不得不逃离德国。他迁居到了伦敦，当时资本主义的真正中心，这也是研究资本主义发展的最好的地方。此外，他在伦敦还可以使用大英博物馆的海量文献。

《共产党宣言》与其说源自深入掌握的科学认知，不如说源自一种天才般的直觉（其中的一些段落，如对工人绝对贫困化的趋势的论述，后来被马克思自己修改了）。虽然马克思从19世纪40年代起便涉猎经济学文献，但是，对政治经济学全面深入的科学研究，则是在他到了伦敦之后才开始的。在19世纪50年代末，马克思计划撰写多卷本的《政治经济学批判》，为此，他从1857年起撰写了内容相当丰富的一大批手稿。但是，计划未能完成，马克思也未将这些手稿出版（包括1857年的《导言》、1857—1858年的《政治经济学批判大纲》和1861—1863年的《剩余价值理论》）。

马克思直到逝世都在为这一计划而工作，但仅有少数内容在其生前出版：1859年作为开篇而发表的《政治经济学批判（第一分册）》，这是一本关于商品和货币的小册子，但是未能继续下去。取而代之的是1867年出版的《资本论》第一卷，1872年出版了修订后的第一卷第二版。在马克思逝世之后，到1885年和1894年，第二卷和第三卷才分别由恩格斯编辑出版。

马克思并不仅仅从事科学研究工作。1864年，他在伦敦以权威性的身份参与了"国际工人联合会"①的创立,并起草了联合会的"成立宣言",包括了联合会的纲领性理念及章程。作为第一国际总委员会的成员,马克思在随后几年对其政治活动发挥了巨大影响。也是因为第一国际在各个国家分部的支持,许多欧洲国家建立了社会民主主义工人政党。在19世纪70年代,部分是由于内部斗争,部分是由于它作为集权组织对于那些单个政党而言已经变得多余,第一国际解散了。

对于各国的社会民主党而言,马克思和恩格斯扮演着一种"智库"角色:他们与许多党派领导人保持通信,并为社会民主主义报刊撰写文章。人们会就各种政治和科学问题寻求马克思和恩格斯的意见。1869年成立的德国社会民主党受其影响最深,该党尤为迅速地发展,很快成为其他政党的榜样。

恩格斯为社会民主党撰写了一系列通俗化的文章,尤其是所谓的《反杜林论》。《反杜林论》及其被翻译成多种语言的简写版《社会主义从空想到科学的发展》在一战前是在工人运动中最流行的读物。但是只有少数人知晓《资本论》。在《反杜林论》中,恩格斯批判了一位柏林的大学讲师欧根·杜林的观点。杜林宣称构建了一个包含哲学、政治经济学和社会主义的新的、全面的体系,并因此在德国社会民主党中赢得了越来越多的追随者。

杜林成功的基础在于,在工人运动中人们越来越需要一种"世界观"、一种提供对于世界的完整解释的指导思想,能够对所有问题给出答案。在早期资本主义最严重的弊端被消除、依赖工资的日常生活在相当程度上稳定之后,一种专门的社会民主主义的工人文化发展了起来:在工人街区出现了工人的体育协会、合唱团、教育协会。在工人阶级中发展出了一种被高贵的资产阶级社会和资产阶级文化所长期拒斥的、与之并行的日常文化和教育文化,后者有意识地想要与其资产阶级的对立面形成对照,但也常常无意识地有所模仿。因此,在19世纪末,

---

① "国际工人联合会"即后来人们所称的"第一国际"。——译者注

德国社会民主党长期的主席奥古斯特·倍倍尔（August Bebel）所受到的热烈拥戴就如同德国皇帝威廉二世（Kaiser Wilhelm Ⅱ）受到小资产阶级拥戴一样。在这种氛围中，形成了一种对全面的精神指引的需要，来抵抗占据优势地位的资产阶级价值观和世界观，在这种观念中，工人阶级毫无地位或者只有从属地位。

现在，恩格斯不仅批判了杜林，而且也想要分各个领域、以一种"科学社会主义"的"正确"立场加以对抗，由此他也就奠定了一种世界观的"马克思主义"的基础，也使社会民主党的宣传乐于采纳，并将其变得越来越通俗。卡尔·考茨基（Karl Kautsky, 1854—1938）是这种"马克思主义"最重要的代表，他在恩格斯去世到一战期间，被视为权威的马克思主义理论家。19 世纪末在社会民主党中以"马克思主义"名义占据主流的思想，包括了一套相当教条化的内容：非常简单地编制而成的唯物主义、资产阶级的进步观念、黑格尔哲学的一些严重简化的要素，以及马克思概念的填充共同结合成了粗浅的公式和对世界的解释。这种通俗化马克思主义的特别突出的特征，是一种常常更简化的**经济主义**（也就是说，意识形态与政治化成了对经济利益的有意识翻译）以及一种明确的历史**决定论**，即将资本主义的灭亡和无产阶级的革命视为自然必然发生的事件。在工人运动中广为流传的，不是马克思的政治经济学批判，而是这种"世界观马克思主义"，它主要是发挥了确立身份的作用：它显示了一个人作为工人和社会主义者所归属的位置，并用最简单的方式解释了所有问题。

这种世界观马克思主义的延续和进一步简化发生在"马克思列宁主义"的语境中。列宁（Lenin, 1870—1924）是 20 世纪初俄国社会民主主义最有影响力的代表，他的思想深受上述世界观马克思主义的影响。他非常明确地指出了这种"马克思主义"的高度的自我评定：

> 马克思学说具有无限力量，就是因为它正确。它完备而严密，它给人们提供了决不同任何迷信、任何反动势力、任何

为资产阶级压迫所作的辩护相妥协的完整的世界观。(《列宁专题文集·论马克思主义》,北京:人民出版社,2009年,第67页)

在1914年之前,列宁一直支持围绕在考茨基周围的社会民主主义核心,反对以罗莎·卢森堡(Rosa Luxemburg, 1871—1919)为代表的左翼。一战一开始,当德国社会民主党支持德国政府提出的战争贷款后,列宁与考茨基决裂了。由此,工人运动也走向分裂:一派是社会民主党,在此后的数十年中,它们无论在实践上还是理论上都逐渐远离了马克思的理论和战胜资本主义的目标;而与之对立的共产党一派,坚持马克思主义和革命的话语,也为苏联的内外政策的转变进行辩护。

列宁去世后,很快被工人运动的共产党一派视为马克思主义的柱顶圣人。他的战斗文章被视为"马克思主义科学"的最高表达,这些文章主要是在特定语境的论战中形成的。列宁的思想也被同已有的"马克思主义"统一,成了一个包含哲学("辩证唯物主义")、历史("历史唯物主义")和政治经济学的教条体系,即"马克思列宁主义"。

今天广为流传的关于马克思和马克思理论的理解——无论对这种理解持正面还是负面评价——主要是基于这种世界观马克思主义。阅读本导论的许多读者,可能也会有些关于马克思理论的似乎不言而喻的理解,是从这种世界观马克思主义中获得的。对于20世纪作为"马克思主义"或"马克思列宁主义"而被认定的许多东西,也可以用马克思给他的女婿保尔·拉法格(Paul Lafargue)的信中的一句话来回应,当时后者给他介绍了法国"马克思主义"的情况:"有一点可以肯定,我不是马克思主义者。"(《马克思恩格斯全集》,第35卷,第385页)

不过,并不是只有这种世界观马克思主义。在工人运动分化为社会民主党和共产党两派的背景下,加上一战之后革命希望的落空,在20世纪20至30年代发展出了各种(进而分化的)对世界观马克思主义加以"马克思主义"批判的变种。这些新的思潮包括了卡尔·柯尔施(Karl Korsch)、格奥尔格·卢卡奇(Georg Lukács)、安东尼奥·葛兰西

(Antonio Gramsci)(他的《狱中札记》在二战后才出版)等名字,以及由马克斯·霍克海默(Max Horkheimer)、西奥多·阿多诺(Theodor W. Adorno)和赫伯特·马尔库塞(Herbert Marcuse)所创立的"法兰克福学派",以上思想家常常被归为"西方马克思主义"。

很久以来,这些西方马克思主义仅仅批判传统马克思主义的哲学和历史理论的基础,即"辩证法"和"历史唯物主义"。由于在世界观马克思主义中,政治经济学批判被限缩为一种"马克思主义政治经济学","批判"的丰富意义遗失了,直到20世纪60至70年代才重新为人所瞩目。随着学生运动和对美国发动越南战争的抗议,从60年代开始,在全世界范围内出现了一种不同于社会民主党和共产党的工人运动的左派运动的新高潮,以及对马克思理论的重新讨论。至此,人们才开始深入研讨马克思的经济学批判。路易·阿尔都塞(Louis Althusser)及其助手等人的著作由此影响巨大。另外,研讨开始不再限于《资本论》,包括《大纲》等更多的经济学批判文献被考虑进来,后者主要是由于罗斯多尔斯基(Rosdolsky)的著作而广为人知。对于(联邦)德国关于马克思经济学批判的构成与理论结构的讨论而言,主要是巴克豪斯(Backhaus)的文章和莱希尔特(Reichelt)的著作扮演了核心角色。他们为重新阅读马克思的经济学批判文献提供了重要动力,对此本书在序言中已经提到了。本书也处于这种"新马克思阅读"的内容语境之中。① "政治经济学批判"与"马克思主义政治经济学"之间更具体的区别,将在后续章节中更清楚地体现出来。

---

① "新马克思阅读"(neue Marx-Lektüre)这一提法最早由汉斯-格奥尔格·巴克豪斯(Hans-Georg Backhaus)在他文集的前言中提出(Backhaus 1997)。对于新马克思阅读的专题研究参见 Elbe (2003)。相关文集参见 Brentel (1989), Behrens (1993a, 1993b), Heinrich (1999), Backhaus (2000), Rakowitz (2000), Milios/Dimoulis/Economakis (2002), Reichelt (2002)。另外 Postone (2003) 也与此相关联。

第二章　政治经济学批判的对象

马克思在《资本论》中研究的是资本主义生产方式。但问题在于，资本主义在这里是**以怎样的方式**（in welcher Weise）成为研究对象的：在文本中，既有对货币和资本的抽象-理论层面的阐述，也有历史性的段落，例如关于资本主义制度在英国的形成。那么，《资本论》最主要研究的是资本主义的一般**发展历史**的基本特征吗？还是资本主义的一个相当特定的**阶段**？或者是对资本主义**运作方式的抽象-理论的阐述**？总而言之：在政治经济学批判中，理论阐述和历史记述之间处于怎样的关系？

一个更进一步的问题在于，马克思对资本主义生产方式的阐述与资产阶级经济学理论之间的关系：马克思仅仅是提出了一种新的关于资本主义运作方式的理论吗？政治经济学批判中的"批判"仅仅意味着，指出既有的理论在这里或那里存在错误，以便提出一个更好的理论吗？或者，这里的"批判"含有一个整体性的理论要求？一言以蔽之：政治经济学批判语境中的这个"批判"意味着什么？

第一节　理论与历史

恩格斯就曾提出一种对马克思的阐述的"历史化"解读方式。在为马克思 1859 年出版的《政治经济学批判（第一分册）》所撰写的书评中，恩格斯写道，马克思对范畴的"逻辑"阐述（这里的逻辑指的是概念的、理论的）实际上"无非是历史的研究方式，不过摆脱了历史的形式以及起扰乱作用的偶然性而已"（《马克思恩格斯全集》，第 13 卷，第 532 页）。而曾在 1887 年出版《资本论》第一卷普及版的卡尔·考茨基写道，《资本论》"本质上是一部历史著作"[①]。

20 世纪初的工人运动的领袖们有一个共识，资本主义进入了一个新的发展阶段，即"帝国主义"。而马克思的《资本论》被理解为对"竞争资本主义"，也就是帝国主义以前的资本主义发展阶段的分析。对马克思的研究必须在历史层面推进，并对资本主义的下一阶段——帝国主义——展开分析。希法亭（Hilferding）、卢森堡和列宁以不同方式承担了这一使命。

时至今日，我们仍然会经常听到经济学家们说，马克思的分析，如果不是完全无效的话，也至多是对 19 世纪有一定的效力。在 20 世纪，经济关系发生了深远变化，以至于无法再诉诸马克思的理论（因此，在大多数经济学院也不再能听到关于马克思的理论的任何东西）。这种"历史化"的解读方式，也是许多马克思《资本论》导读的典型的解读方式，至少是与马克思的自我理解相抵触的。在《资本论》第一版序言中，马克思这样阐述他的研究对象：

> 我要在本书研究的，是资本主义生产方式以及和它相适

---

① Kautsky, Karl (1887): *Karl Marx Oekonomische Lehren. Gemeinverständlich dargestellt und erläutert*. Stuttgart, S. XI. ——译者注

应的生产关系和交换关系。到现在为止,这种生产方式的典型地点是英国。因此,我在理论阐述上主要用英国作为例证……问题本身并不在于资本主义生产的自然规律所引起的社会对抗的发展程度的高低。问题在于这些规律本身。(《马克思恩格斯全集》,第44卷,第8页)

这里明确地指出,马克思既不研究资本主义的历史,也不研究资本主义的某一特殊的历史阶段,而是要对资本主义进行"理论的"分析:他研究的对象是资本主义的本质规定,是那些在一切历史变化的过程中保持不变,从而使我们能将其称为"资本主义"的东西。因此,马克思想要阐述的不是一种(时间上或者地点上)特定的资本主义,而是,如同马克思在《资本论》第三卷结尾所说的那样:"我们只需要把资本主义生产方式的内部组织,在它的可说是理想的平均形式中叙述出来。"(《马克思恩格斯全集》,第46卷,第941页)

在此,马克思只是对他自己的阐述提出了**要求**。至于他是否达成了这一要求,是否实际上成功地"在它的理想的平均形式中"阐述了资本主义生产方式,如果我们去研究这一阐述的细节的话,还可以再讨论。

无论如何,这里引述的文字证明了马克思的阐述的抽象程度:如果是在"理想的平均形式"的层面分析资本主义生产方式,那么这种分析将会提出这样一些范畴,它们必然构成研究资本主义特定阶段和历史的基础。

人必须了解历史,才能理解当下,这句话对于纯粹的事件历史而言,具有一定的合理性,但并不适用于理解一个社会的结构历史。在这里,恰恰相反:为了能够研究一种特定的社会或经济结构的**形成**,我必须先了解**完成**的结构,然后我才能知道,我需要在历史中去探寻什么东西。马克思借助一个比喻来阐发这一思想:

> 人体解剖对于猴体解剖是一把钥匙。反过来说,低等动物身上表露的高等动物的征兆,只有在高等动物本身已被认

识之后才能理解。(《马克思恩格斯全集》,第 30 卷,第 47 页)

因此,《资本论》中所有的"历史的"段落都位于相应范畴的(理论)阐述**之后**,而非之前:例如,著名的关于"所谓原始积累"的章节,阐述了作为资本关系前提的"自由的"雇佣工人的形成,它不是位于《资本论》第一卷的开头,而是位于其结尾。历史段落是对理论阐述的**补充**,但不是理论阐述的**基础**。

虽然《资本论》最主要的是一部理论著作(它分析了**完全发展的**资本主义)而非一部历史著作(即研究资本主义的**形成**),但是它也并不像许多当代的经济学研究那样是非历史的。当代经济学的出发点是,有些一般性的经济的问题,在**任何**社会中都存在(必须要有生产、短缺资料必须要分配,等等)。此类在所有历史阶段都一样的基础性问题也就要用本质上一样的范畴来研究(正因如此,有些经济学家将尼安德特人的石斧也视为资本)。马克思则意识到,资本主义是一种特殊的历史性的生产方式,它与诸如古希腊奴隶社会或者中世纪封建主义的其他生产方式具有本质不同。由于这些不同生产方式都包含着特殊的生产关系,必须用其特有的、只对这种生产方式有效的范畴来阐述。**在此意义上**,那些描述资本主义生产方式的范畴是"历史的"而绝非超历史的范畴,它们只在资本主义是统治性的生产方式的历史阶段有效(参见科斯勒和维恩诺德的《马克思的社会思想》一书[①])。

第二节　理论与批判

在"世界观式的"(weltanschaulichen)马克思主义中,如前文所言,马克思被视为一位伟大的工人运动的经济学家,他创立了"马克思主义

---

① Kößler, Reinhart; Wienold, Hanns (2001): *Gesellschaft bei Marx*. Münster, S. 165 ff. ——译者注

政治经济学",人们可以用它对抗"资产阶级经济学"(即那些以正面态度讨论资本主义的经济学派):马克思从所谓古典政治经济学最重要的代表亚当·斯密(Adam Smith, 1723—1790)和大卫·李嘉图(David Ricardo, 1772—1823)那里汲取了劳动价值论,据此,商品的价值是由生产商品的必要劳动时间决定的;马克思与古典政治经济学的区别在于,他发展出了劳动力剥削与资本主义危机的理论。就此而言,古典政治经济学和马克思政治经济学之间没有**范畴**的根本差异,而仅仅是理论的**结论**有所不同。

这基本上也是现代宏观经济学理论的观点:对它们而言,马克思在其理论内容上是古典经济学派的代表,只不过他得出了和斯密、李嘉图不同的结论。既然现代宏观经济学理论已经将古典经济学视为过时的学说(现代的理论已经不再将价值的规定性归结为劳动),那么当今的经济学家们也就认为,不需要再认真面对马克思的理论了。

然而,正如《资本论》的副标题所明确表示的,马克思并不是想要提出一种替代性的"政治经济学",而是要实现"政治经济学**批判**"。每一种新的科学研究都会批判过去的理论,但只是为了证明其自身存在的合理性。但马克思要做的远不是这样的批判。他不是只想要批判单个的理论(当然这种批判在《资本论》中也存在),更准确地说,马克思的批判在针对**整个**政治经济学:他想要批判这一整门科学的**范畴基础**(*kategorialen Voraussetzungen*)。马克思在19世纪50年代末写给费迪南德·拉萨尔(Ferdinand Lassalle)的信中明确了他的批判的整体性质:

> 应当首先出版的著作是对经济学范畴的批判,或者,也可以说是对资产阶级经济学体系的批判。这同时也是对上述体系的叙述和在叙述过程中对它进行的批判。(《马克思恩格斯全集》,第29卷,第531页)

这种对范畴的批判开始于政治经济学最抽象的范畴,价值。马克思承认,政治经济学抓住了"价值规定的内容",即劳动与价值的关联,但是,政治经济学"从来也没有提出过这样的问题:为什么这一内容采取这种形式呢?"(《马克思恩格斯全集》,第 44 卷,第 98 页)。马克思在此主要批判的,不是政治经济学的结论,而是其**问题设置**(*Fragestellung*)的形式与方式,也就是说,他要批判这样一种区分,有些东西政治经济学想要解释,而有些则被当作不言而喻的东西接受下来,以至于不必解释(比如劳动产品的商品形式)。古典政治经济学的创始人亚当·斯密认为,人类不同于动物之处在于具有一种"交换的倾向"。由此出发,人类将所有物品视为商品,只是一种普遍的人性。

在政治经济学中,诸如交换和商品生产的社会关系被"自然化"(naturalisiert)和"物化"(verdinglicht)了,也就是说,社会关系被理解为似-自然关系(quasi-natürliche Verhältnisse),进而被理解为物的属性(物不是由于社会关联才具有交换价值的,而是物自在地就有交换价值)。通过这种社会关系的自然化,**物**似乎获得了**主体**的属性和自动性。

马克思用"荒谬"(《马克思恩格斯全集》,第 44 卷,第 93 页)来形容这种关系,并称之为"幽灵般的对象性"(《马克思恩格斯全集》,第 44 卷,第 51 页)或"奇能"(《马克思恩格斯全集》,第 44 卷,第 180 页)。这些概念各自的含义,在后续章节中将再展开论述。在世界观马克思主义中,以及在资产阶级对马克思的批判中,这些概念绝大部分被忽略了,或者人们仅仅从中看到一种修辞学特征。然而,马克思通过这些描述指出了政治经济学批判的核心事实。社会关系的**自然化**和**物化**绝不是由于个别经济学家的疏漏,而不如说是资产阶级社会的成员基于日常实践而自发地发展出来的现实图景的总结。因此在《资本论》第三卷的结尾,马克思指出,资产阶级社会中的人生活在"一个着了魔、颠倒的、倒立着的世界"(《马克思恩格斯全集》,第 46 卷,第 940 页),而"日常生活中的这个宗教"(同上)不仅构成日常意识的基础,而且也构成政治经济学范畴的背景。

以上讨论的问题是，政治经济学批判中的"批判"意味着什么。现在我们可以给出一个初步的答案：批判的目的在于，打破政治经济学的范畴由以获得表面说服力的那种**理论域**（即那些完全自明的观点和自发形成的观念），阐明政治经济学的"荒谬"。在这里，对认知的批判（即认知如何形成的问题）与对资本主义生产关系的分析联系在一起：脱离了对方，二者都是不可能实现的。①

马克思在《资本论》中不仅想要实现对资产阶级科学和资产阶级意识的批判，而且想要实现对资产阶级社会关系的批判。在一封信中，马克思并不谦虚地将他的著作形容为"向资产者（包括土地所有者在内）脑袋发射的最厉害的炮弹"（《马克思恩格斯全集》，中文1版，第31卷，下册，第542—543页）。

为此，马克思想要揭示资本主义发展导致人类和社会所必然付出的代价。他试图证明："在资本主义制度内部，一切提高社会劳动生产力的方法都是靠牺牲工人个人来实现的；一切发展生产的手段都转变为统治和剥削生产者的手段。"（《马克思恩格斯全集》，第44卷，第743页）或者如他在另一处所写的：

> 资本主义生产发展了社会生产过程的技术和联系，只是由于它同时破坏了一切财富的源泉——土地和工人。②（《马克思恩格斯全集》，第44卷，第580页）

马克思用这些表述并不是要进行**道德**批判。马克思也不指责资本主义（或者甚至单个的资本家）破坏了某种永恒的正义观念。倒不如说，他是想要**揭示一个事实**：资本主义**内在地**具有一种深层的**破坏性潜能**，这种潜能不断被激活（参见第五章和第九章）。资本主义由于其运

---

① 在世界观马克思主义的历史中（正如在资产阶级对马克思的批判中一样），马克思的论证中的认知批判方面绝大部分被忽略了。直到20世纪60至70年代，对马克思的重新研讨才将其认知批判方面置于核心，以此对抗那种从经济学方面对马克思的简化理解（这种理解总是把马克思仅仅视为一位"更好的"经济学家）。

② 译文根据德文有改动。——译者注

作方式，必然不断损害工人的基本生存利益。在资本主义制度中，这种基本生存利益只会得到有限的、暂时的保护，只有资本主义被消灭的时候，这种情况才会得到根本改变。

针对资本主义的暴虐，马克思并未提出一种基于完美生活或类似之物的道德上的"正当性"。相反，马克思希望，随着人们日益认识到资本主义制度的破坏性本质（不需要任何道德诉求的确认），工人阶级会对这种制度发起斗争——不是出于**道德**理由，而是出于其自身的**利益**，但不是那种在资本主义内部谋求更好地位的利益，而是追求一种好的、稳定的生活的利益，这只有在超越资本主义后才能实现。

第三节　辩证法：马克思主义的超级武器？

每当谈起马克思的理论，总是会提到"辩证法"（或者辩证发展、辩证方法、辩证叙述），而大多数情况下不会特别清楚地解释，这个概念所指的究竟是什么。特别是在"政党马克思主义"的辩论中，对立的双方常常指责彼此对争议的话题持有一种"非辩证的理解"。在当今的马克思主义圈子中也流行这样的说法，某个事物与另一个事物处于一种"辩证关系"之中，由此似乎一切都得到了解答。当有人提出批判性的追问时，偶尔也会得到无所不知似的告诫：人总是要"辩证地看待事物"。此时我们不该被吓住，而是要继续叨扰那位无所不知的人这样的问题，即到底该怎么理解"辩证法"，"辩证的"思考方式到底是怎样的。常见的情况是，对辩证法的夸夸其谈能被简化为一个简单的事实：所有事物无论如何总会彼此依赖和相互影响，而整体是相当复杂的——这在绝大部分情况下是对的，但也没说出什么东西。

如果想在不那么表面的意义上谈论辩证法，那么我们可以相当粗略地区分出这一概念的两种不同用法。第一种用法，根据前文提到的恩格斯的《反杜林论》，辩证法被视为"关于自然、人类社会和思维的运动和发展的普遍规律的科学"(《马克思恩格斯全集》,第 20 卷,第 154 页)。辩证发展不是均质的、线性的过程,而是经历着一种"矛盾运动", 这种运动尤其表现为"量到质的转化"和"否定之否定"①。不过恩格斯 也清楚,这种一般性的陈述,无法实现对个别过程的任何认识,②而在 "世界观马克思主义"的语境中却并不清楚这一点;在那里,"辩证法"被 理解为发展的一般学说,它经常被当作一种可以用来解释一切的超级 武器。

第二种谈论辩证法的方式,与政治经济学批判中的一种论述形式 相关。马克思用不同方式提到他的"辩证方法",并赞赏了黑格尔的贡 献,辩证法在黑格尔的哲学中扮演了核心角色。不过,辩证法在黑格尔 那里被"神秘化"了,因此,马克思的辩证法与黑格尔的并不相同。(《马 克思恩格斯全集》,第 44 卷,第 22 页)这种方法通过对范畴的"辩证叙 述"而具有意义。这就是说,在叙述过程中,各个范畴借由彼此而得到 **发展**:范畴不是简单地一个接一个地得到表现,而是说范畴的内在联系 (一个范畴在多大程度上使另一个范畴成为必要)变得清楚起来。这种 叙述的**结构**对马克思而言不是一个学究式的问题,而是本身有决定性 的**内容**的意义。

这种辩证的叙述,绝不是一种完成的、既有的"辩证方法"在政治经 济学材料上的"应用"。费迪南德·拉萨尔想要进行这种"应用",这使 马克思在一封写给恩格斯的信中说:

但是使他遗憾的是,他会看到:通过批判使一门科学第一

---

① **量到质的转化**:一定规模的量变最终会引发质变。如果给水加热,水还会保 持为液体,直到 100 摄氏度时水会蒸发。**否定的否定**:在原初状态的否定之后,还有再 一次否定。一粒种子成长为植物,植物是对种子的"否定";植物结果实,留下更多的 种子,这是对植物的否定,我们因此有了一个"否定的否定";这种否定的否定并不是回 到出发点,而是在更高层面再生产出来——种子自身得到了繁殖。

② 因此恩格斯也在《反杜林论》中写道:"不言而喻,例如,关于大麦粒从发芽起 到结了实的植株逐渐死亡的特殊发展过程,如果我说,这是否定的否定,那么我什么也 没有说。"(《马克思恩格斯全集》,第 20 卷,第 154 页)

次达到能把它辩证地叙述出来的那种水平,这是一回事,而把一种抽象的、现成的逻辑体系应用于关于这一体系的模糊观念上,那完全是另外一回事。(《马克思恩格斯全集》,第29卷,第264页)

辩证叙述的前提不是对一种方法的**应用**(这也是在世界观马克思主义中广为传播的一个观点),而是前文提到的**对范畴的批判**。而这种范畴批判的前提是,对与范畴相关的各种材料进行准确、细致的阐释。

只有在对那些被叙述的范畴有所了解之后,才能准确地探讨马克思的"辩证叙述":在弄清马克思所作的那些叙述之前,就无从谈起马克思的叙述的"辩证"特征,也无从讨论马克思与黑格尔的辩证法的关系。还有经常用来形容马克思的叙述的"从抽象上升到具体"的说法,对那些刚刚开始阅读《资本论》的人而言,这句话也没有说出太多东西。最主要的是,《资本论》实际的叙述结构,相比早先在1857年《导言》中所估计的这个公式,要明显复杂得多。

在《资本论》中,除了序言和跋之外,马克思很少明确提及辩证法。他实践了一种辩证叙述,但并未要求他的读者在阅读该书前去研究辩证法。这种叙述中"辩证"的东西,其实只有在阅读之后才能说出来。因此,本导论也不会先设置一个关于辩证法的章节。

第三章　价值、劳动与货币

第一节　使用价值、交换价值与价值

马克思想要在《资本论》中分析资本主义生产方式,但是,他的分析不是直接从资本开始的。在最开始的三章,马克思先是只讲商品和货币,到第四章才开始涉及资本。于是,在前文提到的"历史化"的解读方式中,前三章被理解为对一种前资本主义的"简单商品生产"的抽象描述。但是,第一章开头的两句话已经表明,它不是关于前资本主义的关系的:

> 资本主义生产方式占统治地位的社会的财富,表现为'庞大的商品堆积',单个的商品表现为这种财富的元素形式。因此,我们的研究就从分析商品开始。(《马克思恩格斯全集》,第44卷,第47页)

马克思在这里指明了**资本主义**社会的一种特征:在其中——而且只在其中——"商品"是财富的**典型**形态。商品(我们暂时将其理解为用于交换的特定物品)在其他社会中也存在,但只在资本主义社会中,绝大部分物品才成为商品。在中世纪早期的封建社会中,仅有少部分物品被交换；商品形式是例外，而非常态。大部分物品由农业产品组成，它们要么是为了自己消耗而生产，要么是上交给地主（贵族、教会），因此不是用于交换。到了资本主义社会，财富才采取了一种"商品堆积"的形式，至此，单个商品才变成财富的"元素形式"。**这种商品**，资本主义社会中的商品，才是马克思想要分析的。

只有那些用来交换的东西才会被人们称为**商品**，也就是说，这些东西在它们的**使用价值**之外，还有一种**交换价值**。一种东西的使用价值无非是其有用性。例如，1把椅子的使用价值就在于，可以坐在上面。某种东西的使用价值与其是否用于交换无关。

如果现在我用这把椅子交换2块麻布，那么这把椅子的交换价值就是2块麻布。如果我用这把椅子交换100个鸡蛋，那么椅子的交换价值就是100个鸡蛋。如果我不交换，而只是使用这把椅子，那么它也就不具有交换价值，它也就不再是商品，而就只是使用价值，1把椅子，可以多多少少舒适地坐在上面。

成为商品，也就是说，在使用价值之外还具有交换价值，这并不是物的"自然"属性，而是一种"社会"属性：只有在存在物品交换的社会中，这些物才具有交换价值，才是商品。马克思这样说："不论财富的社会的形式如何，使用价值总是构成财富的物质的内容。"（《马克思恩格斯全集》，第44卷，第49页）

在此我们遇到了一个非常重要的区分。某种东西的"物质的内容"（它的"自然形式"）同它的"社会的形式"（马克思有时也称之为"经济的形式规定性"）区分开来。椅子的"自然形式"就是其物质特性（例如，它是木质的还是金属的），而它的"社会形式"是指，这把椅子是"商品"，是一种用于交换，因而具有"交换价值"的东西。椅子之所以是商品，不在于它作为物的自身，而在于这个物所处的社会。

个别的交换行为在我们所知的一切社会形式中都存在。但资本主义社会的特征在于，几乎所有东西都在被交换。这导致了定量的交换关系。当交换只是个别现象时，可能存在不同数量的交换比例：我可以某次用 1 把椅子换 2 块麻布，下次换 3 块，等等。但是，如果交换成了物品转让的常规形式，那么单个的交换关系就必须以一定的方式与其他交换相"匹配"：按照前面的例子，我用 1 把椅子能换 2 块麻布，或者 100 个鸡蛋。如果是这种情况，那么 100 个鸡蛋必须能换 2 块麻布。为什么呢？不然，比如 100 个鸡蛋如果只能换 1 块麻布，那么我单单凭借一种聪明的交换行为的顺序，就能持续获得盈利：我用 1 块麻布换 100 个鸡蛋，然后用 100 个鸡蛋换 1 把椅子，然后用 1 把椅子换 2 块麻布。单是通过交换，我就可以将我拥有的麻布翻倍，再这样交换下去，我的财富将不断增长。不过，我只有找到交换的伙伴，对方愿意进行与我相反的交换，这一过程才是可能的。很快，其他的市场参与者就会想要模仿我的盈利链条，但也就不会再有人愿意进行相反方向的交换了。只有不再单单通过特定**顺序**的交换行为就会获利或亏损，交换关系才能稳定。

对于交换在其中是常规情况的**资本主义**社会，我们可以这样总结：同一商品的不同交换价值，必须对彼此也构成交换价值。如果 1 把椅子一方面能换 2 块麻布，另一方面能换 100 个鸡蛋，那么 2 块麻布也必须能换 100 个鸡蛋。

如果这样一种交换的规律性是存在的（甚至必须存在，以使交换得以顺畅地运行），那么也就引出了这样的问题：1 把椅子、2 块麻布和 100 个鸡蛋到底有什么共有的东西？通过我们的常识给出的答案是：这三种东西具有"同样的价值"。在交换的经验中，我们曾对许多东西的价值进行非常精准的估计。如果我们在交换中必须支付的价值与这种估计相偏离，那么我们就会说，某种东西"便宜"或者"贵"了。现在的问题在于，什么构成了这种"价值"，继而，各种价值的大小是怎样决定的。

在马克思之前，经济学家们早已思考这一问题，并形成了两种截然不同的答案。第一种答案是：一种东西的价值是由其有用性决定的。对于那些对我来说十分有用的东西，我愿意支付很多，而对没什么用处的东西，我便不愿支付或者支付很少。然而。亚当·斯密早就指出，这种"效用价值论"存在很大的问题：水就有非常大的用处，离开了水我们无法生存，但水的价值很低。相比之下，钻石的有用性微不足道，但它的价值巨大。斯密由此得出结论，决定物品价值的不可能是其有用性。斯密认为，物品的价值取决于生产它所必需的劳动量。这便是关于价值来源问题的第二种基本答案。

在马克思的时代，这种"劳动价值论"是政治经济学的通行看法。①用前述的例子来说：1把椅子、2块麻布和100个鸡蛋之所以具有同样的价值，是因为生产它们所需要的是一样多的劳动。

对于这种劳动价值论，存在两种直接的反对意见：第一，有些非劳动产品也会用于交换（比如未加工的土地）；第二，有些特定的劳动产品（比如艺术品），它的交换价值完全不取决于它的生产中所耗费的劳动时间。

对于第一点，必须说明的是，劳动价值论实际上只解释劳动产品的价值。非劳动产品不具有"价值"。如果它们被交换了，那么它们具有交换价值，对此必须另有专门的解释。

对于第二点：艺术品当然是劳动产品，但不同于普通的商品，艺术品是孤品，即只存在一个。买家愿意为其支付的是一个收藏者价格，与艺术家所耗费的劳动没有关系。但是，国民经济中的绝大部分产品并非这样的孤品，而是量产的产品，应该解释它们的价值。

马克思也认为，商品的价值是由生产商品的劳动构成的。商品作为"相同的人类劳动"的对象化，就是**价值**。**价值量**是由"它所包含的'形成价值的实体'即劳动的量"（《马克思恩格斯全集》，第44卷，第51页）所决定的。

但是，马克思进而指出，形成价值的不是单个生产者**个人**所耗费的

----

① 而今天在经济学理论中占主导地位的是效用价值论的一个变种，"边际效用理论"。

劳动时间(那样的话,慢的木工所生产的椅子就比快的木工所生产的同样的椅子具有更高的价值了),而只是"社会必要劳动时间",即那种"在现有的社会正常的生产条件下,在社会平均的劳动熟练程度和劳动强度下制造某种使用价值所需要的"(《马克思恩格斯全集》,第44卷,第52页)必要的劳动时间。

不过,生产某种特定使用价值的社会必要劳动时间并不是固定不变的。如果劳动生产力提高,在相同时间内可以生产出更多的产品,那么生产单个产品的社会必要劳动时间就会减少,产品的价值量也会降低。相反,如果劳动生产力降低,那么生产所需的社会必要劳动时间就会增加,单个产品的价值量也会上升。由于诸如自然条件等原因,可能会导致这种结果:如果庄稼遇到了灾害,那么同样的劳动量将带来更少的收入,为了生产单个果实就需要更多的劳动,产品的价值也提高了。

只要存在交换,就会存在分工——我只能换来那些我自己不生产的东西。分工是交换的前提,但交换不是分工的前提,只要看一看任何一座工厂就会明白这一点:在那里,我们会发现高度分工的生产,其产品却不用来彼此交换。

到目前为止,一提到"商品",读者可能还是会有这样的印象,即商品总是指用于交换的物质的物品。实际上,重要的是交换的行为,而不在于物品。服务也可以用于交换,因而成为商品。物质产品和"非物质"服务的差别仅仅在于,二者的生产与消费的时间关系不同:物质产品先被生产出来,然后被消费(面包应该在生产的当天被消费掉,而汽车可以在生产商那里保存若干周或月,直到我使用它),而在服务(无论是打出租车、按摩或是剧场演出)中,生产行为与消费行为直接就是一起发生的(在出租车司机生产出了地点改变的同时,我消费了它)。物质产品与服务之间只存在**物性**的差别;但它是不是商品,要看它的**社会的形式**,而这取决于该物品或服务是否用于交换。这样,也就可以终结那种常见的论调,即单单因为"从工业到服务业社会的转变",或者按照哈特和奈格里"左翼的"的变形后的说法——从"物质"到"非物质"生产的转变——马克思的价值理论已经被超越了。

截至目前所介绍的价值理论,只是马克思在《资本论》第一卷第一章的前7页(整个第一章有50多页)中的叙述。对于许多马克思主义者和绝大部分马克思的批判者来说,这些内容已经构成了马克思价值理论的核心(商品是使用价值和价值,价值是对象化的人类劳动,价值量取决于生产商品所需的"社会必要劳动时间"——后者常常被形容为"价值规律")。如果这些真的就是全部,那么,马克思的价值理论确实没怎么超越古典政治经济学。本章后续内容将会表明,马克思最核心的价值理论的观点绝不限于这些简单的论述,马克思价值理论的最为重要的东西远超目前所概述的内容。

第二节 一个劳动价值论的证明?(个人行为与社会结构)

马克思价值理论与古典价值理论之间的差别问题,与另一个问题相关,即马克思是否"证明了"劳动价值论,也就是说,马克思是否明确地证实,是劳动而非其他东西构成了商品价值的基础。在关于马克思的文献中,这一问题被频繁讨论。但是,正如我们很快就会看到的那样,马克思对这样一种"证明"完全没有兴趣。

对于劳动决定商品价值,亚当·斯密是这样"证明"的,劳动付出了辛劳,而我们在估计某物的价值时,依据的是我们生产这种物会付出多少辛劳。价值在这里直接被归结于单个的个人的**理性思考**。现代新古典主义经济学基于与之十分相似的论证,以效用最大化的个人作为出发点,将交换关系建基于个人对效用的评估。古典和新古典经济学二者都理所当然地从单个的个人及其表面的普遍人类行为策略出发,试图由此解释社会关联。在此过程中,它们必然将许多亟待解释的社会特征投射到个人身上:就像前文提到的,亚当·斯密把"交换的倾向"作为人类区别于动物的属性,那么,从**这样的人**(也就是商品占有者)的理性出发,当然就不难推导出一种以商品交换为基础的经济结构,不难把这种结构解释为普遍人性了。

但是对马克思而言,根本性的方面不是个人的思考,而是这些个人各自所处的**社会关系**。他在《大纲》中曾尖锐地指出:

> 社会不是由个人构成,而是表示这些个人彼此发生的那些联系和关系的总和。(《马克思恩格斯全集》,第30卷,第221页)

这种关系形成了一种特定的理性,个体如果想要在这种关系中生存,就必须保持这种理性。于是他们就按照这种理性来行动,而通过他们的行为,作为基础而存在的社会关系又被再生产出来。

让我们举一个切近的例子来说明这种关联。在一个以商品交换为基础的社会中,一个人想要生存,就必须遵循交换的逻辑。如果我想要高价卖出自己的商品、低价买入他人的商品,这并不就是我的"效用最大化"行为的结果。对我而言,其实别无选择(只要我还没有富足到对交换的比例不再感兴趣)。而正因为我看不到别的选择,我才觉得自己的行为是"自然"的。如果大部分人都按照这种方式来行动,那么以商品交换为基础的社会关系,以及由此对个体形成的强制也就被再生产出来,每个人都不得不继续这样行动。

因此,马克思**不是**基于交换者的思考而建立起价值理论的。与一种常见的误解相反,马克思没有这样的观点,即商品的价值之所以取决于生产所必需的劳动时间,是因为交换者想要如此。恰恰相反,马克思认为,人们在交换中,根本**不**知道他们究竟做了什么(参见《马克思恩格斯全集》,第44卷,第91页)。

马克思想要通过价值理论来揭示一种特定的社会结构,身处其中的个人**只能遵从这一结构,无论他们自己怎么想**(参见第三章第六节和第八节)。因此,马克思从其问题设置开始,就已经与古典或者新古典经济学完全不同:亚当·斯密原则上从一种**单个的**交换行为出发,并追问交换关系在这里是如何被决定的。相反,马克思将个人的交换关系视为一种**特定的社会总联系**的一部分——在这种总联系中,社会的再生产是以交换为中介的——并追问:这一切对于为**社会整体**而耗费的劳动来说,意味着什么? 正如他在给朋友路德维希·库格曼(Ludwig Kugelman)的一封信中所表明的那样,在他这里,根本不存在一种对劳动价值论的"证明":

> 胡扯什么价值概念必须加以证明,只不过是由于既对所谈的东西一无所知,又对科学方法一窍不通。任何一个民族,如果停止劳动,不用说一年,就是几个星期,也要灭亡,这是每一个小孩都知道的。人人都同样知道,要想得到和各种不同的需要量相适应的产品量,就要付出各种不同的和一定数量的社会总劳动量。这种按一定比例分配社会劳动的必要性,绝不可能被社会生产的一定形式所取消,而可能改变的只是它的表现形式,这是不言而喻的……而在社会劳动的联系体现为个人劳动产品的私人交换的社会制度下,这种劳动按比例分配所借以实现的形式,正是这些产品的交换价值。(《马克思恩格斯全集》,第 32 卷,第 540—541 页)

如果在商品生产条件下,单个生产部门中私人耗费的劳动的分配,是以商品的价值为中介的(不存在有意识的调节或传统规定的分配),那么就有一个有趣的问题,这究竟何以**可能**(*möglich*),或者更一般地来说,**私人耗费的劳动是怎样**(*wie*)**变成社会总劳动的一部分的**。也就是说,价值理论应该做的不是"证明"单个的交换关系是由生产所需的劳动量决定的。[1] 倒不如说,它应当解释的是生产商品的劳动的这种**特殊的社会特性**——马克思对此的研究远超前述《资本论》前 7 页的内容,而传统马克思主义以及马克思的批判者却将那些内容当成马克思价值理论最重要的部分。

---

[1] 在《资本论》第三卷中,马克思甚至表明,实际的交换关系是不可能与生产中所耗费的劳动量相对应的(参见第七章第二节)。

第三节　抽象劳动：实在抽象与有效关系

为了理解生产商品的劳动具有怎样的特殊的社会特性，我们必须阐明"具体"和"抽象"劳动的区分。在大部分对马克思价值理论的阐释中，这一区分都会被简短地提及，其实际意义却常常未能得到理解。对此，马克思本人曾指明这一区分的基础性意义：

> 商品中包含的劳动的这种二重性，是首先由我批判地证明的。这一点是理解政治经济学的枢纽，因此，在这里要较详细地加以说明。(《马克思恩格斯全集》，第44卷，第54—55页）

这意味着什么呢？如果商品是具有二重性的东西，即使用价值和价值，那么**生产商品的**劳动也必然具有二重性，这种劳动不仅生产使用价值，而且也生产价值（重要的是，不是每一种劳动，而只有**生产商品的劳动**才具有二重性）。

不同质的"具体劳动"生产出不同质的使用价值：木工劳动生产出椅子，麻纺织的劳动生产出麻布，等等。当我们"学习一种劳动"时，我们所学的是一种具体活动的特殊性，当我们看到一个人在劳动时，我们看到他从事的是一种具体的劳动。

但是，价值不是由特定的具体劳动构成的，也不是由具体劳动的某个特定方面构成的。**每一种劳动，如果它的产品（也可以是服务）用于交换，那么它就生产价值**。作为价值，商品**在质上是相同的**。因此，生产价值的各种劳动也必须成为**在质上相同的人类劳动**。木工劳动不是作为木工劳动而生产价值（它作为木工劳动生产的是椅子），而是作为人类劳动而生产价值，它的产品被用来和其他人类劳动的产品进行交换。也就是说，木工劳动正是在对其作为木工劳动的**具体形态的抽象**

中生产价值的,马克思因此将生产价值的劳动称为"抽象劳动"。

所以,抽象劳动不是指一种耗费劳动的**特殊方式**,比如不同于内容丰富的手工木工劳动的、单调的流水线劳动。① 作为**形成使用价值的**劳动,单调的流水线劳动同木工劳动一样,是**具体**劳动。在**形成价值**方面,流水线劳动(也和木工劳动一样)只是作为**相同的人类劳动**,即是对其具体特性的抽象。或者简言之:流水线劳动和木工劳动一样只是作为**抽象劳动**而形成价值。

商品作为抽象劳动的"结晶"(《马克思恩格斯全集》,第 44 卷,第 51 页)就是"价值"。因此,马克思也将抽象劳动形容为"形成价值的实体"或者简化为"价值实体"。

价值实体的说法常常被"实体主义地"理解为似-物质性的:工人耗费了特定量的抽象劳动,而这些劳动量现在作为价值实体存在于**单个商品之中**,把单个的物变成了一个价值对象。但情况并没有这么简单,这根据马克思的表述应该已经很清楚了。马克思把价值对象性描述为"幽灵般的对象性"(《马克思恩格斯全集》,第 44 卷,第 51 页),在后来对第一卷的修订稿中,他还称之为"纯粹虚幻的对象性"②。如果从"实体主义"视角来看,那么就无法理解,价值对象性中有什么"幽灵般的"或者"虚幻"的东西。

我们必须更加准确地阐释抽象劳动。抽象劳动是不可见的,可见的永远只是特定的具体劳动。正如"树"是不可见的一样,我永远只能看到某种具体的植物。如同"树"这个抽象一样,抽象劳动也是一个抽

---

① 罗伯特·库尔茨至少是倾向于这种对于抽象劳动的理解的,比如当他在一个索引中提到抽象劳动概念时说,人们耗费了"抽象的劳动力"(他没有进一步解释这一概念),并且"在高度的相互等同和异化中"共同劳动(Kurz 1991, S. 273)。但是,抽象劳动完全不是关于人以何种方式共同劳动的,而是关于人的劳动在社会上是作为什么而存在的:作为形成价值的劳动。关于抽象劳动概念的一个批判了常见的简化的简短介绍,参见 Reitter (2002)。

② Marx, Karl (1871/72): *Ergänzungen und Veränderungen zum ersten Band des "Kapital"*. In: MEGA, II. Abteilung, Bd. 6, S. 32.

象，只不过它是一种完全不同方式的抽象。通常，抽象是在人的思维中形成的。我们将单个样例的共性抽离出来，然后形成一个抽象的类概念（比如"树"）。但是，抽象劳动不是一个这样的"思维抽象"，而是一个"实在的抽象"，也就是说，这是一个在人的现实行为中形成的抽象，而与人是否知道这一点无关。

在交换中，商品的使用价值被抽象掉了，商品**作为价值**被等同起来（单个的买家之所以买，当然是因为他对这种使用价值感兴趣，如果他不想要这种使用价值，他就不会交换；但一旦进入交换，那么商品就作为价值而被等同起来）。而只有商品作为价值被等同起来，生产商品的劳动的特殊性才**实际地**被抽象掉了，这种劳动现在只是作为形成价值的"抽象"劳动。因此，无论参与其中的商品占有者怎么想，抽象是**实在地**（*real*）发生了的。

马克思并没有始终非常清楚地表明这一点。他也把抽象劳动称为"人类劳动力在生理学意义上的耗费"(《马克思恩格斯全集》，第44卷，第60页)。将各种劳动划归为生理学意义上的劳动，这只是一个纯粹的思维抽象，而且对任何劳动都适用，无论它是否生产商品。不仅如此，这种表述还让人以为，抽象劳动有一个完全非社会性的、可以说是自然的基础，这激发了与之相应的对抽象劳动的"自然主义"诠释。① 但是，在其他地方，马克思都非常明确地表达了抽象劳动的非自然主义的基础。他在第一版修订手稿中是这样说的：

> 只有通过交换，使各种劳动产品实际地相互等同，才能使

---

① 比如豪格在他的《〈资本论〉导读演讲》中强调，马克思将抽象劳动回溯到了一个"自然基础"(Haug 1989, S. 121)。我在书中(Heinrich 1999)曾尝试指出，马克思这里（以及另一处）的表述不仅仅是不合适的问题。在马克思的政治经济学批判中，我们可以发现，一方面存在着科学的革命，即与古典政治经济学理论域的断裂，另一方面马克思的论证又总是陷入他本来已经超越了的观点的残余之中。对于马克思论证中的这种纠结不定，在本书这样一部导论之中，只能在此稍加提及了。

各种具体的私人劳动被还原为等同的人类劳动这一抽象。①

照此来说,只有在交换过程中,构成抽象劳动之基础的抽象才得以完成(这与交换者是否清楚这种抽象无关)。因此,**抽象**劳动也就无法简单地用劳动时间来衡量:每个能用钟表衡量的劳动时间,都是一种由特定的个人耗费的、特定的**具体**劳动的时间(这与劳动产物是否用于交换无关)。与之相反,根本无法"耗费"抽象劳动。抽象劳动是一种在交换中构建起来的**有效关系**(Geltungsverhältnis):在交换中,被耗费的具体劳动**充当了**(gilt)特定量的形成价值的总劳动。

这种私人耗费的具体劳动充当特定量的形成价值的抽象劳动的过程,包含了三重不同的"化归":

(1) 个人所耗费的劳动时间化为社会必要劳动时间。只有那种在平均生产条件下生产某种使用价值所必需的劳动才形成价值。但是,平均的劳动生产率有多高,并不是由单个生产者决定的,而是由生产这种使用价值的生产者的总和决定的。这种平均情况持续变化,只在交换中才变得可见;也只有在交换中,单个生产者才能知道,他个人所耗费的劳动时间在多大程度上与社会必要劳动时间相一致。

(2) 在传统马克思主义那里,一种技术上的特定的"社会必要劳动时间"往往被理解为形成价值的劳动的唯一决定性因素。而是否存在与被生产出的使用价值相匹配的有支付能力的需求,似乎对于价值的决定毫无影响。但是,马克思曾经提醒道,为了生产商品,不仅是要简单地生产使用价值,"而且要为别人生产使用价值,即生产社会的使用价值"(《马克思恩格斯全集》,第 44 卷,第 54 页)。比如说,如果麻布的使用价值的总和超过了社会中存在的(有支付能力的)需求,那么就意

---

① Marx, Karl (1871/72):*Ergänzungen und Veränderungen zum ersten Band des "Kapital"*. In: MEGA, Ⅱ. Abteilung, Bd. 6, S. 41. 这句重要论述也被收录于法文版中,这也是马克思本人检查过的最后一个版本。(法文版中的这句话为:"只有交换才能完成这一还原,使极其不同的劳动产品相互处于同等的条件下。"参见《马克思恩格斯全集》,第 43 卷,第 67 页。——译者注)

味着,"在全部社会劳动时间中,以织麻布的形式耗费的时间太多了。其结果就像每一个织布者花在他个人的产品上的时间都超过了社会必要劳动时间一样"(《马克思恩格斯全集》,第 44 卷,第 128 页)。

只有在平均的现有生产条件下耗费的,**而且**对于满足有支付能力的社会需求而言是必需的那种劳动时间才形成价值。为满足需要而私人耗费的劳动在多大程度上是必需的,一方面取决于这种需要的总量,另一方面取决于其他生产者的生产规模——这两点都是在交换中才能看出来的。

(3) 单个的劳动耗费不仅在其具体特征方面(作为木工劳动、作为裁缝劳动,等等)区分开来,而且在所需的劳动力的质的方面也区分开来。"简单平均劳动"是指"每个没有任何专长的普通人的有机体平均具有的简单劳动力的耗费"(《马克思恩格斯全集》,第 44 卷,第 58 页)。什么被视为简单劳动力的质,是否包括例如阅读、写作或者计算机知识,这在不同的国家和文化阶段有所不同,但是在一个特定国家的特定时代是确定的。更高质量的劳动力的劳动是"复杂"劳动,相较于简单平均劳动,它在更大的程度上形成价值。特定量的复杂劳动在多大程度上形成比同等量的简单劳动更多的价值,这也是在交换中才能看出来的。不过,对于数量关系而言,并不是只有马克思强调的劳动力的质在发挥作用(参见《马克思恩格斯全集》,第 44 卷,第 228 页)。同样有重要影响的是社会的等级化进程,这在这样一些事实中反映出来,例如"女性职业"的地位低于"男性职业",这又影响到了哪些活动被视为"简单"、哪些被视为"复杂"。

私人耗费的个人劳动在多大程度上**充当**了形成价值的抽象劳动,是在交换中这三种化归**同时**作用的结果。

第四节 "幽灵般的对象性":价值的生产理论还是流通理论?

商品所具有的价值对象性(Wertgegenständlichkeit)不是具体劳动的对象化(Vergegenständlichung),而是抽象劳动的对象化。如果如前所述,抽象劳动是一种只在交换中存在的社会性的有效关系(私人耗费的劳动被当作创造价值的、抽象的劳动),那么,商品的价值对象性也只在交换中才存在。不止于此:价值对象性根本不是单一的物自身就能具有的属性。建立起这种对象性的价值实体,不是来自单个的商品,而是只能**共同地**存在于商品交换中。

在对《资本论》第一卷的修订手稿中,马克思对这一点做出了最清晰的表达。手稿中说,如果上衣和麻布能被交换,那么它们就被"完全还原为人类劳动的对象化"。同时不能忘记的是,

> 它们就自身而言都不是这种**价值对象性**,这是对它们而言**共同的对象性**,只有就此而言,它们才是这种价值对象性。脱离了它们的相互联系——这种联系使它们相等同起来——无论上衣还是麻布,都不再具有价值对象性或者作为人类劳动之凝结的对象性。①

这导出了如下结论:"一个劳动产品,如果就其自身而被孤立地考察,那么它还不是价值,甚至不是商品。只有在与其他劳动产品的统一体中,它才是价值。"②

由此我们也就更加理解了马克思在《资本论》开头所提出的价值对

---

① Marx, Karl (1871/72): *Ergänzungen und Veränderungen zum ersten Band des "Kapital"*. In: MEGA, II. Abteilung, Bd. 6, S. 30.

② Marx, Karl (1871/72): *Ergänzungen und Veränderungen zum ersten Band des "Kapital"*. In: MEGA, II. Abteilung, Bd. 6, S. 31.

象性的"幽灵般的"特征。两个商品共同具有价值的方式,不同于那种例如一辆消防车和一个苹果共同具有红色的方式(二者就自身而言就是红的,因而当二者放在一起时,我们发现:二者具有某种共同的东西)。与之不同的是,物只有在相互的商品交换中,才具有价值实体,从而具有价值对象性。这倒好像是说,消防车和苹果只有在实际地被放在一起的情况下才是红的,而如果分开(消防车在消防站里,苹果在树上)就不再具有颜色了。

一般来说,物的对象性属性(gegenständliche Eigenschaften)的出现,并不依赖于它与其他物的联系。只在特定的联系中才存在的属性,我们不是直接将其认作对象性的、单个的物所具有的属性,而是认作关系。如果士兵 A 听从军官 B 的命令,那么,A 就是下级,B 则是上级。上级与下级的属性,来自 A 和 B 在军队等级制度中的独特**关系**,而不是作为外在于这种等级制度的人格属性。

但是,在价值对象性这里,那种只在联系中存在的属性,却**表现为**(scheint)物外在于联系也具有的一种对象性属性。如果我们在交换联系之外寻找这种对象性,我们也就不知道应该如何把握它;价值对象性是一种恰如其字面意义的"幽灵般的"对象性。

这种价值对象性作为单个商品的属性的假象,也在很大程度上被传统马克思主义所接受。价值实体被"实体主义地"理解为一个**单个商品**的属性。因此,价值量也被当作单个商品的属性,人们认为,它不依赖于交换,而单单由商品**生产**中所耗费的社会必要劳动时间的量所决定。那种与之相对的、证明了交换的意义的观点,却被指责为代表了"价值的流通理论",即陷入了所谓的非本质的方面。①

---

① 诺尔贝特·特伦科勒(Norbert Trenkle)对我也有此批评,他和罗伯特·库尔茨(Robert Kurz)都是危机小组(Gruppe Krisis)最重要的代表(Trenkle 1998,参见 Heinrich 1999b)。这是更值得注意的,因为危机小组始终将自己表现为他们所谓的"工人运动的马克思主义"(和上文所述的世界观马克思主义所指的观点类似)的批判者。不过,他们不仅在这一个地方受限于他们批判的"工人运动的马克思主义"思想(参见第九章第二节)。

其实，那种关于价值和价值量究竟决定于生产领域还是流通领域（即买与卖的领域）的提问本身，已经包含了一种致命的简化。价值并不是在某处"形成"，然后又在"哪里"出现。对于一块面包，这种提问至少是可以成立的（就算其答案是明确的），即它在哪里形成，在面包房中还是在放入柜台的销售中。价值却不是一个像面包一样的物，而是一种社会关系，这种社会关系**表现为物的属性**。这种表现为价值和价值量的社会关系，恰恰是在生产和流通中建构起来的，以至于那种"非此即彼的提问"没有意义。

价值量在交换之前并不能被确定，但也并不是在交换中偶然形成的。它是前文述及的私人耗费的、个人的劳动被多重化约为抽象劳动的结果。商品的价值量不是生产者**个人的**劳动和产品之间的简单关系（"实体主义的"价值理解正是从这里出发的），而是生产者的**个人的**劳动和**社会总劳动**之间的关系。交换与其说创造了价值，不如说中介了这种同社会总劳动的关系。当然，这种中介出现在以私人生产为基础的社会中，而且**只在交换中**发生，而不是在其他地方。①

在交换之前，价值量仅仅能或多或少地被估价。这种估价也决定了一个商品生产者是否进行一种特定的生产。只不过，商品的估价总是无法与价值的存在相一致，这也是那些生产者必须知道的沉重事实。

通过以上的深入思考，事情应该清楚了，马克思所说的价值实体并不能被"实体主义地"加以理解，即价值仿佛是单个物中存在的一种实

---

① 认为马克思在生产之中、在交换之前就已经看到固定下来的价值的观点，喜欢以他的这段表述作为证据："不是交换调节商品的价值量，恰好相反，是商品的价值量调节商品的交换比例。"（《马克思恩格斯全集》，第 44 卷，第 79 页）这里被忽略的是，这句话讲的是一种**调节关系**，而不是一种**时间关系**（先有价值在那里，然后被交换）。关于时间关系，马克思曾有清楚的论证："劳动产品**只是在它们的交换中**，才取得一种社会等同的价值对象性，这种对象性是与它们的感觉上各不相同的使用对象性相分离的。"（《马克思恩格斯全集》，第 44 卷，第 90 页；黑体字由海因里希标注）而对商品生产者来说，价值对象性扮演着决定性的角色，因此对他们而言"物的价值性质**还在物本身的生产中就被注意到了**"（同上；黑体字由海因里希标注）。所谓价值"被注意到了"，是说未来的价值被生产者估计到了，而不是说价值已经存在了。

体。在单个商品中恰恰无法把握价值对象性。只有在交换中,价值才采取了一种对象性的价值形式,这才有了马克思价值理论中"价值形式分析"①的重要意义。

与之相反,对马克思价值理论的实体主义理解却很难进入价值形式分析:对他们来说,基于那种简单的断言,即商品价值取决于商品生产中的社会必要劳动,价值理论的难题便已然解决了。

第五节 价值形式与货币形式(经济的形式规定性)

马克思宣称,通过价值形式分析,他要做的是资产阶级经济学完全未涉及的事情。作为导引,他写道:

> 谁都知道——即使他别的什么都不知道——商品具有同它们使用价值的五光十色的自然形式成鲜明对照的、共同的价值形式,即货币形式。但是在这里,我们要做资产阶级经济学从来没有打算做的事情:指明这种货币形式的起源。(《马克思恩格斯全集》,第 44 卷,第 62 页)

这段话常常被理解为,马克思想要从简单产品交换出发,将货币的历史形成提升到一种很高的抽象层次。如果是这样的话,那么马克思与资产阶级经济学的这种划界,即宣称后者从未尝试他的分析,就完全是夸大其词了。因为在马克思的时代,这种抽象的、历史性概述已经属

---

① 对价值形式的分析开始于《资本论》第一卷第一章中内容丰富的第三节。

于经济学家们的标准动作。①

让我们回忆一下马克思在《资本论》的第一句话中就清楚表明的那一点，即他所分析的商品不是前资本主义的商品，而是资本主义中的商品（参见第三章第一节开头）。那么也就清楚了，他现在所思考的"起源"（即形成）不是指货币的**历史形成**，而是一种**概念性的发展关系**：它不是关于货币的历史性的生成（也不是一种完全抽象意义上的生成），而是对"简单价值形式"（一种商品在另一种商品之中表现其价值）与"货币形式"之间的关联进行概念性的重建，这种关联是内在于**当前的**资本主义的。更一般地说，问题在于，在商品生产社会中，货币究竟只是一种实用的辅助手段（归根结底人们可以将其放弃），还是实际上**必然存在的东西**。

在马克思的时代，这个问题的提出不仅是出于科学兴趣。许多社会主义思潮致力于构建一种替代资本主义的社会，在这种社会中，私人的商品生产继续存在，货币却被废除了，取而代之的是直接的权利票据，或者能够标示其本身的劳动贡献的"小时券"。马克思通过证明商品生产与货币之间不可分割，也实现了对这些思潮的批判。

马克思的货币分析分为三个步骤。（1）首先，**以形式分析的方式**（*formanalytisch*）（就是说，在不涉及商品占有者的情况下，对形式规定性加以分析），将**一般等价形式**（或者说**货币形式**）作为对于价值来说必然的价值形式加以阐释。（2）其次，讨论**商品占有者的活动**：必然符合那种一般等价形式规定的、实际的货币，在这种活动的基础上才形成。（3）最后，货币的各种**功能**得到了阐释，货币在"简单流通"（即不

---

① 许多《资本论》的导读性著作也用这样一种抽象的、历史的方式来理解价值形式分析，从而错失了马克思论证的核心。比如豪格（Haug 1989，S. 151）将"现实的历史发展"同价值形式分析相对比，认为后者"呈现的是实验室般无菌培养状态下的价值形式的发展规律"，并赞许地引用恩格斯的说法，认为逻辑的东西（概念的发展）不过是清除了起扰乱作用的偶然性之后的历史的东西（关于恩格斯解读方式的问题，参见第二章第一节）。关于这一点以及其他问题，豪格和我曾在《论证》（*Argument*）杂志上有过一场争论，参见 Haug（2003a, b），Heinrich（2003；2004）。

涉及资本的商品与货币的流通）中表现出了这些功能。

资产阶级经济学通常是从列举各种货币功能开始它们对货币的分析的。货币一般的存在基于这样的论证：如果没有货币，交换将很难被组织起来。也就是说，论证是基于商品占有者的活动层面。在资产阶级经济学那里，对于**价值**和**价值形式**的关联的形式分析式的思考并没有什么位置，而这种关联也就是前文引述的马克思所说的"起源"的意思。

当然，许多马克思主义者在理解马克思的分析时也会遇到困难。和资产阶级经济学类似，实体主义的解读通常也将重点放在**货币功能**上，而无法处理马克思对货币形式和货币的概念性阐释。而非实体主义的解读也经常忽略了前两个步骤（**货币形式**的概念性阐释，**货币**的概念性阐释）之间的差别。我们将在这一节中讨论第一步，在后续两节中讨论第二和第三步。

马克思的价值形式分析，开始于对"简单的、个别的或偶然的价值形式"的探索。这是指一个商品在另一个商品中的价值表现：

x 量商品 A 值 y 量商品 B

或者用马克思那个著名的例子：

20 码麻布值 1 件上衣

麻布的价值需要被表现出来，而上衣充当了表现麻布的价值的材料。两种商品在价值表现中扮演了完全不同的角色，马克思用不同的概念来表达它们。第一种商品（麻布）的价值作为"**相对价值**"（也就是说，通过与某种其他东西的关联）被表现出来；它处于**相对价值形式**。第二种商品（上衣）充当了第一种商品价值的"等价物"；它处于**等价形式**。

在简单价值表现中，每次只有一种商品的价值得到表现：只有麻布的价值能被表现出来——以特定量上衣的形式。相反，上衣的价值则不能得到表现。不过，"20 码麻布值 1 件上衣"的价值表现中也包含了"1 件上衣值 20 码麻布"的逆向联系。在这里，上衣处于相对价值形式,而麻布处于等价形式。

价值在单个使用价值中是无法被把握的,只有在价值表现的公式中,价值才取得了一种对象性形式:那种处于等价形式的商品(商品B),现在成了处于相对价值形式的商品(商品A)的价值的躯体化。孤立地看,第二种商品也和第一种商品一样,只是一个使用价值。但是**在价值表现中**,处于等价形式的第二种商品却扮演了一种独特的角色。它不仅被当作特定的使用价值,而且,它的使用价值形态**同时**成为价值的**直接的**躯体化:"在上衣成为麻布的等价物的价值关系中,上衣形式起着价值形式的作用。"(《马克思恩格斯全集》,第 44 卷,第 66 页)

只是因为价值采取了上衣形式,麻布的价值才获得了一种**对象性**形式(gegenständliche Form),它的价值作为特定量的上衣,成为可把握的、可见的、可度量的东西。马克思将这一结果总结如下:"潜藏在商品中的使用价值和价值的内部对立,就通过外部对立,即通过两个商品的关系表现出来了,在这个关系中,价值要被表现的商品只是直接当作使用价值,而另一个表现价值的商品只是直接当作交换价值。"(《马克思恩格斯全集》,第 44 卷,第 77 页)

价值是一种纯粹社会性的东西,它表现出了两种完全不同的劳动的**等同性**,表现出了一种特定的**社会关系**。这种社会关系在等价形式中获得了一种物的形态,在我们的例子中,价值直接表现为与上衣相同一的东西。上衣被当作价值的躯体化,但只是在价值表现中是这样。上衣在价值表现中具有了一种新的、外来的属性,这一点在上衣中还比较容易看出,然而在货币中就不那么容易看出了。

简单价值形式尽管对象性地表现出了商品 A 的价值,使其变得可把握、可度量,但它仍是不充分的,因为它只是将商品 A 与一种唯一的商品即商品 B 联系在一起,而远没有将其与所有其他商品联系在一起。

我们现在看看商品 A(这里也就是指麻布)与所有其余商品的价值关系,这样我们就得到了"总和的或扩大的价值形式":

20 码麻布值 1 件上衣，

20 码麻布值 10 磅茶叶，

20 码麻布值 40 磅咖啡，等等。

麻布的价值现在与总的商品世界（而不是仅仅一种单个商品）联系在一起了，同时表明的是，商品价值与同它借以表现的使用价值的特殊形式毫不相干：上衣可以充当麻布价值的躯体化，而茶叶、咖啡等也可以。无论用上衣还是用咖啡来表现，麻布的价值都是等同的。同时清楚的是，数量的交换关系绝不是偶然的，这一点在简单价值形式中是不能看出来的。

不过，扩大的价值形式也是不充分的：商品 A 的价值表现仍是未完成的、未穷尽的。另外，价值表现的形式是多种多样的，我们也就有了许多相互排斥的特殊的等价形式。

总和的价值形式不过是简单价值形式构成的一个系列。这些简单价值形式中的每一个都包含着其相反关系。如果我们把简单价值形式的这个系列翻转过来，就得到了"一般价值形式"：

1 件上衣
10 磅茶叶 ⎬ 值 20 码麻布
40 磅咖啡

商品价值现在得到了**简单、齐一**的表现，因为一种唯一的商品，即"一般等价物"，充当了所有其他商品的价值表现。因此，这种形式带来了决定性的东西：

> 每个商品的价值作为与麻布等同的东西，现在不仅与它自身的使用价值相区别，而且与一切使用价值相区别，正因为这样才表现为它和一切商品共有的东西。**因此，只有这种形式才现实地使商品作为价值互相发生关系。**（《马克思恩格斯全集》，第 44 卷，第 82 页；黑体字由海因里希标注）

价值对象性不是单个商品所表现出的属性，而是一种社会性的特征，因为它表现的是单个商品（或者说生产中的个人的劳动）与总的商品世界（或者说社会的总劳动）之间的联系。因此，价值不仅必然带来一种**对象性**的价值形式，而且必然带来一种能够表现出这种社会性特征的价值形式，而这是在**一般价值形式**中才实现的。

一般价值形式的独特的社会性是一种更进一步的属性，这种属性将一般价值形式同时与简单的和扩大的价值形式区分开来。在后两种价值形式中，"使自己取得一个价值形式可以说是个别商品的私事"（《马克思恩格斯全集》，第 44 卷，第 82 页）。现在，情况不同了：

> 相反地，一般价值形式的出现只是商品世界共同活动的结果。一个商品所以获得一般的价值表现，只是因为其他一切商品同时也用同一个等价物来表现自己的价值，而每一种新出现的商品都要这样做。这就表明，因为商品的价值对象性只是这些物的'社会定在'（gesellschaftliche Dasein），所以**这种对象性也就只能通过它们全面的社会联系来表现**。①（《马克思恩格斯全集》，第 44 卷，第 82—83 页；黑体字由海因里希标注）

在这里明晰起来的，不是日常意识所能明确把握的东西，而是科学分析的结果：价值的**社会性**表现为一种独特的**社会性的**价值形式。

价值和价值量——本来并非单个商品的属性——现在通过**一般等价物**的辅助，表现为仿佛只是商品的简单属性。在质上，上衣（茶叶、咖啡等）的价值与麻布相等同；在量上，1 件上衣（10 磅茶叶、40 磅咖啡等）的价值就是 20 码麻布。

货币形式最终区别于一般价值形式的地方只在于，等价形式"由于社会的习惯"（第 44 卷，第 87 页）最后与一种特定商品的独特自然形式结合在了一起（这在历史上就是金，在更小的范围内也有银）。这种商

---

① 译文根据德文有改动。——译者注

品因而成了"货币商品"。

对"社会习惯"的提及表明,我们对货币形式的分析已经触及商品占有者的活动层面。到现在为止,还没有谈到商品占有者。以上所考察的是劳动产品的**商品形式**和**商品的交换关系**,而不是**商品占有者的交换行为**。

第六节 货币与交换过程(商品占有者的行为)

马克思在《资本论》第一卷的第二章才明确研究商品占有者及其行为:作为商品占有者的人只是商品的代表,因此必须先去研究商品。

如果只考察商品的交换关系,那么,一种商品对于同它相交换的其他商品来说,都表现为它们价值的表现形式。但是,商品占有者不是想要用他的商品去交换任意商品,而是想要换得特定的商品:对他而言,他自己的商品不是使用价值,把它交换出去才会获得他所需的使用价值。因此,商品占有者想让他自己的商品充当一般等价物,这样就能与所有其他商品**直接交换**。而由于每一个商品占有者都这样想,也就没有一种商品成为一般等价物。因此,处于交换过程中的商品占有者就面临一个无解的难题。马克思精辟地总结了**实际的解决办法**:

> 我们的商品占有者在他们的困难处境中是像浮士德那样想的:起初是行动。因此他们还没有想就已经做起来了。商品本性的规律通过商品占有者的天然本能表现出来。他们只有使他们的商品同任何另一个作为一般等价物的商品相对立,才能使他们的商品作为价值,从而作为商品彼此发生关系。商品分析已经表明了这一点。(即马克思在第一章中从事的形式分析,前文已介绍。——海因里希注)**但是,只有社会的行动才能使一个特定的商品成为一般等价物。因此,其他一切商品的社会的行动使一个特定的商品分离出来,通过

这个商品来全面表现它们的价值。于是这个商品的自然形式就成为社会公认的等价形式。由于这种社会过程，充当一般等价物就成为被分离出来的商品的独特的社会职能。这个商品就成为货币。(《马克思恩格斯全集》，第44卷，第105—106页；黑体字由海因里希标注)

商品分析已经指明了一般等价**形式**的必要性。为了将物品实际地变成**商品**，也就是说，让物品作为价值彼此发生关系，商品占有者就**必须**让他的商品与一种一般等价物发生关系。因此，他们的"社会的行动"就必须把一个商品变为一般等价物，从而变成现实的"货币"。

进行交换的人自己的行为是自由的，但是**作为商品占有者**，他们必须遵从"商品本性的规律"。正如马克思在《资本论》第一卷序言中指出的，他所涉及的人只不过是"经济范畴的人格化"(《马克思恩格斯全集》，第44卷，第10页)。如果从商品占有者的行为或意识开始分析，那么，本该得到解释的社会联系就始终被当作前提了。因此，马克思在他的阐述中区分了**商品的形式规定性**和**商品占有者的行为**，并首先阐述这种形式规定性本身，这是很有必要的，因为它是商品占有者行为与思考的既定前提——而这一前提又不断通过他们的行为被再生产出来(参见第三章第二节)。

实际的货币当然是商品占有者的行为的结果，但绝非源自最重要的早期资产阶级哲学家约翰·洛克(John Locke)所说的无声的契约。货币从来不是像那些经济学家所设想的那样，是有意识地考虑的结果，是出于简化交换的理由而被使用的。马克思强调，商品占有者"还没有想就已经做起来了"，他们的行动**必然**带来货币这一结果——不然，商品根本无法作为价值而彼此发生关系。①

---

① 在将货币阐发为商品占有者的行为的必然(尽管是无意识的)结果**之后**，才能回顾产生这一结果的历史过程：在范畴的阐发后，马克思对货币的历史形成作了简要抽象的概括(《马克思恩格斯全集》，第44卷，第107—108页)。

因此，货币在实践层面绝不仅仅是一种交换的辅助手段，在理论层面也绝不仅仅是价值理论的附属品。倒不如说，马克思的价值理论是**一种货币价值论**：如果没有价值形式，商品就无法作为价值而彼此发生关系，也只有货币形式才是对于价值而言可计量的价值形式。相对而言，对价值的"实体主义"理解想要把价值固定在单个的物上，是一种**前货币的价值理论**。他们试图在不涉及货币的情况下讨论价值。不仅是古典政治经济学的劳动价值论，就连新古典主义的效用价值论也是前货币的。那种认为价值已被"社会必要劳动时间"完全决定的常见的"马克思主义"价值理论也是前货币的。①

第七节 货币职能、货币商品与现代货币体系

马克思从商品、货币的"简单流通"中区分出三种基本的货币职能。如果考虑资本主义生产和再生产的总过程，还会有更多的货币职能（见后续第八章）。

货币的**第一个职能**在于，它是商品的一般**价值尺度**，每一种商品的价值都表现为特定量的货币。

价值是商品中的共同实体、抽象劳动的"结晶"。因此，使商品变得可等同的不是货币，而是它们与抽象劳动的这种共同联系。对此，马克思指出："货币作为价值尺度，是商品内在的价值尺度即劳动时间的必然表现形式。"（《马克思恩格斯全集》，第 44 卷，第 114 页）

由此也立刻引出了一个问题：为什么价值不能直接用劳动时间来度量，或者为什么货币不能直接代表劳动时间？马克思只是在《资本论》的一个脚注中简要谈及这个问题，并引注了他更早期的 1859 年的

---

① 巴克豪斯在 20 世纪 70 年代首先阐明了马克思价值理论的"货币"特性，由此深刻影响了第一章第三节提到的"新马克思阅读"。

《政治经济学批判》。马克思在那里写道：

> 商品直接是彼此孤立的、互不依赖的私人劳动的产品，这种私人劳动必须在私人交换过程中通过转让来证明是一般社会劳动；或者说，在商品生产基础上的劳动只有**通过个人劳动的全面转让才成为社会劳动**。(《马克思恩格斯全集》，第31卷，第479页；黑体字由海因里希标注)

能够用钟表度量的劳动，始终只是在交换之前耗费的私人劳动。正如在关于抽象劳动的一节中所指出的，只有在交换中才能表明，在这种私人耗费的劳动中究竟有多少能形成价值，从而成为社会劳动时间的组成部分。形成价值的劳动时间(或抽象劳动的量)不能**在交换前**，而只能**在交换中**被度量——当**所有**商品的价值都彼此发生关系时，这种度量就只能通过货币来实现。因此，马克思可以说，货币是劳动时间的内在价值尺度的"必然"表现形式：形成价值的劳动时间**只能通过货币度量**。①

商品在货币中的价值表现是商品的**价格**。为了说明商品的价格，必须说清什么充当了货币(金、银或者纸币等)，但是这种货币不必(和商品一样)是现成的，货币在这里只是作为"想象的或观念的货币"(《马克思恩格斯全集》，第44卷，第116页)。

商品的价值量在价格中表现出来——这也是价值量得以表现的**唯一**可能形式。如果商品的价值量改变，个别耗费的劳动与社会总劳动的关系发生改变，那么，这种商品的价格也会改变。不过，反之则不然：并非所有价格都是价值量的表现，也并非所有价格变化都反映了价值量的变化。

一种"无价值的"东西，即不是"抽象劳动"的产品也可以有价格。它可以是与经济不相关的东西(比如贵族爵位的价格)，也可以是与经

---

① 因此，在《政治经济学批判》中，马克思将货币称为抽象劳动的"直接存在形式"(《马克思恩格斯全集》，第31卷，第450页)。

济完全相关的东西(比如股票期权的价格——这是一种可以选择在某种约定条件下购买股票的权利)。

单个商品的价格变化可能表现它的价值量的变化,但也可能只是表现有利或不利的商品销售条件(供给和需求的暂时改变)。**所有商品同时的价格变化**,也就是**价格水平**的变化,表现的一般不是总的价值量的变化,而是货币的价值变化:货币贬值表现为价格普遍上涨(**通货膨胀**),而货币升值表现为价格普遍下跌(**通货紧缩**)。

下文中我们通常假设商品"按照它们的价值交换",即商品价格是价值的恰当反映,我们不考虑货币的波动。但是,在第七章第二节中我们将看到,在通常的资本主义关系中,商品不会按照其价值进行交换,也就是说,通常的价格反映的不单单是商品的价值量。

货币的**第二个职能**是流通手段,它中介了商品实际的交换。在交换过程中,对商品 A 的占有者(比如一个生产麻布的织工)来说,该商品并不是使用价值,它将转换为一个他需要其使用价值的商品 B(比如一把椅子)。他将麻布卖了 20 欧元,并用这 20 欧元购得一把椅子。马克思将这一过程称为"商品的形态变化(转变)"(对织工而言,麻布变成了椅子)。

这种形态变化的**物质内容**是一种使用价值替换了另一种使用价值。马克思也将之称为"社会的物质变换"。其**结果**与麻布和椅子的简单产品交换并无区别。但是,商品交换过程的**形式**却与简单产品交换完全不同,这种形式差别正是此处的重点。

商品的形态变化由于以货币为中介而区别于产品交换,这一过程的形式是商品—货币—商品(W—G—W),对那个织工来说,具体就是麻布—货币—椅子。

现在对于织工来说,这一过程的第一个行为是 W—G,把麻布换成货币,而对货币占有者来说,他买了麻布,这是他的原初商品的形态变化的完成。对于织工来说,购买到椅子标志着他的商品形态变化的完成。而对卖出椅子的木匠来说,这一行为则是商品形态变化的开端。

商品的形态变化是相互交织、永不停息的：它在总体上构成了**商品流通**。相反，简单产品交换——使用价值和使用价值的交换——只是双方之间的事，它局限于个别的交换。因此，商品流通和产品交换是根本不同的。

在商品流通（不同于单纯的产品交换）中单个行为通过货币而关联在一起，反过来说，在货币中介之下，这种关联也存在中断的可能性。如果织工卖了他的麻布，却持有货币而不买什么东西，那么不仅是他自己的商品麻布的形态变化被中断了，其他商品（比如椅子）的形态变化也被中断了。在通过货币中介的社会物质变换中，始终存在着交换中断以及**危机**的可能性。这种危机的单纯**可能性**如要转变为**现实的**危机，还需要一系列其他情况的作用（参见第九章）。

商品的形态变化，W—G—W，以一种商品起始，而以另一种与之价值相等、使用价值不同的商品结束。商品从商品占有者手中流出，但流回的时候已经是另一种形态；在此意义上，商品经历了一个**循环**。货币作为这一循环的中介，本身并不构成循环，而是经历一种**流动**：在W—G 这第一个行为中，商品占有者获得了货币，但只是为了（在正常循环的商品流通中）将其再花出去，从而完成 G—W 这一最终行为。作为流通手段的货币始终处于流通的范围内。因为商品占有者只关心他在货币辅助下所能买到的商品，对于流通而言，只需要**象征的货币**就够了，作为单纯的流通手段的货币可以用本身无价值的"价值符号"（比如纸钞）来代替。

货币在它的**第三种职能**中才最终成为**实际的货币**；作为**价值尺度**的货币并不需要现成出现，而只是观念的货币；作为**流通手段**的货币尽管必须现成可见，但可以用象征的货币。只有作为价值尺度和流通手段的统一的货币才是实际的货币，也就是**价值的独立形态**，它具有一系列新的规定性。

尽管单个商品在它们的物质存在中表现其特定的使用价值，它们的价值（"抽象财富"）在它们自身之中却只能被想象，实际的货币则成

66

为"**抽象财富的物质存在**"(《马克思恩格斯全集》,第 31 卷,第 518 页)。货币的职能在它直接的物质存在中表现为价值物。作为这样的价值物,货币可以在任何时候交换任何商品,从而转换为各种使用价值。因此,实际的货币是"**物质财富的物质代表**"(《马克思恩格斯全集》,第 31 卷,第 518 页)。

实际的货币,即作为价值的**独立**形态的货币,现在自身具有了一些相当特殊的职能。它成为贮藏手段,成为支付手段,成为世界货币。

作为**贮藏手段**的货币是从流通中撤出的。它不再成为商品流通的中介,而是作为外在于流通的独立的价值形态而存在。为了实现贮藏,商品占有者卖出商品后,不再进行接下来的买入,卖出的目的变成了保存作为价值的独立形态的货币。每一个商品生产者为了不用等到自己的商品被卖出就可以买入(或者为了预防商品出售失败),一定会或多或少地贮藏货币。

同样是作为价值的独立形态,货币演化出作为**支付手段**的职能。如果在购买商品时没有立刻付款,而是晚些支付,那么买者就变成债务人,卖者就变为债权人。在这里货币不再作为流通手段**中介**商品的购买,而是作为支付手段,用以**完成**已经发生的购买行为。(马克思只在这种意义上使用支付手段的说法;在日常使用以及经济学语境中,在购买中用于支付的货币统统被称为支付手段,而无所谓立即支付还是晚些支付。)如果货币作为流通手段,那么商品占有者首先卖出商品,也就是完成 W—G 的行为,然后他再买入,完成 G—W。而货币作为支付手段被使用时,这个行为的顺序颠倒了过来:商品占有者首先买入,然后卖出,以挣得用于偿还债务的货币。获得作为价值的独立形态的货币,现在成了卖出的目的。

货币只在世界市场上作为**世界货币**。在世界市场上,货币可以被用作流通手段,以中介商品的购买,或者用作支付手段,以完成商品的购买,或者作为"财富的绝对社会化身"(《马克思恩格斯全集》,第 44 卷,第 167—168 页),不用于购买和支付,而是用于财富从一国向另一国的转移（比如一场战争之后）。

马克思在《资本论》中的出发点是，货币始终必须与一种特定的商品相联系。在马克思的时代，黄金扮演着这种"货币商品"的角色。但在实际交往中，金币很少用于流通，少量的金额是以银或铜币来支付的，更多使用的是"钞票"。钞票最初是由个别的银行发行，并承诺按照票面价值兑付黄金。最终，钞票的发行收归一家国家的货币发行银行，后者同样承诺兑付。这样，每个国家的货币发行银行都不能随意滥发钞票，而必须保证钞票按照一定比例对应货币发行银行的黄金储备。尽管黄金很少流通，但流通的纸币正是黄金的**代表**。

第二次世界大战结束后，在美国布雷顿森林，结成了一个国际货币体系，该体系仍旧以金这种货币商品为基础。但只有美元与黄金挂钩，即 35 美元对应 1 盎司黄金。所有其他货币都应保持同美元的固定汇率。然而美元与黄金的挂钩只对国家的中央银行有效，而对私人无效。到 20 世纪 60 年代末，商品流通中巨量的美元已表明，美元与黄金的挂钩成了一种虚构。因此，在 70 年代初，金本位以及货币间的固定汇率被正式废除了。

在此之后，世界上不再有任何一种商品在国家或国际层面扮演货币商品的角色。随着各国中央银行发行的纸币作为货币运转，不再有任何一种东西是人们可以用纸币固定兑换的了。当然，我们可以购买黄金，但如今金是同银或钢铁一样的商品，无论在法律上还是实际上它都不再扮演货币商品的特殊角色。

马克思本人无法设想一个没有货币商品的资本主义货币体系，不过在他对商品和货币的分析中，这种货币商品也绝非必需。在价值形式分析的框架内，他阐发了一般等价物的**形式规定性**，而他对交换过程的分析得出的结论是，商品占有者必须将其商品与一般等价物实际地关联起来。但是马克思并未表明一般等价物必须是某种商品，而是假设如此。不过，充当一般等价物的东西（无论是一种商品，还是单纯的纸币）在简单流通的层面是无法被确定的（详见《价值的科学》第 233 页及下页)。只有当我们考察了资本主义信用制度后(参见第八章第二节),才能明白货币商品的存在只是一种历史过渡状态,而不适用于马克思所要分析的那种"理想的平均形式中的资本主义生产方式"(参见第二章第一节)。

第八节　商品拜物教与货币拜物教的"秘密"

《资本论》第一章最后一节的标题是"商品的拜物教性质及其秘密"。"商品拜物教"的说法在当时已经有了一定的传播,但从未有过马克思在《资本论》中所赋予它的意义。马克思之所以提到商品拜物教,并不是认为资本主义中的消费对人来说过于重要了,也不是指人们通过占有特定的一些商品,将其作为地位象征,从而建构起一种拜物教。这一概念也无关于某种名牌拜物教。占有贵重的商品以作为地位的象征,这种现象背后并不隐藏着什么还需要破解的"秘密"。

商品拜物教常常被简单地描述为,人们的社会联系表现为物的联系(交换者的联系表现为被交换的产品的价值联系),以致社会联系显现为事物的属性。如果人们停留于这样的规定,那么,拜物教便似乎只是一种错认:人们把错误的属性赋予了他们的劳动产品,他们没有看到,在物的联系背后"在现实中"存在着人的联系。拜物教于是成了一种"错误的意识"的形式,它只是掩盖了"现实的关系"。① 如果是这样的话,那么,只要澄清了现实的关系,这种错误的意识也就消失了。然而,在这种对商品拜物教的简化理解中,马克思的探索中的重要观点却被遗失了。因此,我们接下来将非常详细地阐释马克思的论述过程。

---

① "意识形态"这个马克思在《资本论》中很少使用的概念,经常被理解为一种"错误的意识",拜物教也属于其中。关于意识形态与拜物教关系的一个批判性阐述参见 Dimoulis/Milios (1999)。

为了更好地概览其过程,以下我们分点加以阐释。①

第一,首先必须追问的是,马克思在标题中所提到的、他所致力于破解的"拜物教",究竟是在哪里发生的。作为导引,马克思写道:

> 最初一看,商品好像是一种简单而平凡的东西。**对商品的分析**表明,它却是一种很古怪的东西,充满形而上学的微妙和神学的怪诞。(《马克思恩格斯全集》,第 44 卷,第 88 页;黑体字由海因里希标注)

商品是"古怪的",这不是对于日常理解而言的,商品的古怪和秘密只是(到目前为止的)分析的结果。比如说,一张桌子是"一个普通的可以感觉的物。但是桌子一旦作为商品出现,就转化为一个**在感觉上超感觉的**($sinnlich\ übersinnliches$)**物**"②(《马克思恩格斯全集》,第 44 卷,第 88 页;黑体字由海因里希标注)。

在日常的直观中,桌子是一种特定的使用价值。作为商品,它又具备了一种特定的价值。二者对于自发的日常意识而言都完全没什么秘密的东西。另外,无论愿意接受与否,价值量取决于耗费的劳动时间的量,这种事实也并不是神秘的。商品的"在感觉上超感觉的"特性才使分析变得明晰起来:它表明,商品的价值对象性完全不是在商品自身之中所能被把握的(就其"超感觉的"而言,也就是指"幽灵般的对象性"),而是只有在另一个商品中才被把握,后者成了价值的直接的躯体化。价值实体将其自身证明为抽象劳动,这一点也同价值对象性一样难以捉摸。这种分析由此揭示了一些出人意料的结果。

第二,马克思问道:"劳动产品一旦采取商品形式就具有的谜一般的性质究竟是从哪里来的呢?"他给出了这样的回答:

---

① 本书第一章第三节曾提到,青年马克思把资本主义理解为"人的本质"的"异化"。有些学者将马克思对商品拜物教的分析理解为异化理论的延续。然而,如果仔细阅读马克思的文本就会发现,他在讨论商品拜物教时完全不曾提到任何一种"人的本质"。

② 译文根据德文有改动。——译者注

显然是从这种形式本身来的。人类劳动的等同性,取得了劳动产品的等同的价值对象性这种物的形式;用劳动的持续时间来计量的人类劳动力的耗费,取得了劳动产品的价值量的形式;最后,生产者的劳动的那些社会规定借以实现的生产者关系,取得了劳动产品的社会关系的形式。可见,商品形式的奥秘不过在于:商品形式在人们面前**把人们本身劳动的社会性质反映成劳动产品本身的对象性的性质**(gegenständliche Charaktere),**反映成这些产品的社会性的天然属性**(gesellschaftliche Natureigenschaft)。① (《马克思恩格斯全集》,第 44 卷,第 89 页;黑体字由海因里希标注)

在每一种分工的社会生产中,人们都相互发生着特定的社会关系。在商品生产中,这种社会性的**人的关系**表现为**一种物的关系**:不是相互联系的人的关系,而是商品关系。商品的社会性联系因而对人表现为**"产品的社会性的天然属性"**。这里所指的意思,可以借助价值概念来解释:一方面,"价值"显然不是像重量、颜色一样的物的天然属性,但是,它却(对商品生产社会中的人们)表现成这个样子,似乎物是在**社会性的关联中自动地**具有了"价值",继而自动地遵循着自身的规律,而人们只能服从于这种规律。在商品生产条件下发生的这种独立性,使马克思只能想到用"宗教世界的幻境"与之相类比——在那里,人脑的产物具有了独立性,而在商品世界中,"人手的产物"也是如此:"我把这叫作拜物教。劳动产品一旦作为商品来生产,就带上拜物教性质,因此拜物教是同商品生产分不开的。"(《马克思恩格斯全集》,第 44 卷,第 90 页)

第三,既然商品实际地"带上"拜物教,那么,拜物教就不仅关乎错误的意识,而必然表现的是一种实际性的事实。在商品生产的条件下,生产者实际上不是**直接地、社会性地**相互联系,他们只是在交换中才相

---

① 译文根据德文有改动。——译者注

互联系起来——而且是以他们的劳动产品为中介。因此，他们的社会联系表现为物的属性，这绝不是一种错觉。马克思写道，对交换者来说，"**他们的私人劳动的社会联系**（*Beziehungen*）**就表现为现在这个样子**，就是说，不是表现为人们在自己劳动中的直接的社会关系，而是表现为人们之间的物的关系和物之间的社会关系"①（《马克思恩格斯全集》，第44卷，第90页；黑体字由海因里希标注）。

物在商品生产条件下具有了社会性的属性，这绝非错误的观点。错误的是，认为物**自动地**、在**每一种**社会关联中都具有这种属性。在劳动产品被视为价值对象的地方，拜物教尚未存在。在资产阶级社会中，劳动产品只要被交换就实际地具有价值对象性。拜物教发生的地方在于，这种价值对象性被当作了一种"不言而喻的自然必然性"（《马克思恩格斯全集》，第44卷，第99页）。

第四，商品生产者所首要关心而且必然关心的，是商品的价值。商品价值是一种**社会性**的可把捉的表现，**但这种社会性是人们生产出来的，而不是看出来的。**

> 人们使他们的劳动产品彼此当作价值发生关系，不是因为在他们看来这些物只是同种的人类劳动的物质外壳。恰恰相反，他们在交换中使他们的各种产品作为价值彼此相等，也就使他们的各种劳动作为人类劳动而彼此相等。**他们没有意识到这一点，但是他们这样做了**。（《马克思恩格斯全集》，第44卷，第91页；黑体字由海因里希标注）

商品生产者生产出了他们的社会关联，这恰恰**不是**基于他们对价值与劳动关联的特定意识，而且不依赖于这样的意识。如果这样理解马克思的价值理论，即人们之所以将商品作为价值来交换，是**因为**知道单个产品中有多少价值，那么就完全错了。马克思恰恰要说明，人们的

---

① 译文根据德文有改动。——译者注

活动**并不伴随**他们对其活动条件的意识。

第五,被无意识地生产出来的拜物教并非只是一种错误的意识,而是具有一种物质力量(materielle Gewalt)。我个人所耗费的劳动是否被承认为社会总劳动的一部分,以及这在多大程度上发生,并不是由社会(在商品生产中)给我答复,而是只由我的商品的价值在交换中给我答复。这种答复关系到我的幸福与痛苦。但是,商品的价值量却"不以交换者的意志、设想和活动为转移而不断地变动着。**在交换者看来,他们本身的社会运动具有物**(Sachen)**的运动形式。不是他们控制这一运动,而是他们受这一运动控制**"(《马克思恩格斯全集》,第 44 卷,第 92 页;黑体字由海因里希标注)。

商品价值是一种压倒性的、对个体来说无法控制的社会性。在商品生产的社会中,人们(而且是所有人!)实际上都受到物(Sachen)的控制,这种物的决定性的统治关系不是人格性的,而是"物性的"(sachliche)。这种物性的统治,对"物的强制"的屈从,不是因为物获得了一种能实现统治的特定属性,也不是因为社会交往强制地需要这种物的中介,而只是**因为人们以一种特殊的方式将这些物——也就是作为商品——联系起来**。

第六,这种物性统治以及社会联系对象化为物的属性,应当归因于一种特定的人的关系,这一点在日常意识中是不可见的。对这种自发的意识而言,"给劳动产品打上商品烙印的那些形式……取得**社会生活的自然形式的固定性**"(《马克思恩格斯全集》,第 44 卷,第 93 页;黑体字由海因里希标注)。不仅是日常意识,古典政治经济学(以及现代的新古典学派)也局限于这种形式。这种局限性不仅是单个的经济学家的主观错认。马克思强调,这种局限性本身是以一种特定的客观性为基础的:

> 这种种形式恰好形成资产阶级经济学的各种范畴。对于这个历史上一定的社会生产方式即商品生产的生产关系来说,这些范畴是**有社会效力的**(gesellschaftlich gültige),因

而是**客观的思维形式**(*objektive Gedankenformen*)。(《马克思恩格斯全集》,第 44 卷,第 93 页;黑体字由海因里希标注)

对于单个的经济学家来说,这种"客观的思维形式"以一种完全独立的方式,构成了政治经济学的**直接现成的对象**。这里突出表明了马克思在他致拉萨尔的信中所说的"通过描述来批判"的意思:**对资产阶级范畴的批判**不是抽象的科学理论的事务,而是与**对生产关系的描述**完全无法分开的。

在政治经济学的各种流派之中,对其研究对象的**形式规定**(*Formbestimmungen*)从未有过争论,有的只是关于这种**形式规定的内容**的争论。与之相反,马克思给出了一种根本性的批判,一种对资产阶级经济学之基础的批判——马克思批判了那种一直以来被资产阶级经济学**当作前提的**形式:

> 诚然,政治经济学曾经分析了价值和价值量(虽然不充分),揭示了这些形式所掩盖的内容。但它甚至从来也没有提出过这样的问题:为什么这一内容采取这种形式呢?为什么劳动表现为价值,用劳动时间计算的劳动量表现为劳动产品的价值量呢?(《马克思恩格斯全集》,第 44 卷,第 98 页)

价值对象性是一种完全特定的人的活动的结果,物变成商品从而变成价值对象性只是由于我们将其作为商品来对待(私人地生产之并交换之),这种关联无论对于自发的日常意识还是政治经济学来说都未曾被揭示出来。二者都将商品形式看作一种"产品的社会性的天然属性"。就此而言,不仅是日常意识,而且包括经济科学都被拜物教所蒙蔽了。马克思通过揭示拜物教,不仅为批判这种意识和科学奠定了基础,而且首先表明,社会关系并不必然如此:价值对人的统治不是社会性的自然规律,而是一种完全特定的人的行为的结果,而这种行为至少在原则上是可以被改变的。一个没有商品和货币的世界是可以被设想的。

第七,拜物教并不局限于商品,也体现在货币上。货币是价值的**独**

立的形态,具有一种特殊的价值形式:它处于一般等价形式,而所有其他商品不处于这种形式。那种行使货币的职能的特殊商品(或者是纸片),只能作为货币而发挥作用,**因为**所有其他商品都将其作为货币而与之相联系。不过,货币形式却表现为这种商品的"社会性的天然属性"。

> 一种商品成为货币,似乎不是因为其他商品都通过它来表现自己的价值,相反,似乎因为这种商品是货币,其他商品才都通过它来表现自己的价值。**中介运动在它本身的结果中消失了,而且没有留下任何痕迹。**商品没有出什么力就发现一个在它们之外、与它们并存的商品体是它们自身的现成的价值形态。(《马克思恩格斯全集》,第44卷,第112页;黑体字由海因里希标注)

对货币适用的,正是也对商品适用的规定:只是以商品占有者的特定行为为基础,货币才具有其独特的属性。不过,这种中介却不再是可见的了,它"消失了"。于是,看起来是这样的,货币仿佛自在地具有这种属性。而且在货币这里,无论是指一种货币商品或者纸币,一种社会联系也表现为一种物的对象性属性。① 正如在商品那里,活动的人们为了能够活动,不必对那种中介性的关联有所了解:"每个人都可以把货币作为货币使用,而不知道货币是什么。"(《马克思恩格斯全集》,第35卷,第178页)

第八,相比于商品而言,这种社会关系的物化之"荒谬"(《马克思恩格斯全集》,第44卷,第93页)在货币这里增长了。如果劳动产品转化为商品,那么,它们在其作为使用价值的物理对象性之外,还取得了一种价值对象性。如前所述,后者是一种"幽灵般的"对象性,因为它和使

---

① 因此,是否像所谓"金本位主义"那样,假定贵金属金和银天然地具有货币属性,或者是否像货币理论的"唯名论"那样,把货币功能的具体承担者理解为一种社会约定或国家规定的结果,都是无关紧要的。货币的存在总是表现为一种社会的自然必然性。如今存在一种脱离货币商品的货币体系,这也并不意味着货币拜物教消失了。

用价值一样表现为对象性,但在单个物中,这种对象性却无法被把握。现在,货币成了价值的**独立**的形态。商品是使用价值,**而且**还是价值对象,而货币却与商品相对,完全**直接地**就是"价值物"。马克思在《资本论》第一版中用一个很好的例子表明了这个意思:

> 这就像除了分类组成动物界不同属、种、亚种、科等等的狮子、老虎、兔子和其他等等所有实在的动物以外,还存在着作为整个动物界的单个体现的**动物**一样。(《马克思恩格斯全集》,第 42 卷,第 47 页;黑体字为原文标注)

在许多具体的动物之外还出没着"动物",这不仅在实际上是不可能的,而且在逻辑上也纯粹是荒唐的:类的一般是从个体中抽象出来的,却又被放到了和个体的同一层面之中。但是,货币却是这种荒谬的实在的存在。

第九,在资产阶级社会中,人们的自发意识受制于商品和货币的拜物教。他们的活动的理性始终是一种**被商品生产所规定的框架之内的**理性。如果像新古典学派或者许多社会学理论那样,将活动者的动机(即他们"知道"什么)作为分析的出发点,那么,那些个体所"不知道"的东西,也就是说,那个制约着他们思维与活动的框架,便预先消隐在分析之外了。就此而言,值得批判的不仅是资产阶级经济学和社会学的很大一部分基础,而且也包括一种流行的世界观式的马克思主义的论点:存在着一种社会主体(工人阶级),他们由于在资产阶级社会中的特殊地位而具有一种能够透视社会关系的**特殊才能**。

许多传统马克思主义的代表人物指出,为了能够把握资本主义,"必须站在工人阶级的立场上"。但是同时被忽视的一点是,工人(和资本家一样)也会在其自发的意识中陷入商品拜物教。在下一章中,我们将会看到,资本主义生产过程带来了进一步的颠倒,而这些同样是工人和资本家都要遭受的。因此,工人阶级的**有特权**的认识视角是无从提起的——不过也不能说,拜物教原则上是无法被穿透的。

第四章　资本、剩余价值与剥削

第一节　市场经济与资本：货币转化为资本

马克思在《资本论》第一卷的前三章只讨论商品和货币，而没有明确地探讨资本。这使得许多学者认为，前三章是以高度抽象的方式呈现一种前资本主义的"简单商品生产"，这是一种由商品和货币关系主导，但没有或只有极不发达的资本存在的生产方式。这种观点因而假设商品是按照其（劳动的）价值来交换的，因为生产者能够准确认识到他们自己和他人的劳动耗费。这种观点最突出的代表是弗里德里希·恩格斯。在马克思去世几年之后，恩格斯在《资本论》第三卷序言中表达了这种观点，从而影响了许多马克思主义者。① 但是这种观点在多个层面存在问题。

作为一种历史观点：尽管交换的历史已经有数千年，硬币也至少在公元前 500 年便已存在，但是在前资本主义时代中，商品和货币关系总是"附属于"其他生产关系之中，而从未广泛地在经济中占据主导地位。

---

① 这种观点成为传统马克思主义的一个标志性观点，诸如欧内斯特·曼德尔等人通过对马克思《资本论》的历史化解读方式（参见前文中第二章第一节），在很多导论性文本中扩展了这一观点（参见 Mandel 1968，1998）。

只是在资本主义生产方式扩展开之后,才出现这种情况。

作为一种**理论**概念:马克思恰恰试图表明,由价值所决定的交换并不建立在有意识地估计耗费的劳动量的基础上。交换者们并不知道他们做了什么,倒不如说是一种"在他们背后的"社会联系在发生作用(参见第三章第八节)。

作为对《资本论》前三章的一种**解读**:它误读了马克思的"简单流通"所表达的内容。马克思将这种商品和货币的流通理解为主导了整个经济的交往形式——但在这种可以说有限的观察视角中,资本的存在未被纳入考虑。马克思所分析的不是前资本主义的关系,它并不存在于过去的任何时代,而是存在于资本主义的当下的关系之中(因此,正如前文所强调的,第一句话就已经点明了"资本"),只不过暂未考虑资本。之所以不考虑资本,不是出于一时兴起,也不是教条式的决定。这种抽象本身也反映了现实中的一种特定运动:简单流通表现为"直接存在于资产阶级社会表面上的东西"(《马克思恩格斯全集》,第 30 卷,第 210 页),实际的经济只表现为由买和卖的行为构成。

乍看之下,经济可以被分解为三个大的、相互独立的部分。

- **生产领域**:在当时可能的技术条件下,产品和服务被生产出来;
- **流通领域**:产品和服务的交换,而且主要不是直接交换,而是通过货币;
- **消费领域**:产品和服务的使用,要么是单个的个人出于直接的生存需要,将其作为生活资料(例如食品和衣服等);要么是在生产过程中作为生产资料(例如机器和原料),以生产出其他产品。

然而,这样就会给人留下这样一个印象,似乎消费领域仅仅涉及消费者的需要,生产领域仅仅涉及技术条件,以至于剩下来的唯有流通才是实际的经济领域。

将经济简化为流通所导致的后果是显著的。流通只同买和卖有关,在此过程中——至少在原则上——人们相互之间是自由和平等的,只要被交换的商品价值相等,就任何人都不会被欺诈、掠夺或剥削。如果人们其实不是如此平等,例如有人占有许多,而其他人只占有极少或一无所有,那么或许这种情况令人遗憾,但这并不构成对"市场经济"的反对。在歌颂市场经济的许多自由主义理论中,占有方面的差异并没有什么理论地位。对于买卖过程,从而对于整个市场经济来说,这种情况表现为某种类似于交换者的身体缺陷的外在的东西。在这种视角之下,"市场"表现为一种分发产品和满足需求的中性装置(neutrale Instanz),表现为一种高效的(而且完全非官僚的)机制,它传达着什么东西在哪里需要多少数量的信息。如果这种"市场"机制一度运转得不够好,那么在上述观点中,也只是存在不利的外界条件或外部干扰,必须通过国家将其剔除。这种市场狂热不仅出现在(几乎)所有的宏观经济学的教科书中,而且在各个经济学系和各大报纸的经济板块中,都被宣称为颠扑不破的真理。1989年以后,很多原来的左翼也以各种方式接受了这种观点。根据这种观点,市场与资本有时被当成截然对立的力量,由此形成了与之相应的政治后果:要么是采取指令的形式,限制大企业的力量,以促使"市场"的福利作用取得突破;要么干脆采取"市场社会主义"形式,在其中资本主义企业被工人合作社所取代,后者"在市场上"相互竞争。

因此,无论市场与资本之间只是存在外在的、松散的关系,还是存在一种内在的、必然的联系,这都不是一个单纯的学术问题,毋宁说其回答包含着直接的政治后果。

如果《资本论》第一卷前三章所刻画的商品和货币流通不是独立的、与资本无关的东西(正如马克思采用"表面上的"一词来描述简单流通),那么,这种非独立性必须在对流通的研究中被清晰地阐明。正如商品和货币之间的关系那样,必须展现货币和资本之间的内在的、必然的关联。

我们把对商品和货币的研究概括为三个基本步骤:

(1) 首先,商品已经得到了分析。它本身表现为具有双重属性:使用价值和价值。不过,它的价值对象性被证明是一种特殊的东西;这是一种纯粹的社会特征,与单个的商品无关,而只是对于被交换的商品而言的**共同的**特征(因而是价值的"幽灵般的"特性)。

(2) 为了让价值幽灵在事实上被把握,价值需要一种**独立的**表现,一种对象性的形态(gegenständliche Gestalt),这就是货币。因此,货币不是商品世界的某种单纯补充,或者只是一种单纯的辅助手段;为了表现商品的价值特性,货币是必需的,以使商品能够作为价值,普遍地相互发生关系(因此我将马克思的价值理论称为"货币价值论")。这也意味着:商品生产同货币是不可分割的,我们不能像某些社会主义者设想的那样,废除货币而又保留私人生产。

(3) 货币虽然是价值的独立形态,但在这种独立性中,却几乎表现不出它作为价值尺度和流通手段的职能;此时货币不过是一种辅助手段。只有当它成为价值尺度和流通手段的统一体("作为货币的货币")时,货币才现实地成为独立的价值形态;它不仅仅是一种媒介,不能(像流通手段那样)常常消失,或者干脆(像价值尺度那样)不需要实在地出现,而是本身成为目的:不只是**价值**本身,而且作为**独立的**(*selbstständige*)、**持久的**(*dauerhafte*)价值形态,货币应当得以保持和增殖。

当然,这也表明了贮藏货币如何限制了价值的独立和不朽的特性:如果货币从流通中抽离而被贮藏,那么它最终将变成无用的对象。而一旦它再次被投入流通中,即用于购买商品,那么独立的价值形态也就消失了。

尽管在简单流通中,货币是价值的独立而持续存在的形态,这种独立性和持续性却在任何地方都无法把握,在简单流通的范围内,它完全无法现实地存在。因此,如果说一方面,在简单流通中,商品的价值使得一种独立的价值表现(货币)成为必要的存在,而另一方面,这种价值的独立性在简单流通的范围内却又无法存在,那么也就是说,简单流通本身并不能独立存在,而必然是一种"更深层地存在着的"过程——也就是马上将要展示的,资本主义增殖过程——的环节和结果。

如果货币在实际上是一种独立而持续存在的价值表现,那么,它应该不是脱离了流通而存在,而是必然进入流通——但是,它也不能像在简单的购买行为 G—W 以及后续的消费商品 W 的过程中那样,在此过程中失去其独立性和持续性。价值的独立性和持续性只有在货币完成了 G—W—G 的运动之后,才能得以保证。但是,这种运动——以特定的货币量买入一个商品,为了按照同等量的货币将其售出——没有任何收益。只有在 G—W—G′ 的运动中,其中 G′ 比 G 更大时,才会有收益。在这种运动(马克思称之为"资本的总公式")中,价值不仅保持了其独立的形态,而且实现了增殖,从而现实地成为整个过程的目的。只有在资本中,价值的独立形态才能取得其充分和恰当的表现,换言之:只有实现了资本运动 G—W—G′ 之时,价值的持续的、涵盖整个经济过程的存在才成为可能。在 G—W—G′ 运动中,我们也就离开了简单流通的领域;现在我们必须研究这一运动的内容和前提了。①

第二节　价值的"奇能":G—W—G′

我们首先再来观察一下 W—G—W 这个过程,在第二章第二节中,我们曾在研究货币职能的时候讨论过它。商品生产者生产出一种具有特定使用价值的商品 W,他将其卖出,并用取得的货币购买一个具有另一种使用价值的商品。在这里货币注定要被**消耗掉**,这一过程的目的是消费第二种商品。生产者的需要就是整个过程的尺度,当生产者的需要得到满足,这个过程就结束了。

---

① 以上概括的"简单流通"与资本之间的关联,马克思只在《资本论》之前的著作《大纲》及《政治经济学批判》草稿中论述过,而没有在《资本论》本身中论述过。在《资本论》中,马克思在第四章的开头立刻开始分析 G—W—G′ 的总公式。而马克思本人的这一省略,也助长了前文提到的那种将市场经济与资本作为分离开来的东西对立起来的解释。

现在让我们观察 G—W—G 这个过程。与 W—G—W 过程相比，它包含的是相同的 G—W 和 W—G 两个环节，只是顺序不同：首先是买，然后是卖。货币是这一过程的起点和终点。一笔货币同另一笔货币不存在质的差别，只有量的差别。只有终点的货币量大于起点时，也就是说这是一个 G—W—G′ 的过程，其中 G′ 大于 G 时，上述流通的图式才会带来收益。现在，该过程的目的就是原初的这笔货币的数量的增加。货币不再（像在 W—G—W 中那样）被消耗掉，而是**被预付出去**；它之所以被支付出去，只是为了随后获得更多的货币。

参与这一运动的价值量就是**资本**。仅仅收回其自身的价值量，不论是货币的形态还是商品的形态，都还不是资本。单个的交换过程也不能让这一价值量变为资本。只有交换过程以原初价值量的增殖为目的，形成一个系列，才会形成典型的**资本运动**：资本并不单单是价值，而是**自行增殖的价值**（verwertender Wert），也就是说，是在进行 G—W—G′ 运动的这样一笔价值。在资本运动中增加的价值，即 G′ 超过 G 的差额，被马克思称为**剩余价值**；在古典政治经济学和当代宏观经济学中都找不到这一概念。剩余价值并非单单是利润或收益的另一个名字，我们稍后将看到，这其实是完全不同的东西。不过现在我们无需关注这一差别（关于利润的准确含义参见第七章，关于企业家收入的含义参见第八章）。

资本运动的唯一目的就是实现预付的价值的增殖。这种纯粹数量上的增殖既没有一个限度（为什么 10% 的增殖是不够的，而 20% 的增殖就是足够的呢？），也没有一个终点（为什么这个运动该在一次或者十次之后终止呢？）。简单商品流通 W—G—W 是以存在于流通之外的目的为终点（占有使用价值，以满足需要），其限度就是其需要，其终点就是需要的满足。而与之不同的是，资本运动是**以自身为目的**的，它是**无限度**、**无止尽**的。

如果我们将资本从商品生产过程中抽离出来，我们就会认为，商品生产和交换的目的就是满足一般需求：每个人本身需要的满足，都是通过首先生产一个能满足其他人需要的商品，然后用这一商品换得货币，再用这些货币换得满足自己需要的商品。或者简言之：每个人都通过满足别人的需要来满足自己的需要。资产阶级经济学（无论是古典政治经济学还是现代新古典主义理论）都是按照这种方式来理解商品生产的。

但是，**资本主义商品生产**（历史上只在资本主义条件下才发展起来的商品生产的普遍化）并非以满足需要为导向，而是以价值增殖为导向。需要的满足只不过是在资本增殖的过程中作为副产品而出现的。资本主义生产的**目的**是剩余价值，而非需要的满足。

截至目前，我们都在讨论**资本**，而没有提及**资本家**。支配大量价值的某个人未必是资本家，而只有当他将这笔价值实际地作为资本来使用，即将资本的**自主运动**作为他自己的、主观的目的时，他才是资本家：

> 只有在越来越多地占有抽象财富成为他的活动的惟一动机时，他才作为资本家或作为人格化的、有意志和意识的资本执行职能。**因此，绝不能把使用价值看作资本家的直接目的。他的目的也不是取得一次利润，而只是谋取利润的无休止的运动。**（《马克思恩格斯全集》，第44卷，第178—179页；黑体字由海因里希标注）

一个人只有成为"人格化的（personifiziertes）资本"才成为"资本家"，也就是说，他的行为遵循资本的逻辑（无限度、无止尽的增殖）。于是，资本家只是"经济关系的人格化（Personifikation）"或者"经济角色"（《马克思恩格斯全集》，第44卷，第104页）。这与我们对商品占有者的行为的判定是类似的（参见第三章第二节和第三章第六节）：一个人表现为商品占有者或者资本家，只是因为他遵循了某种特定的行动理性。这种行动理性源于经济过程的前提性的形式规定性（即商品和资本的形式规定性）。人们通过遵循这种行动理性，又将这种前提性的形式规定性再生产出来。在论述过程中，必须首先分析这种形式规定性，然后我们才能理解人们的行为。

如果一个具体的货币占有者不再只遵循资本增殖的目的,而是还要追求其他目的,那么他就不再只是个"资本家"。单个的资本家不断追求其收入扩张的事实并不基于某种心理学特征,比如贪婪,倒不如说,这是由资本家之间的竞争所**催生的**行为。单个的资本家只要还想做一个资本家,就需要收入的增长。这不是为了其个人消费的增长,对很多资本家而言,收入中的个人消费只占微小的一部分。这首先是为了在旧产品不再有需要的时候更新生产设备,生产新的产品。如果他放弃设备更新或改变,他将很快破产。在第五章第二节中,我们会重新讨论这一**竞争的强制规律**。

随着时代的变化,资本家的外部表现形式也发生了变化。19世纪的"自由企业主"领导着"自己的"企业,并且往往建立起一个家族的王国。到了20世纪,至少在大企业中,他们逐渐被"经理人"所替代,后者往往在他所领导的企业中只有很小一部分股权。不过,两者都是马克思意义上的**资本家**,即资本的人格化:他们都将价值作为资本来利用。

如果资本家仅仅遵循资本的逻辑来行动,那么也就不是他,而是资本,即自行增殖的价值成为"主体"。马克思在这种意义上将资本称为"自动的主体"(《马克思恩格斯全集》,第44卷,第180页),从而呈现出这样一个悖谬:一方面,资本是自动的、无生命的;另一方面,资本又作为"主体",成为整个过程的决定因素。

作为价值增殖过程中的"扩张着的主体"(《马克思恩格斯全集》,第44卷,第180页),价值需要采取一种独立的形式,并在货币上找到了这种形式。因此,货币也就成了价值增殖过程的起点和终点。

在简单流通中,货币就已经成为价值的独立的形式,尽管还不够完善。作为资本(再次强调:资本不是货币或商品自身,而是无限度、无止尽的 G—W—G' 的赚取收益的运动),价值不仅仅是一种**独立的**形式,而且现在成为**处在过程中的**价值,"自行运动的实体"(《马克思恩格斯全集》,第44卷,第181页),成为一种具有特殊能力的最奇特的主体:

但是实际上,价值在这里已经成为一个过程的主体,在这个过程中,它不断地变换货币形式和商品形式,改变着自己的量……它所以获得创造价值的**奇能**(okkulte Qualität),是因为它是价值。(《马克思恩格斯全集》,第 44 卷,第 181 页;黑体字由海因里希标注)

这样**看起来**,似乎价值本身能够自行增殖(正如有的银行在广告中宣称"让你的金钱工作起来",形容的正是这种表象)。现在让我们来研究一下,这一"奇能"是建立在怎样的基础上的。

第三节 阶级关系:"双重自由"的工人

至此,我们只是在形式上确定了什么是资本:一笔在 G—W—G′ 运动中自行增殖的价值。但仍然存在的问题是,这种一般运动是如何**可能的**,换言之:剩余价值究竟来自哪里?

在流通中,增殖只有在商品 W 被贱买或者贵卖的情况下才是可能的。但这种情况下,预付价值尽管得到增殖,但一个资本家的收益在另一方面也是另一个资本家的损失。对于整个社会而言,价值量并没有发生变化,而只是以另一种方式分配,这跟发生了一场直接的劫掠没什么两样。

这样,资本主义的收益就被解释为来自对商品生产规律的**破坏**。如果假设商品生产和流通是在正常条件下,那么就应该是"等价交换":被交换的商品具有同等的价值量,被支付的价格准确表达了商品的价值量,而不会偶然地更多或更少;商品将"按照其价值交换"。如果剩余价值是资本主义商品生产的正常现象,而非仅仅是一种例外,那么它的存在就必须在"等价交换"的前提下得到解释,而这正是马克思所提出的问题。

马克思的思考可以总结如下:如果我们假设是等价交换,那么剩余价值就无法在流通中形成，无论是起初的流通行为 G—W 还是后来的 W—G′。因此，在两个流通行为之间，商品 W 必然发生了某种变化。但是，在流通以外，被购买的商品的使用价值只是被消费掉了。因此，货币所有者必须在市场中找到这样一种商品，**它的使用价值具有这样的特征，即成为价值的源泉**，这样，消费这种商品的过程中可以创造出价值。当然，创造出的价值要高于它自身耗费的价值。

确实存在这样一种特殊的商品。它就是**劳动力**商品。劳动力是指人类的一种付出劳动的**能力**，即在商品生产条件下，这种劳动的耗费可以成为价值的源泉。如果我出卖了我的劳动力，那么我就将这一能力在一段特定的时间内让渡给了其他人。劳动力的出卖并没有把整个人出卖出去（我不会成为奴隶），但是出卖的也并非劳动，尽管劳动是劳动力的**运用**。在暂时缺少原料而货币占有者不能使用他所购买的能力的时候，就会显出这样一个事实，他购买的只是**劳动的能力**而非劳动。

货币占有者能在市场中找到**作为商品**的劳动力，这并非自然而然的。有两个条件必须满足。首先，必须存在能像一个**自由的所有者**那样支配自己劳动力的人，从而有条件卖出他们的劳动力。奴隶或者农奴显然不具有这样的条件，因为劳动力的出卖者必须是**法律上的自由人**。

如果这些人能够支配生产资料，并且能够自己生产商品，出卖或消费自己的产品，那么他们可能还是不会出卖其劳动力。只有当他们不占有生产资料，即不仅在法律上是自由的，而且**没有任何实物财产**的时候，他们才会**被迫**出卖其劳动力，这也就是第二个条件；这样，人们才会在实际上将自己的劳动力作为商品来对待。这种双重意义上的"自由"①的工人是资本主义生产赖以存在的社会前提。

因此，资本主义生产方式建立在一种相当特殊的**阶级关系**的基础

---

① 双重意义上的"自由"指既在法律上自由，也在实际上没有任何私有财产。在德文中，后者的"没有"也由"自由"一词所构成的短语"frei von"表达。——译者注

上：一方面必须存在一个**有产者阶级**（货币和生产资料的占有者），另一方面还必须存在一个**无财产的，但在法律上自由的工人的阶级**。马克思不说资本而说**资本关系**的时候，最主要所指的就是这种阶级关系。

马克思在谈论"阶级"的时候，探讨的是在社会生产过程中的社会地位，在当前情况下就是生产资料的私有者，以及被这种私有制排除在外的人。阶级根据其社会地位而决定，对此我们不能假设，一个阶级的成员会自发具有一种总的"阶级意识"，或者表现出一种总的"阶级行动"。在这一论述阶段，"阶级"只是一个纯粹的**结构性的**范畴；至于阶级是否具有更丰富的含义，必须在各种具体的语境中加以研究。反马克思的当代社会学宣称在资本主义中已经看到阶级社会的终结之时，他们最主要的证据是阶级意识的缺失，这建立在社会的上升机会或者社会的"个体化"的基础上。① 但是阶级意识这一判断标准并不是马克思在讨论结构性的阶级概念时所采用的，而这种结构性的阶级概念才是《资本论》中主导性的。但是，传统的世界观马克思主义常常简单地从一种结构上共同的社会地位推导出一种共同意识，以及一种共同行动的趋势。据此，"阶级统治"也不再被理解为**结构性的**关系，而是被理解为社会阶级之间的**意志关系**，它表现为一个阶级将自己的意志强加于其他阶级之上。

这种阶级关系——一面是货币和生产资料所有者，另一面是无财产但法律上自由的工人——能存在，绝不是"自然的"，而是特定的**历史发展**的结果。这种历史发展属于资本主义的**前史**。为了进一步分析资本主义的基础结构，把这种前史的结果当作既定前提就足够了。因此，马克思在《资本论》第一卷的结尾部分才以"所谓原始积累"为题，简要刻画了双重意义上的"自由的"工人的历史形成过程：马克思以英国为例表明，这是一个充满暴力和血腥的过程，它并非"通过市场"，而是国家积极干预的结果（第一章第一节和第二节已经涉及这一过程）。不过

---

① 例如，乌尔里希·贝克（Ulrich Beck）的《风险社会》一书中即如此。

"原始积累"不是一次性的过程:在资本主义席卷全球的过程中,类似的发展情形不断出现。

第四节 劳动力商品的价值、剩余价值与剥削

为了在等价交换之外理解剩余价值的形成,我们必须更深入地研究劳动力商品。与所有商品一样,劳动力商品具有使用价值和价值。劳动力的**使用价值**在于它的运用,也就是劳动本身。劳动的耗费创造出新的价值,它在被交换之前只是被估计的。劳动在多大程度上创造价值,要以交换中发生的还原为基础(参见第三章第三节)。

马克思认为劳动力的**价值**和其他商品一样"是由生产从而再生产这种独特物品所必需的劳动时间决定的"(《马克思恩格斯全集》,第 44 卷,第 198 页)。每个个人为了维持生计,都需要最广义上的一系列生活资料,也就是说不仅是饮食,还包括衣服、住处等,因此马克思总结道:"生产劳动力所必要的劳动时间,可以归结为生产这些生活资料所必要的劳动时间,**或者说,劳动力的价值,就是维持劳动力占有者所必要的生活资料的价值。**"(《马克思恩格斯全集》,第 44 卷,第 199 页;黑体字由海因里希标注)

因为资本关系的持续存在要求市场能够持续提供劳动力,因此,劳动力的价值必须涵盖整个工人家庭再生产所产生的成本,包括正在成长的后代的培养成本。

如果在社会上占据主流的是传统的小家庭,其中男性充当雇佣工人,女性进行再生产劳动,那么(男性)劳动力的价值就必须涵盖再生产的成本。相反,如果通常情况变成了两人都受雇佣,这也会影响到劳动力价值:一方面,再生产的成本提高了,因为一部分再生产劳动不再表现为家务,相应的产品和服务需要被购买,或者由国家提供,这就必然要求更多税负。另一方面,由于家庭再生产的成本不再只由**一个**劳动

力的价值来涵盖，而是由**两个**劳动力共同负担，那么单个劳动力的价值——尽管再生产成本提高——还是会下降。

像其他商品一样（参见第三章第七节），劳动力商品的**价格变化**也可能并不只是表现价值变化，而是反映卖出这种商品的暂时性的有利或不利情形（即劳动力的暂时性不足或过剩）。劳动力现实的**价值变化**则可能有两个缘由：一是再生产所必要的生活资料的价值的变化，二是再生产所必要的生活资料的**范围**的变化。这种"必要的生活资料"的范围在各个国家和各个时代是不同的，它取决于一个国家通常的生活条件包括哪些内容，以及工人能够提出哪些要求。由于资本家未必愿意满足这些要求，就会有工人和资本家之间的**阶级斗争**，通过特定要求的实现——或者未能实现，这也参与决定了劳动力的价值。马克思在这种语境中提出"历史的和道德的要素"（《马克思恩格斯全集》，第44卷，第199页），与其他一切商品不同，这一点也包含在劳动力商品的价值规定之中。①

但是，在劳动力商品和其他商品之间还存在一个更大的差异，马克思却没有深入地指出。在一个通常的商品的价值中，一方面包含生产它所耗费的生产资料的价值，另一方面包含通过劳动所增加的新价值，这种劳动使这种生产资料变成最终的产品。但在劳动力商品中却不是这样的：它的价值单单取决于生活资料的价值，而后者必须在市场上被买入。家务的、主要由女性付出的再生产劳动（家务活、哺育儿童等）并不构成劳动力的价值。因此，女性主义的作者们指责马克思的政治经

---

① 马克思在《资本论》中主要只是分析劳动力的价值，而不考虑不同劳动力的不同价值。因为他首先分析的是基本结构——剩余价值在等价交换之外何以可能——因而劳动力价值的差别在此并无意义。马克思认为这种差别首先是基于不同质量的劳动力成本的差别，高质量劳动力的劳动耗费也会产生更高价值（参见《马克思恩格斯全集》，第44卷，第230页）。不过从马克思所强调的劳动力价值的"历史的和道德的要素"也可以推论出，这种价值不仅在不同国家，而且在同一国家的工人阶级的不同部分（由于不同的组织、斗争强度、传统等原因）也有不同规定，而由于特定要求的未能实现，不对称的性别关系和种族歧视也会导致劳动力价值的差异。

济学批判在此存在一个"盲点"（如 Claudia von Werlhof 写于 1978 年的一篇系统性文章）。但是，并不是马克思对劳动力商品的价值的规定错了——他展现了资本主义之中的这种规定是怎样的——他错在没有强调这种价值规定的特殊性，而是试图证明它与其他一般商品的一致性。

在资本主义范围内，劳动力商品的特殊的价值规定是**必要的**：如果工人所得不止于他们必须在市场上买到的生活资料的价值，那么他们就会有一段时间不再是无财产的，也就可以一定程度上摆脱出卖劳动力的强制。将劳动力价值限制在再生产成本的水平，是资本主义的一种运转上的必然。但是想要始终实现这种限制，却不是自然而然的事情。我们完全可以想象，一个组织良好的工人阶级会通过劳动抗争来提高工资。但是，这种劳动力价值的限制是如何在资本主义积累过程中"自我"实现的，我们将在第五章第六节加以考察。

劳动力的（日）价值（平均而言劳动力每日再生产所需的价值量）和单个工人在正常条件下一天能新生产的价值之间的差别，构成了前文用 G—W—G′ 公式提到的剩余价值。劳动力的每日价值（其再生产所**必要**的价值）能低于每日通过使用劳动力（即通过劳动力的耗费）而**创造**的价值，正是价值具有创造价值的"奇能"的基础。

因此，劳动力的（每日）价值只占通过（每日）使用劳动力新创造的价值的一部分。如果现在通过劳动力的耗费，在比如 8 小时工作日内，能够创造出特定的价值①，那么这种新创造的价值就可以在形式上分为劳动力的价值和剩余价值两部分。比如说，劳动力的日价值占其一个 8 小时工作日所创造的价值的 3/8，那么我们可以在形式上这样说，有 3 小时生产的是劳动力价值，5 小时生产的是剩余价值。马克思将

---

① 如前文所述，只有在交换中才能确定一个工作日所创造的价值量究竟有多少。但只要商品是可卖出的，那么或多或少总有一定的价值量被创造出来。下文的论述也同样谈的是这样的价值量。因此当笔者提到工人劳动了若干小时，并因此创造了许多价值时，并不是退回到了一种实体主义的前货币的价值理论，而只是一种简化的论述方式。

这 3 小时称为"必要劳动时间"（劳动力价值的再生产所必需的劳动时间），将剩余的 5 小时称为"剩余劳动时间"（单个工人付出的超出其自身再生产需要的劳动时间）。在我们的例子中，由于工人获得的报酬相当于 3 小时创造的价值，马克思也将必要劳动时间称为"有酬劳动"，而将剩余劳动时间称为"无酬劳动"，它的价值产品被资本家作为剩余价值收入囊中。

单个工人从资本家那里获得的劳动力价值低于其通过劳动所创造的价值，这一事实被马克思称为"**剥削**"——这是一个在不同层面充满误解的概念。

剥削并不意味着特别低的工资或极为恶劣的工作环境。剥削单单形容这样一个事实，生产者只获得他所生产的价值的一部分——而与工资的高低、工作环境的好坏无关。

与广为流传的，甚至许多"马克思主义者"的表达不同，剥削也不是充当一个**道德**范畴。它并不是指工人被夺走了某些"本来"属于他的东西，以至于这种掠夺是某种道德上应受谴责的事情。而"有酬"与"无酬"劳动的说法，也不意味着原本"全部"劳动都该得到报酬。① 恰恰相反：马克思强调，按照商品交换的规律，劳动力商品的卖出者获得的只是其商品的价值。买者通过这种商品的使用价值而获得的特殊收益，与卖者是无关的。马克思以油商类比：油商获得了油的价值，但不会因为油的使用价值而再获得任何东西（《马克思恩格斯全集》，第 44 卷，第 226 页）。"剥削"和"无酬劳动"的存在并没有**违背**商品交换的规律，而恰恰**遵循**了这一规律。如果想要废除剥削，无法通过在资本主义内部改变交换关系来实现，而只有通过废除资本主义来实现。

---

① 与之相应的对"全部劳动收益"的要求恰恰是费迪南德·拉萨尔（Ferdinand Lassalle）及其信徒的主张，马克思对此进行了尖锐的批判。

第五节　劳动的价值:一个"虚幻的用语"

价值增殖的基础是对"无酬劳动时间"的占有:资本家对劳动创造的价值产品不支付报酬,而仅仅支付劳动力的价值。但在日常意识中,工资却被认为是付出的劳动的报酬;这样,作为资本主义生产常态的剥削便是不可见的。剥削似乎只有在工资"过低"时才会发生。工资看起来似乎表现的不是**劳动力的价值**,而是**劳动的价值**。

对于"劳动的价值"这一用语,马克思称之为"虚幻的"和"不合理的"表达(《马克思恩格斯全集》,第 44 卷,第 616、618 页)。劳动——更准确地讲是抽象劳动——是价值的实体和内在尺度。劳动**创造**价值,但劳动本身没有价值。如果我们谈"劳动的价值",并问一个 8 小时工作日有多大的价值,那么我们只能回答:8 小时工作日有 8 小时的劳动的价值,这种论断在马克思看来是"无意义的"(《马克思恩格斯全集》,第 44 卷,第 613 页)。

但是,"劳动的价值"并不纯粹是一种荒谬的表达。马克思认为,"劳动的价值"或"土地的价值"这样的"虚幻的用语"(imaginären Ausdrücken)是"从生产关系本身中产生的。它们是本质关系的表现形式的范畴"(《马克思恩格斯全集》,第 44 卷,第 616 页)。

本质关系是劳动力商品的价值,但是它在工资中**表现**为劳动的价值。这种表现形式"直接地、自发地、作为流行的思维形式再现出来",而本质关系"只有科学才能揭示出来"(《马克思恩格斯全集》,第 44 卷,第 621—622 页)。

"劳动的价值"是一种颠倒的观念,它不是通过意识的操控产生的,而是在社会关系本身之中形成的。它是一种"客观的思维形式"(参见第三章第八节),它构建了身处这一关系中的人的思维。从工人的角度出发,为了获取一定量的工资,必须干完 8 小时的工作。工资也就表现为这些劳动的报酬,这种假象还会通过工资的其他形式即"计时工资"(根据劳动小时数支付)和"计件工资"(根据产出件数支付)而进一步强化。在前一种情况下,工资表现为支付在一个时段内付出的劳动,在后一种情况下,工资表现为支付生产一件产品所付出的劳动。

资本家也被这种假象所支配。这是一种"自发地"产生的颠倒,它支配着所有参与者(以及大部分经济学家)。只要工资被理解为对"劳动的价值"的支付,那么所有劳动都表现为有酬劳动。于是,剩余劳动、无酬劳动似乎并不存在。这种颠倒还导致了进一步的后果。

> 这种表现形式掩盖了现实关系,正好显示出它的反面。工人和资本家的一切法的观念,资本主义生产方式的一切神秘性,这一生产方式所产生的一切自由幻觉,庸俗经济学的一切辩护遁词,都是以这个表现形式为依据的。(《马克思恩格斯全集》,第 44 卷,第 619 页)

工资形式为资本主义制度的一切进一步的"神秘化"(Mystifikationen)奠定了基础,最终形成了"三位一体的公式"(参见第十章)。但在这里我们必须强调:正像资产阶级社会的**所有**成员都屈从于商品和货币拜物教的自发意识(参见第三章第八节)一样,工人和资本家都会屈从于工资形式的神秘化。① 这种资本主义生产方式带来的颠倒并不只限于统治阶级(统治阶级对社会关系的认知也是受限的),被统治、被剥削阶级也没有什么优势地位,能够看穿这一颠倒——传统马克思主义所经常提到的"工人阶级立场"在这里也并无帮助。

---

① 马克思所谓"拜物教"只涉及商品、货币和资本(参见第五章第三节论资本拜物教);特定的社会关系表现为物的特征。马克思所谓"神秘化"是指一种特定的事实必然颠倒地表现出来:工资将对劳动力的价值的支付表现为对劳动的价值的支付。

第五章　资本主义生产过程

第一节　不变资本与可变资本、剩余价值率、工作日

我们在第三章中研究了商品生产的劳动的二重性：一方面是生产使用价值的具体劳动，另一方面是构成价值的抽象劳动。**资本主义生产过程**也具有类似的二重性：它是**劳动过程**（生产特定的使用价值）和**价值增殖过程**（生产剩余价值）的统一体。

抛开每种社会的形式规定性，劳动过程可以简化为有目的活动（劳动）、劳动对象（被劳动所改变）和劳动资料（让这种改变成为可能的东西）三个要素。劳动过程是人与自然之间发生的过程。在此过程中，人类一面改变自然，同时也改变自身，发展自己的能力。但是，劳动过程从未单单如此，它总是作为一种社会的形式规定的过程而发生：作为以奴隶劳动为基础的生产过程、作为封建农奴的生产过程、作为自主的手

工工匠的生产过程,或者作为资本主义雇佣工人的生产过程。①

在资本主义生产过程中,劳动过程表现出两个独特的特征:第一,它是在资本家的控制下进行的;第二,它的产品是资本家的财产而不属于其直接生产者。资本家购买了劳动力和生产资料(劳动对象和劳动资料)。于是,劳动过程变成了资本家所拥有的事物之间作用的过程。正因如此,过程的产品也属于资本家。这种产品是使用价值。但在资本主义生产过程中,这种使用价值只有在表现为价值和剩余价值的时候才会被生产出来。

我们现在来详细研究这种资本主义的特定的生产过程。但是首先必须介绍几个不仅对本章,而且对后续章节也至关重要的基础概念。

之前被我们称为"资本的总公式"的 $G-W-G'$ 需要得到更详细的考察。价值增殖之所以可能,是因为有一种特殊的商品即劳动力得到了购买和使用。而为了"使用"这种商品,即在生产过程中运用劳动,生产资料(原料、机器等)就是必需的。作为生产过程的结果,人们获得了一个新的商品量,其价值超过了预付资本的价值,并以 G' 被卖出。

对于新生产的商品的价值,生产资料和劳动力在其中扮演了相当不同的角色。在生产商品过程中消耗的生产资料的价值,转移到了新生产的商品当中。如果在生产过程中生产资料被完全消耗掉(比如原料、能源等),那么这种被消耗的生产资料的价值就被完全转移到了新生产的商品中。而如果生产资料比如工具或机器并没有被耗尽,那么只有其中一部分价值得到了转移。比如,一部机器的寿命是十年,那么

---

① 马克思在 1857 年的《导言》中指出,看起来简单的劳动概念,表现出适用于一切社会形式,却只在资本主义经济中才成为可能的和"实际上真实的":在这里人们单个的活动才摆脱了其社会联系;现在,没有任何一种活动是支配性的,每种活动都成为资本增殖的手段和雇佣工人获取生活所需的手段;至此才能谈论一般的"劳动"(参见《马克思恩格斯全集》,第 30 卷,第 45—46 页)。

一年中，便有其十分之一的价值转移到了它所生产的商品中。① 在生产过程中，变成生产资料的那部分资本一般不会改变其价值，而是把价值转移到新生产的商品中。因此，马克思将这部分资本称为**不变资本**，简称 c。

劳动力的作用则与之不同。劳动力的价值完全没有进入所生产的商品中。进入商品价值之中的，是通过"使用"劳动力，即通过劳动的耗费而**新形成的**价值。生产资料和劳动力在价值创造中扮演的不同角色可以归结为：被消耗的生产资料的价值如果变化，会导致相应的产品的价值变化。劳动力的价值如果变化，则对产品价值几乎没有影响。工人为产品增加了多少价值，并不取决于劳动力的价值，而是取决于有多少劳动作为创造价值的抽象劳动被耗费。

新增加的价值和劳动力的价值的差额就是**剩余价值** m。换言之：新增加的价值等于劳动力的价值加剩余价值。资本中用来支付工资的那一部分，被马克思称为**可变资本**，简称 v。这部分资本在生产过程中发生了变化；工人被支付的是 v，却产出 $v+m$ 的新价值。②

因此，一段时间内（一天或一年）生产的商品的价值可以被表达为：

$$c+v+m$$

在这里 c 代表了**被消耗的**不变资本，即被消耗的原料的价值以及工具和机器所损耗的部分价值。

资本的价值增殖只是从其可变部分产生的。因此，价值增殖的水平可以通过剩余价值和可变资本之比来度量：马克思用 m/v 来描绘**剩余价值率**。这同时也是劳动力受剥削的程度。剩余价值率通常表现为百分比。例如，如果 $m=40$ 且 $v=40$，不会说剩余价值率是 1，而是说

---

① 这里机器的"寿命"只取决于其物理损耗。如果市场上出现了新的更好的机器，那么它的经济寿命就会比其物理寿命更短。因此，计算机的淘汰，一般来说不是因为其不再运转，而是因为有了更好得多的设备。

② 这里强调的是，劳动力的价值并未转移到产品中，而是劳动的耗费创造出新的价值。这种新的价值在计量上以 v 和 m 来表示。

剩余价值率是100％。如果 $m=20$ 且 $v=40$，那么剩余价值率为50％，等等。

剩余价值率是一个科学理解价值增殖过程的分析范畴；它是我们了解价值增殖之由来的基础。但是，对资本家的实际的意识而言，它是无关紧要的：资本家考虑的是，必要的预付资本为 $c+v$，这是为了获得 m 的利润，这与这些利润从何而来无关（或者说，利润被看作"资本的果实"）。利润的增殖尺度是**利润率** $m/(c+v)$。在资本主义日常生活中扮演着关键角色的利润和利润率概念，马克思直到《资本论》第三卷才加以讨论（参见第七章），这也是我们一定要了解全部三卷本《资本论》的原因之一。

工作日的时长由必要劳动时间（在这段时间生产出劳动力的价值 v）和剩余劳动时间（在这段时间生产剩余价值 m）构成。如果在特定时代、特定社会中，劳动力的价值是给定的，那么必要劳动时间也就是给定的——但是剩余劳动时间的长短却不是给定的。

在任何一个以阶级统治为基础的社会中，都可以区分出"必要劳动时间"（此时生产的产品是满足被剥削阶级的再生产的需要）和"剩余劳动时间"（此时生产的剩余产品是总产品中归统治阶级所有的一部分）。但是，马克思表明了前资本主义社会和资本主义社会的一个决定性差异："但是很明显，如果在一个经济的社会形态中占优势的不是产品的交换价值，而是产品的使用价值，剩余劳动就受到（统治阶级的——海因里希注）或大或小的需求范围的限制，而生产本身的性质就不会造成对剩余劳动的无限制的需求。"（《马克思恩格斯全集》，第44卷，第272页）

不过，马克思在这里形容资本主义生产方式特征的"对剩余劳动的无限制的需求"并不是对单个资本家的道德谴责。虽然这种对剩余劳动的需求——因为其毫无限制——暗示了资本"根本不关心工人的健康和寿命"（《马克思恩格斯全集》，第44卷，第311卷），对劳动力的破坏也漠不关心。但是这并非单个资本家个人的道德败坏，而是资本主义商品生产逻辑的必然后果。

如果资本家按照劳动力一天的价值购买了劳动力,那么资本家就有权在一天的长度内使用劳动力。但工作日的长度是不确定的:为了维系工人生理和心理上的恢复再生,劳动时间必须短于24小时,但至于短多少就不清楚了。如果资本家试图延长工作日,那么他也不过是和每一个商品买者一样,试图最大限度地利用他所购买的商品的使用价值——就像我们尝试从牙膏管中挤出最后一丁点牙膏一样。资本家之间的竞争迫使单个资本家尽可能充分利用他作为买者的权利,最大限度地利用他所购买的商品的使用价值。

而工人试图缩短工作日的长度,也同样遵循了买和卖的逻辑。为了能够不断出售其劳动力,他必须保持第二天自己的劳动力仍能以正常状态被使用。但如果工作日太长,这就不可能了。

无论是资本家试图延长工作日,还是工人试图缩短工作日,依据的都是商品交换的规律;从这一规律无法推导出工作日的限度。这就意味着:

> 于是这里出现了二律背反,权利同权利相对抗,而这两种权利都同样是商品交换规律所承认的。在平等的权利之间,力量就起决定作用。所以,在资本主义生产的历史上,工作日的正常化过程表现为规定工作日界限的斗争,这是全体资本家即资本家阶级和全体工人即工人阶级之间的斗争。(《马克思恩格斯全集》,第44卷,第271—272页)

在工人始终无力与资本相对抗,且存在足够多的供给来替换被破坏的劳动力的地方,资本就会将劳动时间延长到超过人的体力的限制。马克思在《资本论》中详尽描述的争取正常工作日的斗争首先发源于19世纪的英国,随后在其他国家带来了对每日劳动时间的立法上的限制。我们将在第十一章中探讨国家在这一过程中的特殊角色。

第二节　绝对剩余价值与相对剩余价值，竞争的强制规律

作为一种自行增殖的价值，资本在价值增殖方面不存在内在的限制。因此，对资本来说，不存在一个价值增殖的最终程度。如果用剩余价值率 m/v 来度量价值增殖，那么就会得出两种基本的可能性来提高资本增殖程度，马克思将其称为绝对剩余价值生产和相对剩余价值生产（在第七章考察作为价值增殖程度的利润率时，我们还会看到其他可能性）。

在给定劳动力价值的情况下，m/v 将随着 m 的增加而增加。单个劳动力生产的剩余价值量可以通过延长剩余劳动时间来增加，而通过延长工作日就可以延长剩余劳动时间。马克思把这种通过延长工作日来扩大剩余价值和剩余价值率的方式称为**绝对剩余价值**的生产。

在（法定的）正常工作日的限定中，绝对剩余的生产并没有达到其极限。工作日的延长不仅可以通过增加每天工作小时数，也可以通过更好地利用这些工作时间：通过缩短休息时间，或不再将特定的劳动准备时间纳入劳动时间，等等。另外，提高劳动强度（也就是，加速劳动过程）也和延长劳动时间具有同等效果。一个强度更高的工作日就像是延长了工作日一样，会比一个正常工作日创造出更多的价值产品。如今，利用劳动时间和提高劳动强度的纠纷仍然是企业日常的一部分。

如果不延长工作日或者增强对劳动时间的利用效率，仍然可以增加剩余劳动时间：也就是说，缩短必要劳动时间，即降低劳动力的价值。在一个 8 小时工作日中，如果需要 4 小时来生产劳动力的日价值，那么剩下 4 小时就是剩余劳动时间。如果现在只需要 3 小时来生产劳动力的价值，那么就有 5 小时的剩余劳动时间。马克思把这种通过缩减必要劳动时间来扩大剩余价值和剩余价值率的方式称为**相对剩余价值**的生产。

必要劳动时间必须足以生产出劳动力的再生产所需的生活资料。如果劳动力的价值得到了足额支付（这里必须假设我们观察的是"正常的"资本主义制度），那么必要劳动时间的缩减只有两种可能：要么是作为必要的生活资料的范围缩减了（这就是说，工人阶级的"正常的"生活标准下降了，但是这种方法难以推行，且不可持续，最多只是缓慢地实现）；要么是——这是更常见的情况——这种生活资料的价值下降了。

如果后一种情况能发生，要么是生产生活资料（总是从最广义上理解，而不仅是食品）的部门的劳动生产率提高了，要么是为生活资料部门提供原料和机器的那些部门的劳动生产率提高了：随着生产资料价值的降低，借助其生产出的生活资料的价值也会降低。因此，相对剩余价值的生产是通过劳动生产率的提高，降低生活资料的价值，进而降低劳动力的价值。

因此，延长劳动时间和提高生产率是提高资本的价值增殖程度的两种基本的可能性。但是，这两种可能性都要靠单个资本家的**行为**来实现。

资本家有兴趣延长劳动时间，这一点容易理解：在给定劳动力价值的情况下，延长工作日的每一小时都会直接使单个资本家获得剩余价值。

但是，提高劳动生产率的情况就与之不同了。比如，桌子的生产者提高了生产率，桌子就会更便宜。但是，只有当桌子的价值计入劳动力价值时，劳动力价值才会降低。这一效果是微小的，在绝大部分情况下是迟缓的。这种微小而不确定的好处，几乎不会构成提高生产率的**个人动机**。

让单个资本家想要提高生产率的，是完全不同的原因。个人耗费的劳动时间在多大程度上被视为创造价值的劳动时间，（一定程度上）取决于对某物的生产而言，这种劳动时间是否属于"社会必要劳动时间"（在现有的社会正常的生产条件下，对于正常劳动强度而言必要的劳动时间，参见第三章第一节）。比如，生产某种桌子的社会必要劳动时间是 10 小时,而某个生产者只要 8 小时便能生产出这种桌子,那么他用 8 小时便可创造其他生产者用 10 小时创造的价值产品。也就是说,他可以按照 10 小时劳动的价值卖出他用 8 小时劳动生产的东西。

这就是在某种生产过程中,某个资本家率先提高劳动生产率时所发生的情况。让我们假设,在某种物品,比如电脑的生产过程中,消耗的不变资本 c 的价值为 200。此外需要耗费一个 8 小时的工作日来进行组装。劳动力的日价值 v 是 80,剩余价值率是 100%,也就是说一个劳动力一天生产的剩余价值 m 也是 80。那么,产品的价值为:

$$c+v+m=200+80+80=360$$

现在我们假设,这些资本家(起初是单个的)能将组装电脑的直接必要劳动时间从 8 小时减少到 4 小时。此时电脑的价值按照社会平均水平还保持在 360。我们这位聪明的资本家不再需要耗费价值 80 的可变资本,而仅仅需要耗费 40。因此他的成本是:

$$c+v=200+40=240$$

如果他以 360 的价值将电脑卖出,那么他将得到 120 的剩余价值。在社会平均的每台电脑的剩余价值 80 之外,我们的资本家还获得了 40 的超额剩余价值,他的剩余价值率达到了 300% 而非 100%。这种**超额剩余价值**或者说**超额利润**(参见第五章第一节对利润的分析)——而不是劳动力的未来的贬值——才是资本家提高劳动生产率的动机。

只要新的生产模式还未得以普遍运用,资本家的超额剩余价值就会存在下去。而一旦这种模式推广开来,那么也就意味着,生产一台电脑的社会必要劳动时间降低了。如果与此同时,其他所有条件不变(劳动力价值、不变资本要素的价值等),那么,该电脑的新的价值为:

$$c+v+m=200+40+40=280$$

这样,我们那位资本家的超额剩余价值就消失了,他的剩余价值率回到了 100%。

但是,让我们继续考察这位率先提高生产率的资本家。在产出规模不变的情况下,他不再需要过去那么多的劳动时间了。那么,他可以要么用更少的劳动力而保持产量不变,要么用同样多的劳动时间和劳动力而生产出更多的产品。前一种可能性对资本家而言在大多数情况下是不现实的,因为往往只在产量同时提高的情况下,劳动生产率的提高才是可能的(我们将在下一节研究这一关联)。我们可以由此得出,生产率的提高一般与产品的产量的提高相伴而生。而想要卖出更多产品,最简单的方法是降低价格:单个产品以低于以往的价值被卖出。即便我们机灵的资本家以低于以往的价值出售商品,他也没有完全放弃超额剩余价值。在前述例子中,如果他按照 350 而不是 360 来出售电脑(其成本为 240),那么他将得到 110 的总的剩余价值,相较于通常的剩余价值 80,还有 30 的超额剩余价值。但是,我们的资本家销量的增加意味着——如果经济体中没有能产生更大的总需求的变化——其他供应同一产品的资本家的销售减少,极端情况下可能破产。如果他们想维持自己的市场份额,他们就也得降价出售。如果不改进生产方式,他们的剩余价值就会减少。为了在价格竞争中生存下来,其他资本家只能提高劳动生产率,降低成本。

因此,即便资本家个人并没有兴趣不断提高资本的价值增殖程度,竞争也会迫使他加入由他人发起的提高生产率的行列。**资本的内在规律**,如延长工作日和发展生产力的趋势,并不依赖于单个资本家的意志。资本家们面对着**竞争的强制规律**。由于每个资本家都面临这种强制,一般来说,他们不会等到其他竞争者强迫其改变,而是努力让自己成为首先提高生产率的人,以便至少获得一些超额剩余价值,而不至于总是努力减少损失。结果,每个资本家都给所有其他资本家施加了压力,正如他也面临着其他人的压力。所有人的行为都遵循着一种看不见的"约束"。一个资本家即使作为个人喜爱节俭,但只要他还想做资本家,他就不能摆脱对更多收益的不息的追求。

第三节　相对剩余价值生产的方法：协作、分工与机器

资本主义生产开端于大量工人在一个资本家的控制下一起生产某一种商品。如果货币占有者雇佣了一两个工人，但为了维持他自己的生计，他还要在生产过程中与工人们协作，那么在严格意义上他还不算是资本家，而是一个"小作坊主"。只有在他作为人格化的资本而行动时，他才是资本家，也就是说，他可以将所有时间用于组织和控制资本主义生产过程和产品销售。

即便技术的生产条件没有改变，大量工人的**协作**也会由于两个原因而推动产品变得更便宜。第一，许多生产资料可以被共同使用，这样他们在产品中所占的价值比重将会降低（100个工人的产量可以是10个工人的10倍，但这却不需要10倍的生产资料）。第二，大量劳动力的协作还会产生新的力量：一个工人无论花多少时间，都无法搬运一根大原木，但四个工人立刻就能将其搬走。10个人在流水线上可以承担的作业速度，明显快于他们每个人单独完成。

劳动生产率的进一步提升得益于**分工**。一个复杂的劳动过程被分解为一系列简单的局部职能。相比于在总过程之中，这种单独的操作可以更快地完成任务。通过相应的练习和经验的积累，以及专门适用于这些局部职能的工具的支持，这种局部职能上的专门工人可以更快地工作。但不利的一面是，单个工人变成了一种更不独立的局部工人，片面的负担还会造成工人生理和精神上的损伤。一种产业，如果其生产过程以高度分工为基础，但并未使用或很少使用机器，我们就称之为**工场手工业**。

20世纪初，分工在**泰勒制**（以工程师F. W. 泰勒命名）中达到顶峰：泰勒将劳动过程中的运动分解为极小的环节，以使分配给单个劳动力的只是微小的运动。这样，时间的浪费和隐蔽的停顿就被压缩到了极

限。这种办法主要被应用于流水线生产之中。但是，这种极端的分工给资本价值增殖带来的不只是好的方面。特别是对于高质量的复杂产品，这种过度分工反倒是阻碍，因为它产生了过多的次品。因此，随着20世纪资本主义生产过程的发展，泰勒制先是被推广，又逐步被淘汰。

生产率提高的决定性因素是**机器**的使用。机器不单单是更大的工具。关键在于，工具不再是工人手里的工具，而是机器的工具。一台机器所能同时操控的工具的数量是不受人力局限的。随着单个机器组合成一个贯穿劳动对象的**机器体系**，生产率得到了进一步提高。以机器生产为基础的产业就是**工厂**。

在工厂中，留给工人的尚未机械化的活动，主要是监控机器，修复机器，随时待命及修正机器出现的错误。电脑的使用也没有在根本上改变这一点。尽管大量监控和调节的任务也机械化了，还是需要去监控用来调节的电脑，其程序也要适应变化的要求。

工场手工业的分工是从劳动力的手工的技艺发展出来的。即使它能够归结为"细节的技艺"，资本仍然要依赖于这种主观的技艺。以机器生产为基础的**工厂**则根本地改变了这一点：

> 在机器生产中，这个主观的分工原则消失了。在这里，整个过程是客观地按其本身的性质分解为各个组成阶段，每个局部过程如何完成和各个局部过程如何结合的问题，由力学、化学等等在技术上的应用来解决。（《马克思恩格斯全集》，第44卷，第437页）

因此，在机器生产中，资本得以与单个劳动力的特殊的技艺分离开来。后者现在不仅是化为局部工人的职能，而是——在一个发达的、运转良好的机器体系中——沦为单纯的附属物。资本对工人的统治现在表现在机器体系中：

> 一切资本主义生产既然不仅是劳动过程，而且同时是资本的增殖过程，就有一个共同点，即不是工人使用劳动条件，

相反地,而是劳动条件使用工人,不过这种颠倒只是随着机器的采用才取得了在技术上很明显的现实性。由于劳动资料转化为自动机,它就在劳动过程本身中作为资本,作为支配和吮吸活劳动力的死劳动而同工人相对立。(《马克思恩格斯全集》,第 44 卷,第 487 页)

分工、协作和机器的采用带来了劳动生产率的提高:在同等的劳动耗费下,更多的产品被生产出来,单个产品的价值便降低了。但是,提高了的**劳动生产力**在资本主义生产条件下表现为**资本的生产力**。在简单协作中就已经是如此了:由于被独立化的劳动力无法独立支配他们的共同活动新增的生产力,而只能在资本的指挥下协作,这些新增的生产力便表现为一种属于资本的生产力。在工场手工业和工厂中,这种印象得到了进一步强化。单个劳动力被化归进了局部职能中,在手工业工场和工厂之外,它几乎毫无用处。由此,工人凭借自身的一般能力所能做到的事情,似乎成了资本所带来的结果。资本表现为一种自带生产力的力量,我们可将这种假象称为**资本拜物教**。同商品拜物教一样,资本拜物教也不仅仅是一种错误的意识或单纯的谬误。倒不如说,在资本主义对生产过程的组织中,包含了其物质基础:

> 生产上的智力在一个方面扩大了它的规模,正是因为它在许多方面消失了。局部工人所失去的东西,都集中在和他们对立的资本上面了。工场手工业分工的一个产物,就是物质生产过程的智力作为他人的财产和统治工人的力量同工人相对立。这个分离过程在简单协作中开始,在工场手工业中得到发展,在大工业中完成。在简单协作中,资本家在单个工人面前代表社会劳动体的统一和意志,工场手工业使工人畸形发展,变成局部工人,大工业则把科学作为一种独立的生产能力与劳动分离开来,并迫使科学为资本服务。(《马克思恩

格斯全集》，第 44 卷，第 418 页）①

在某些方面，采用机器提高生产率和通过协作或分工提高生产率是根本不同的。采用机器将给资本家带来成本，而由于机器在生产过程中被使用，它把价值转移到了产品中。这就意味着，采用机器首先会让产品更贵而非更便宜。总的来看，只有当机器的价值转移导致的产品增值能够被生产中节省下来的直接劳动时间所抵消时，产品价值才会下降。

假设生产某种商品需要耗费价值 50 的原料和 8 小时的劳动时间，后者在正常条件下价值 80。那么，产品价值为：

50（原料）＋80（劳动时间）＝130

现在我们假设该产品在机器的辅助下生产。机器价值为 20000，可以在损耗前生产 1000 件产品。那么，机器向每件产品转移的价值是 20。起初，单个的机器产的产品将增加这 20 的价值。如果机器现在节省了 3 小时劳动，以至于生产该产品的必要时间由 8 小时变成 5 小时，那么机器产的该产品的价值变为：

50（原料）＋20（机器）＋50（劳动时间）＝120

总的来说，产品的价值减少了 10，机器转移的价值 20 被节省下来的 3 小时劳动时间所抵消了。假如机器只节省了 1 小时劳动时间，那么这一机器产品的价值就升高了，机器也就没能提高生产率、降低产品价值。

对机器的资本主义使用来说，采用机器降低产品价值是不够的。资本家感兴趣的不是产品的**价值**，而是**剩余价值**（或者说利润，参见第五章第一节）。如上一章所述，资本家提高生产率是为了使其个人的成本低于社会平均值，这样他不仅能获得正常的剩余价值（利润），还能获

---

① 知识与科学对资本主义生产越来越重要，这不像今天流行的"工业社会向科学社会"的过渡的说法所言的那样，是一个新现象。通过这样的说法，资本主义生产的形式规定倒是更加不被质疑了。

得超额剩余价值(超额利润)。在前述例子中,现在我们假设剩余价值率是100%。工人工作8小时,创造80的价值,那么他将获得40作为工资。剩余40就是我们的资本家在每件产品中获得的剩余价值。在引入机器之前,我们的资本家的成本是:

$$50(原料)+40(8小时的工资)=90$$

引入机器之后,他的成本变为:

$$50(原料)+20(机器)+25(5小时的工资)=95$$

虽然这种机器减轻了为产品而付出的**劳动耗费**,但是它不会被引入,因为它没有同时降低资本家的**成本**。只有当节省下来的(单件产品的)工资高于机器给单件产品附加的价值时,资本家的成本才会降低。在我们的例子中,机器所转移的价值为20,那么机器必须能省下超过4小时的劳动,这种机器的引进对资本家来说才值得。换言之:为单个产品的机器生产**新增的不变资本** c,必须低于劳动时间缩短所**节省的可变资本** v。因此,资本家不会随意为每件产品使用新增的不变资本,而是最多不超过他在每件产品中节省下来的可变资本。

因此,是否引进一种机器(它将一定量的价值转移到单个产品之中)取决于它能够节省多少可变资本。但是,能够节省的可变资本不只取决于所节省的劳动时间,也取决于工资水平。在前述例子中,一个工人在8小时工作日得到工资40,也就是每小时5。节省的3小时带来节省的可变资本是15,这样的话,引进这种机器对资本家并无好处。如果工资更高,比如每小时8,那么节省的3小时就会节省工资24。在这一工资水平上,节省的可变资本足以抵消掉新增的不变资本(我们的例子中是20),我们的资本家的成本就降低了。同一种机器,在低工资的情况下不会给资本家带来成本的节约,因此不会被采用,而在高工资的情况下就会节约成本,并因此得到采用。

第四节　资本主义生产力发展的破坏性潜能

协作的劳动过程需要有人协调。在资本主义生产过程中，资本家承担了这一职能。但是，资本家的领导不仅履行了技术和组织上的职能，同时也建构了剥削的组织，带来剥削者和被剥削者的对立，使马克思得出结论，资本家的领导"就其形式来说是专制的"（《马克思恩格斯全集》，第44卷，第385页）。大量的工人需要——就像军队一样——工业上的军官和军士，他们以资本的名义进行指挥。

企业的统治关系的形式在20世纪经历了深远的变革。资本家的专制一方面受到立法监管的约束，另一方面受到工会谈判进程的限制。特别是近几十年来，在一系列产业中出现了一种趋势，从资本方面看，工人对劳动过程的自治在加强。但是，这些变革并没有动摇资本主义生产的目的，即资本的增殖，剩余价值的生产。所有变革只是以不同的方式实现这一目的。对于高素质活动而言，常常被证明更有利的方式是，以高度的自治来激励从业者自愿投入他们的经验和潜能，而不是用持续的压力和控制来强迫他们。然而，对从业者来说，这种自治的结果几乎与旧的专制形式一样是破坏性的，只不过，现在破坏是以自行组织的方式发生的。

这种资本主义生产率提高的趋势对劳动力而言是破坏性的，它直接表现为这样一个趋势，劳动时间延长了，而且近来趋于"弹性化"了。虽然生产率的提高意味着用更短的时间可以生产同样多的产品，但在资本主义条件下，生产率的提高却不会导致劳动时间的缩短。特别是通过采用机器来提高生产率之后，为了尽可能长地利用机器运转的时间，其结果是劳动时间反而延长了，出现了轮班和夜班。这其中的原因是多方面的。

只要机器还没有在全社会范围内被使用，那么使用它生产的资本家就会获得超额剩余价值。他在这种特殊情况下生产和出售越多的产品，就能获得越多的超额剩余价值。如果机器的使用后来变成平均的生产条件，那么长期运转机器仍然一直有好处。机器的使用在多长时间内能够带来收益，这不仅取决于它的物理损耗，而且取决于市场上是否出现了新的更好的机器。机器的价值越快转移到它所生产的产品中去，它在转移完成前便不得不被新的更好的机器所取代的风险就越低。如果劳动时间的延长由于法律或费用的限制而达到极限，那么资本家一般就会提高劳动强度，比如通过提高机器运转速率的方式。

由于生产过程不再受到单个劳动力的限制，作为客观过程成为科学研究的对象，现代资本主义工业"从来不把某一生产过程的现存形式看成和当作最后的形式。因此，现代工业的技术基础是革命的，而所有以往的生产方式的技术基础本质上是保守的"（《马克思恩格斯全集》，第 44 卷，第 560 页）。生产的技术基础持续变革，劳动生产率不断提高，增加收益则成为唯一的动力。在这一过程中，大量投资被用来创造新的机器或重建整个生产设施。只要这些投资能服务于降低产品成本，它就是必要的。相反，那些改善从业者工作环境，或者降低其健康和安全风险的投资，则是对收益的扣除，因此总是被回避。直至今日，在很多行业仍然可以看到：

> 社会生产资料的节约只是在工厂制度的温和适宜的气候下才成熟起来的，这种节约在资本手中却同时变成了对工人在劳动时的生活条件系统的掠夺，也就是对空间、空气、阳光以及对保护工人在生产过程中人身安全和健康的设备系统的掠夺，至于工人的福利设施就根本谈不上了。（《马克思恩格斯全集》，第 44 卷，第 491 页）

为了实现劳动条件的最起码的改善，也总是需要法律的强制或者工人们决定性的抗争，马克思对这一点的评论至今也仍然适用：

> 为了迫使资本主义生产方式建立最起码的清洁卫生设

施,必须由国家颁布强制性的法律。还有什么比这一点能更好地说明资本主义生产方式的特点呢?(《马克思恩格斯全集》,第44卷,第554页)

资本主义生产的唯一目的就是持续生产剩余价值。竞争迫使单个的资本家,承担作为资本家的命运的惩罚,把不断追求更多的剩余价值作为其行动目标。和劳动力一样,**自然**也变成了实现这一目的的手段。从其内在逻辑出发,资本对于自然的生活基础的破坏(污水、废气、整个地区的破坏和污染)漠不关心,正如它对于单个劳动力的破坏一样。到今天,以燃烧化石能源为基础的工业生产方式在全球得以维系和扩张,尽管由气候变化所导致的区域和全球的生态破坏已近在眼前(参见阿尔特法特的《福利的代价》①)。

这种资本主义生产力发展的破坏性潜能只能通过工人的斗争或者国家的权力"从外部"加以限制。如果缺失这种限制或者它过于薄弱,这种破坏性潜能就会立即重新强化。这是内在于资本主义生产方式之中的。一如既往的是:

> 资本主义生产发展了社会生产过程的技术和结合,只是由于它同时破坏了一切财富的源泉——土地和工人。(《马克思恩格斯全集》,第44卷,第580页)

面对工业生产方式所导致的大规模的环境破坏和健康风险,在20世纪后几十年人们激烈地讨论,这种破坏是否与**工业生产**的物质条件联系在一起,或者是不是**资本主义**条件才导致了这种破坏。

马克思并没有明确地探讨这一问题。但他强调,必须把"社会生产过程的发展所造成的较大的生产率同这个过程的资本主义剥削所造成的较大的生产率"(《马克思恩格斯全集》,第44卷,第486页)区别开来。因此,常常有人假设马克思积极看待工业生产过程"本身",只是批

---

① Altvater, Elmar (1992): *Der Preis des Wohlstands*. Münster. ——译者注

判其资本主义的外壳(对这种解读马克思方式的批判参见雅各布斯《〈资本论〉中的农业与生态学》①)。

相较于马克思的时代,今天更加清楚的是,并不是任何一个工业生产过程,只要与资本主义的应用相分离,就会立刻展现出造福于人的作用。有些工业化的道路并不只是在资本主义应用下才是破坏性的:在社会主义社会应用核能同样会有巨大风险,大量使用化石燃料也同样会导致气候变化。资本的破坏性潜能不仅体现为**应用科技的方式**,而且源自它对特定的技术产业**发展道路**的**选择**。

第五节　形式与实际从属、福特制、生产与非生产劳动

如果劳动过程以依附于资本的方式存在,马克思就称之为**劳动对资本的形式从属**(*formeller Subsumtion*)。相较于前资本主义的情况,这里唯一的区别就在于工人不是为自己,而是为资本家劳动。此时资本主义强制关系不过表现为,工人劳动的时间比他们自身生存所需要的时间更长,资本家占有由此产生的剩余产品。在这种形式从属的基础上,绝对剩余价值的生产成为可能。

如果劳动过程为了提高生产率而发生了变革,马克思就称之为**劳动对资本的实际从属**(*reeller Subsumtion*)。这种情况下,受到资本指挥的劳动过程现在不仅在形式上区别于前资本主义劳动过程,而且实际上也发生了区别,也就是说,整个组织和结构发生了变革:资本主义生产方式创造出了与之相适应的物质的生产形态。只有在形式从属的基础上才可能发生实际从属。只有在劳动对资本的实际从属中,相对剩余价值的生产才成为可能。

---

① Jacobs, Kurt (1997):"Landwirtschaft und Ökologie im , Kapital' ". In: PROKLA 108, S. 433 - 450.——译者注

到目前为止，我们在考察相对剩余价值时，总是假设劳动力（及其家庭）再生产所必需的生活资料的规模是不变的，因此，工人阶级的生活水平也是不变的。但是，情况并不是必然如此。

我们假设一个8小时工作日的剩余价值率为100%。那么，一个工作日可以分为用来再生产劳动力价值的4小时必要劳动时间，以及生产剩余价值的4小时剩余劳动时间。我们再假设在正常条件下，8小时创造的价值的货币表现是160欧元。那么，劳动力的日价值就是80欧元，每天生产的剩余价值也是80欧元。

现在假设所有部门的劳动生产率都翻一倍。① 那么所有财物的生产都只需要过去一半的劳动时间，它们的价值也会减半。劳动力的日价值也就不再是4小时，而是2小时生产的价值，即从80欧元下降为40欧元。那么，剩余劳动的时间就多出来2小时，即从4小时上升到6小时，剩余价值从80欧元上升为120欧元。虽然劳动力的价值由80欧元下降为40欧元，但现在他用40欧元所能购买的生活资料恰恰是以前需要80欧元才能购买的量，因此工人家庭的生活水平维持不变。

现在让我们假设，工人由于劳动斗争或者劳动力短缺，成功将工资从2小时创造的价值提高到3小时创造的价值，即从40欧元变为60欧元。在这种情况下，劳动力的价值仍然是下降了（从80欧元下降为60欧元），剩余劳动仍然增加了1小时（从4小时增加到5小时，剩余价值现在是100欧元），但是，工人家庭的生活水平现在提高了。因为生活资料的价值由于生产率的翻倍而减半，而工人家庭可支配的收入并没有减半，而是原有工资的3/4。我们的工人今天只需要40欧元便可购买以前需要80欧元的生活资料，而他可支配的却有60欧元，那么他就能多购买50%的生活资料。或者用今天常用的概念来说：**名义工资**（通过货币表现的工资）降低了25%（80欧元变成了60欧元），但**实**

---

① 这种假设只是为了使接下来的计算简单一些。不过，如果我们将几十年间的不同时代相比较，生产力的翻倍也是完全可能的。

际工资(通过购买力表现的工资)增加了 50%(可以多购买 50%的财物)。

生产率提高的结果是,**工人阶级的生活水平**与**资本家占有的剩余价值**同时提高。劳动力价值降低的同时,单个劳动力生产的剩余价值却增多了,这意味着,剩余价值率 m/v 以及劳动力被剥削的程度提高了。因此,**剥削的增强**(即工作日中有更大的比重服务于剩余劳动)和**工人阶级的生活水平的提高**并不是相互排斥的。

最后,在我们的例子里,可以再将劳动时间缩短一些。假设每天的劳动时间从 8 小时缩短为 7.5 小时。如果劳动力仍然像之前一样,获得 60 欧元(3 小时创造的价值),那么还有 4.5 小时是剩余劳动时间(比生产率提高前还多 0.5 小时),剩余价值将达到 90 欧元(比生产率提高前多 10 欧元)。①

最后所举的这个例子并不是准确描述一种数量关系,而是适用于先进的资本主义国家的一种发展趋势。相较于 50 年或 100 年前,这些国家的工人阶级今天享有更高的生活水平和更短的劳动时间,这并不意味着——像不断宣称的那样——剥削减少了,或干脆消失了。上一章已经强调过,剥削并不是指一种特别恶劣和贫穷的境况,而是一个事实,即工人创造的价值高于他们以工资形式所获的价值。剥削的程度不是由生活水平来衡量,而是由剩余价值率来衡量。因为完全可能的是,生活水平的提高和劳动时间的缩短伴随着剩余价值和剩余价值率的增加。

上述基于相对剩余价值生产的动态发展(技术的加速发展、工人阶级生活水平的提高和与此相伴的利润增加)有一个目前还未提及的前提:工人家庭消费的大部分生活资料都必须是以资本主义方式生产出来的。如果工人家庭的大部分生活资料是他们自己生产的,或是来自

---

① 劳动时间的缩短通常伴随着劳动强度的增加(以同样的时间生产出更多的价值产品),这会带来剩余价值的提高。在我们的例子中这一点暂不考虑。

小农和小手工业者的，那么资本主义运作中的生产率的提高就只能带来短期的超额剩余价值，而不会带来劳动力的价值的降低。只是到了20世纪才发展到这样一个阶段，大部分工人家庭所消费的物品事实上以资本主义方式被生产出来。在这一时期，所谓的福特制发挥了决定性作用：从1914/1915年起，亨利·福特在他的汽车工厂中，在对劳动过程的泰勒制分解的基础上，成功地实现了T型车在流水线上的标准化量产和相当显著的降价，以使这款车成为广大工薪阶层都可以承受的消费品。与此同时，福特将工资提高到远超当时平均值的水平，以避免劳动力的波动。第二次世界大战之后，福特制在美国和西欧的各行各业推广开来：一方面，通过运用泰勒制和流水线生产，汽车、冰箱、洗衣机、电视等量产消费品的价格明显降低；另一方面，实际工资也提高了。由于劳动力价值在实际工资提高的同时降低了，企业的利润仍然得以增长。标准化量产、消费规模的扩大和利润的增长共同存在了将近二十年，奠定了战后"经济奇迹"的重要的，即使不是唯一的基础。

如果不考虑其经济的形式规定性，劳动过程的目的在于生产某种使用价值。从劳动过程的角度看，创造（或者参与创造）这种使用价值的劳动是生产劳动。资本主义生产过程的目的是生产剩余价值。从资本主义生产过程的角度看，只有生产剩余价值的劳动才是**生产劳动**。因此，以下在提到生产劳动时，除非另有说明，总是指这种资本主义意义上的生产劳动。

一种特定形式的劳动耗费是否属于资本主义意义上的生产劳动，并**不**取决于这种劳动的具体特征，而取决于这种劳动耗费时所处的经济形态。如果我为自己吃或招待朋友而烤了一块披萨，那么我尽管生产了一种使用价值，但并未生产商品（披萨并没有被出售），因此我也没有生产价值或剩余价值；我的劳动在资本主义意义上是非生产的。如果我在一个节庆活动中出售了披萨，那么我生产了商品和价值，但是没有剩余价值；我的劳动因此仍然是非生产的。如果我现在作为厨师，在一家以资本主义方式运作的餐厅中烤了一块披萨，它被一些顾客吃掉了,那么我就不仅生产了价值,而且生产了剩余价值,这样,我的劳动就是"生产的"了。

我的劳动是不是生产劳动,并不取决于被生产的使用价值的特征,而是取决于我是否生产了商品,而这种商品同时包含剩余价值。第三章第一节中已经指出,不管是物质的产品还是服务,只要能够用来出售,就是商品。因此,在以资本主义方式运作的剧院里,演员也是一个"生产劳动者",就像在以资本主义方式运作的钢铁厂中劳动的钢铁工人一样。一个事物的商品特征,也无关于它是否"事实上"有用,或者是否对社会再生产是必要的:只要能找到买家,一艘豪华游艇、一部广告片或者一副盔甲都是商品。而只要它是在资本主义条件下生产出来的,在其生产中所耗费的劳动就是"生产劳动"。

为了变成资本主义意义上的生产劳动,我必须变成雇佣工人。但反过来则不然。并不是每个雇佣工人都会自动成为"生产劳动者"。我们以上述披萨的例子来说:如果我在以资本主义方式运作的餐厅中做厨师,那么我的劳动是生产的。现在我们假设,餐厅老板雇佣了一个私人厨师,我从餐厅转到他的家中工作。那么,我仍然是雇佣劳动者,但我现在不再生产商品,而只生产使用价值:我在老板家厨房中制作的披萨没有被出售,而是由老板和他的朋友们消费了。我既没有生产价值也没有生产剩余价值,因此我是一个"非生产的"雇佣劳动者。

在这里,我们可以非常清楚地区分生产劳动和非生产劳动的意义:如果我在餐厅做厨师,那么餐厅老板必须为我的工资以及所要加工的食材而花钱,如果我作为私人厨师工作也是一样。但是,为餐厅的运转而花的钱只是一种**预付**,如果餐厅经营得当,这笔钱会增殖出剩余价值,并回到餐厅老板手中。而老板支付给作为私人厨师的我的钱会**消耗掉**,他只能获得一种使用价值,而不是货币。为了能向私人厨师支付货币,餐厅老板需要餐厅中的厨师生产出剩余价值。他所能支付的非生产劳动的量,受限于生产劳动者在餐厅中生产的剩余价值的量。

第六节 资本积累、产业后备军与贫困化

在资本主义生产过程的最终，如果产品被成功卖出，那么资本家将不仅获得最初预付的资本，而且获得新增的剩余价值。这种剩余价值就是资本主义生产的目的。不过，这些剩余价值不是用于资本家的消费——如果是这样，那么生产的目的就只是用剩余价值购买大量使用价值——而是用于资本增殖：资本运动是**以自身为目的**的（参见第四章第二节）。在价值增殖过程 G—W—G′ 的终点，新的货币将作为资本预付出去，其中当然不只是原初的 G 的价值量，而是一个由于剩余价值（扣除资本家的消费开支）而**增大**的价值量，它在其他条件稳定的情况下还会产生更多的剩余价值。剩余价值向资本的转换叫作**积累**。

单个资本家由于竞争而被迫进行积累。他必须参与到持续提高生产率的竞赛当中，以在价格竞争中维持生存。用新的机器来提高生产率一般是昂贵的。用同样多的价值去投资其他机器，通常是不够的；往往需要投入更高的价值量，这也就迫使单个资本家进行积累。

单个资本的积累规模可以相差很大。在大的投资中，当全部生产设施都需要更新，此前生产的剩余价值可能并不足够。在这种情况下，积累的规模可以通过信贷得到提升。另一方面，也会出现这样的情况，即不是全部剩余价值都需要投入积累，那么多余的剩余价值就可以作为生息资本，提供给银行或金融市场。在这两种情况中，利息率都是一个决定性的数值。不过，马克思在《资本论》第三卷中才详细考察生息资本、信用等问题，这一问题还要以若干中间步骤为前提（参见第八章）。所以，马克思在《资本论》第一卷中对积累过程的论述（本节即以此为指引）远不是完整的——这也再次表明对《资本论》的阅读不能仅限于第一卷。

本章在开头区分了**不变资本** c（为机器、原料等预付的那部分资

本)和**可变资本** v(预付的工资)。马克思将不变资本与可变资本的比率 c/v 称为资本的**价值构成**。生产资料的量与劳动量的比率则被马克思称为资本的**技术构成**。在资本的价值构成是由技术构成所决定的范围内,马克思又将其称为资本的**有机构成**(参见第 44 卷第 707 页)。因此,有机构成只涉及价值构成的这种由于技术条件的变化(例如一种新的、更贵的机器的使用)所带来的变化,而不涉及那种单纯由于投入的生产资料的价值变化导致的变化。比如说,如果煤炭变贵了,那么钢铁厂的不变资本 c 就增加了,从而在生产条件不变的情况下 c/v 也增加了。在这种情况下,上升的是资本的价值构成,而不是有机构成。下文如果提及资本构成,指的总是资本的价值构成,而不是有机构成。①

如果资本是在固定条件下积累的,特别是在固定的价值构成、固定的劳动力价值和固定的工作日长度之下,那么对劳动力的需求和对资本的需求将是同样强烈的。比如有大量剩余价值转变为资本,以至于作为资本预付的价值量提高了 20%,那么也就需要多出 20% 的劳动力。劳动力需求的提升首先改善了劳动力出售的条件,以至于劳动力的当前价格可能超过其价值。但是这样一来,剩余价值就减少了,进一步的积累也会放缓,劳动力需求以及工资的上涨也就被压制了。

如果工资提高了,就会导致引进节省劳动的机器。正如第五章第三节所言,只有当生产成本的提高程度(基于机器向产品的价值转移)低于节省下来的可变资本时,资本家才会引进机器。而当资本家把劳动时间缩短到一个固定量时,他能节省多少可变资本,取决于工资的高低。因此,高工资的情况下会引进机器,这会为资本家带来低工资的情况下所不存在的成本优势。因此,工资的增加会导致资本家加速引进节省劳动的机器。典型的积累过程不是发生在不变的条件下,而是发

---

① 在提到一个社会的**总资本**的平均构成的时候,有机构成的概念使人遇到特殊的麻烦,因为一个部门的技术变化会改变其产品的价值,并导致所有使用这一产品的其他部门的价值构成的变化。这就是说,有机构成的变化不再能够与价值构成的变化清晰分隔开了(参见《价值的科学》第 315 页及以下)。

生在资本的价值构成增加时;因此,即使在持续的积累过程中,对劳动力的需求以及工资也会受到限制。我们在这里看到,正如第四章第四节提过的,资本主义积累过程本身将保证平均工资被局限在劳动力价值的水平,而这一价值尽管历史地看是可变的,却从不可能提高到严重损害资本增殖的程度。

马克思把大量准备好(准确地说是被迫)出卖劳动力,却找不到买家的工人称为**产业后备军**。产业后备军的规模取决于两个相反的因素。一方面,资本积累以及生产的扩大——在不变的价值构成下——需要更多的劳动力(积累的就业效应)。另一方面,劳动生产率的提高表现为价值构成的增大,这会导致在产品规模不变时只需要更少的劳动力(生产率提高的释放效应)。劳动力需求的升降,取决于这两种效应哪一种占了上风。

假设劳动生产率翻倍,那么维持原有生产规模只需要一半的劳动力。如果有许多剩余价值转化为新的资本,从而使生产也翻倍,那么劳动力的数量将维持不变。如果是更少的资本进入积累,那么虽然产量依然上升,但更多量的产品也只需要更少量的劳动力来生产。

马克思由此假设资本将会带来一个规模越来越大的"产业后备军"。只有在生产率提高的"释放效应"超过了资本积累的"就业效应"时,劳动力的总量才有可能大致不变。如果考察一个单个的资本,我们很难说哪种效应更强。不过马克思论证了单个资本增长的两种可能性。第一种是基于剩余价值转化为资本,马克思称这种增长方式为**资本的积聚**;第二种是基于各种单个资本的联合(不论是"和平的"融合过程还是"敌意的"接管过程),马克思称之为**资本的集中**。① 在集中的过程中,单个资本会显著增长,并通常表现为加速的技术变革(增大的资本将拥有更多的投资机会,可以购置小型资本的资料不足以承担的机

---

① 马克思的术语与今天的通常用法是不一致的:今天的"积聚"讲的恰是马克思的"集中"所表达的意思,即缩减单个资本的数量。

器等),而总资本未必增长。通过集中,生产率的提高不断带来显著的释放效应,与之相对的积累的就业效应则无从体现。这一推论是相当容易理解的,但是,**总**的经济过程中究竟会出现就业效应还是释放效应,取决于这种集中过程有多频繁,以及由此导致的释放效应和其余资本的就业效应之间的关系。

马克思假设产业后备军**趋向于增加**,但这是不严格的。至少清楚的是,资本主义的产业后备军是长期无法消除的。完全就业的资本主义总是一个例外情况:完全就业使工人有可能索取更高的工资,这将导致积累过程的减缓,以及(或者)引进节省劳动的机器,从而使产业后备军重新出现。

对单个资本家而言,产业后备军的存在具有双重优点。一方面,"待就业的"劳动力会压制"就业者"的工资;另一方面,对于剧烈波动的积累来说,他们现实地发挥着"后备"作用:比如由于新的出口国外的机会而导致生产的快速扩张,这在完全就业的情况下是不可能的。因此,对企业家致力于消除失业的呼吁,永远不会得到重视。在批判资本主义时,指责其导致了失业的观点,也是错误的。① 资本的唯一目的就是价值增殖,而不是实现完全就业,也完全不是大部分人的美好生活。

在《资本论》第一卷第 23 章中,紧接着对产业后备军的研究,马克思给出了被阐释为"贫困化理论"的各种论述。在 20 世纪 20 年代,这种贫困化理论也被视为一种革命理论:大众在资本主义中变得贫困,这使他们必然意识到,除了用革命推翻资本主义之外别无选择。但是,德国法西斯主义等例子表明:人口中"贫困化"的大部分不会自动发展为左翼;他们也可能转向右翼、民族主义和法西斯主义运动。

在 60 年代和 70 年代早期的"经济奇迹"的时代,资本主义的信徒

---

① 罗伯特·库尔茨(Robert Kurz)在他的《资本主义黑皮书》中也发出了这样的指责,他基于大规模的失业和贫困得出结论说:"全球资本主义体系……已经完全失败了。"(Kurz 1999,S. 699)但是,只有在一个人确实有一个想要实现的目标时,他才谈得上失败。

们乐于宣称,"马克思的贫困化理论"已被完全就业和工人生活水平的不断提高所驳倒,这一观点演化为对马克思经济学批判的根本反对:马克思对资本主义发展的错误预言表明,马克思的分析也是完全颠倒的。

马克思主义者不接受这种判断,他们做出了一个(在马克思那里还不存在的)"绝对贫困化"和"相对贫困化"的区分。前者指工人阶级生活水平的绝对下降,后者指生活水平虽然上升,但工人阶级享有的社会财富的份额相较于资本家而言下降了。

从内容上讲,马克思在1848年的《共产党宣言》中已论述了绝对贫困化理论。而在19年后出版的《资本论》第一卷中,他不再谈及这一问题。马克思在此表明,正是相对剩余价值的生产(如果愿意,可以将之理解为"相对贫困化")导致了工人阶级生活水平与剩余价值的同时提升(参见第五章第五节)。

其实在广受讨论的《资本论》第一卷第23章的一些段落中,马克思关注的根本不是某种收入分配。在那里,马克思参照他此前对相对剩余价值生产的分析写道:

> 在资本主义制度内部,一切提高社会劳动生产力的方法都是靠牺牲工人个人来实现的;一切发展生产的手段都转变为统治和剥削生产者的手段,都使工人畸形发展,成为局部的人,把工人贬低为机器的附属品,使工人受劳动的折磨,从而使劳动失去内容,并且随着科学作为独立的力量被并入劳动过程而使劳动过程的智力与工人相异化;这些手段使工人的劳动条件变得恶劣,使工人在劳动过程中屈服于最卑鄙的可恶的专制,把工人的生活时间转化为劳动时间,并且把工人的妻子儿女都抛到资本的札格纳特车轮下(指一种印度的宗教狂热,教徒在大祭中将自己置身于载有神像的车身之下——海因里希注)。但是,一切生产剩余价值的方法同时就是积累的方法,而积累的每一次扩大又反过来成为发展这些方法的手段。由此可见,不管工人的报酬高低如何,工人的状况必然

随着资本的积累而恶化。(《马克思恩格斯全集》,第44卷,第743页)

最后一句引文表明,马克思并不关注收入或生活水平的发展,工人状况的"恶化"是指其生活和工作环境的总体情况,这在下文中也可表明:

> 因此,在一极是财富的积累,同时在另一极,即在把自己的产品作为资本来生产的阶级方面,是贫困、劳动折磨、受奴役、无知、粗野和道德堕落的积累。(《马克思恩格斯全集》,第44卷,第743—744页)

马克思对资本主义的批判恰恰**不能**归结为收入或财富的分配。在资本主义内部,这种分配可以得到一定程度的改变,而且工人不能陷入完全的贫困,这完全符合资本的利益,因为不然会有损劳动力的质量。即使是失业的"产业后备军"成员也不应只是挣扎度日,因为不然的话,新的积累过程所需要的他的劳动力就不再可用了(参见第十一章)。

马克思所批判的,不是财物或收入的某种分配,而是广义的"贫困的"工作和生活条件,他用"劳动折磨""无知""粗野"等概念来加以描述。马克思试图通过他对资本主义生产和积累过程的分析证明,这种生活条件绝不只是资本主义发展初期的病症,倒不如说,在资本主义发展的各个阶段,这种"贫困"将以各种具体的形态表现出来。由于这一过程把价值增殖和不断改进的增殖作为唯一目的,而人与自然都只是其实现增殖的工具,这一过程对人与自然始终具有内在的破坏性,它总是不断以新的形式、在生活水平的提高中,重新生产出这种贫困的生活条件。

根据这一分析的结果,马克思没有对个人资本家进行道德指责,而是得出一个简单的结论:如果我们确实想要改变这种贫困的生活条件,那么别无选择,唯有**推翻资本主义**。马克思的**批判**不在于道德评价,而在于证明,资本主义是如何实际运转的。

第六章　资本的流通

资本在价值增殖的过程中,交替采取了商品和货币的形式。正如我们在"资本的总公式"G—W—G′中可以明显看出的那样,价值增殖过程涵盖了生产与流通的行为。上一章只考察了资本的生产过程,这是马克思在《资本论》第一卷论述的内容。而马克思对资本的流通过程的研究体现在第二卷中。本章将阐明这一研究中的若干概念,这对理解第三卷的内容也将是必要的。

第一节　资本的循环:流通费用、产业资本与商人资本

G—W—G′的公式抽象地刻画了资本的**循环**。这一过程可以细分为三个阶段:

第一阶段:资本家在商品市场上表现为买家,他将他的**货币资本** G 置换为商品 W。货币是价值的独立形式,而货币资本是资本的货币形式。让这一购买行为转变为资本循环中的一部分的,是其中所包含的这样一种关联:资本家购买商品,是为了生产出新商品,再将其出售,以获得收入。这之所以成为可能,有赖于他所购买商品的特殊物质内容:资本家购买的是生产资料(Pm)和劳动力(A),也就是说,他将货币资

本 G 转变为**生产资本** P。

第二阶段：流通过程在此中断，生产资本 P 在生产过程中被消耗。虽然生产资本是由生产资料和劳动力共同构成的，但并不能反过来说，这两个部分一直都是生产资本。生产资料和劳动力向来都是生产过程的要素，这与其社会形式无关；只有**在资本主义的**生产过程**中**，它们才成为生产资本。资本主义生产过程的结果是一定数量的新的商品；作为已经增殖的资本的特定存在形式，这些商品是**商品资本** W′。它不仅包含在质上不同于最初的商品 W（生产资料和劳动力）的商品，并且还应当通过出售，取得比 W 更高的价值。

第三阶段：随着资本家作为卖者进入商品市场，流通过程得以继续。他出售新的商品 W 以换得货币 G，也就是说，他把商品资本转变回货币资本，但是现在是已经增殖的货币资本，即包含了剩余价值的货币资本。

可以将上述循环过程表现为下图（其中的省略号代表流通过程被生产过程所中断）：

$$G - W \genfrac{}{}{0pt}{}{Pm}{A} \cdots P \cdots W' - G'$$

资本在它的循环过程中，依次采取了货币资本、生产资本和商品资本的形式。这些形式都不是独立存在的资本类型，而是资本循环中的单个部分。

资本在生产过程中所耗费的时间是资本的**生产时间**；而资本在流通过程中所耗费的时间——无论是处于寻找卖家的货币资本形式，还是处于寻找买家的商品资本形式——是资本的**流通时间**。生产时间比纯粹的劳动时间更长：如果机器在晚上被闲置，或者储备存放于仓库，那么资本便处于生产过程中，却处于劳动时间之外。但是，价值和剩余价值的生产只发生于劳动时间内，这就导致了资本家们总是尽量压缩那些纯粹劳动时间之外的生产时间和流通时间。

在流通中会产生**流通费用**。在这里,我们将其与生产行为的费用区分开来,后者能增加产品的使用价值和价值,因而是生产过程在流通中的继续。但是**纯粹的流通费用**不增加产品的使用价值或者价值,因为它仅仅是在由货币到商品或由商品到货币的**形式转化**中产生的。

流通费用中首先包含运输费用。对消费者而言,只有那些自己想要消费,并且触手可及的事物,才具有使用价值。例如,将一辆自行车从工厂运到消费者手中,对于这辆车的使用价值而言,和装配轮胎从而在装配中增加这辆车的价值,具有同等的必要性。

但是,商品与货币的单纯的形式转换,对商品的使用价值不产生任何影响,对其价值也不产生任何影响。纯粹的流通当事人(比如出纳员)也可以是雇佣工人,他和所有其他雇佣工人一样付出剩余劳动,比如他工作8小时,而他的工资的价值量一般情况下4小时就可以生产出来。但这些流通当事人本身并不生产任何价值和剩余价值。他们的劳动是在资本主义条件下必要然而"非生产的"劳动,即不创造剩余价值的劳动。支付给他们的工资(以及他们所消耗的生产资料的价值)是那些生产的工人所创造的剩余价值的一种扣除。如果非生产的工人付出剩余劳动,因而遭受剥削,虽然不会贡献于剩余价值,却减少了对剩余价值的扣除。

上述对纯粹的流通当事人的费用的分析,基本上也适用于纯粹的流通费用:流通费用是对剩余价值的一种扣除;如果这一费用降低了,那么保留下来的剩余价值就会增加。因此,便出现了这样一种假象,资本的价值增殖似乎不仅仅源自生产过程中对劳动力的剥削,而且也源自独立于生产过程之外的资本流通过程。前文在研究生产过程时所提到的**资本拜物教**(参见第五章第三节),在流通过程中得到了强化。

马克思将这些经历过货币资本、生产资本和商品资本形式的资本,统称为**产业资本**。这并不是为了强调资本所具备的某种**物质**特征(比如大型工业设施的使用),而是为了强调其**价值方面**的特征:

产业资本是惟一的这样一种资本存在方式,在这种存在方式中,资本的职能不仅是占有剩余价值或剩余产品,而且同时是创造剩余价值或剩余产品。(《马克思恩格斯全集》,第45卷,第66页)

在这种意义上,那些投入于服务业的资本也属于产业资本。唯一的区别在于:服务业的最终产品(无论是一场演出还是一次运输)不是一种能够表现为独立的商品资本的实物对象;它只能在被生产出来的同时被消费,因此,服务业的资本循环表现为如下形态:

$$G\text{—}W\cdots\genfrac{}{}{0pt}{}{Pm}{A}\cdots P\text{—}G'$$

不过,一项这样的服务的价值也和其他所有资本主义条件下生产的商品的价值一样,是生产过程中所消耗的生产资料 c 和通过劳动力的耗费所新创造出的价值($v+m$)之和。

相反,纯粹的商人资本(商业资本、商贸的资本)和生息资本并不属于产业资本。虽然这二者也占有一部分剩余价值,但这些剩余价值并不源自其资本本身的职能。

纯粹的**商人资本**只和商品的买卖有关,服务于商人资本的工人从事的是非生产劳动,不会产生剩余价值[①];产业资本家通过把商品出售给商人而非消费者,不仅节省了这种非生产劳动(其实就是流通费用)的支出,而且缩短了资本的流通时间。为此,他把他的资本所生产的商品**低于**其价值出售给商人,商人再按照其价值把商品转卖给消费者。通过这样的方式,产业资本家就和商人资本家分享了他的资本所生产出的剩余价值。

---

① 运输并不属于纯粹的商人资本的职能,它仍然属于产业资本的范围。这里涉及的是概念上的区别;在实际中可能会发生的是,一定的资本将运输和买卖的职能结合起来,也就是说,其中一部分资本是产业资本,因而创造价值和剩余价值,而另一部分则是商人资本,既不创造价值,也不创造剩余价值。

第二节　资本周转：固定资本与流动资本

如果把资本的循环不是当作一个孤立的过程，而是当作周期性的过程来考察，我们就将其称为资本的**周转**。**周转时间**是生产时间和流通时间之和，它代表一个资本家从预付资本到赚回增殖的价值所必经的时间。

有些生产资料，比如厂房和机器，要在若干生产周期之后才会完全损耗。它只将自身的一部分价值转移到产品的价值中，这一份额与其平均的损耗程度相一致：例如，一台具有 20 个生产周期寿命的机器，在每个周期中只将其 1/20 的价值转移到当期的产品中。虽然这台机器的价值已经一部分地进入流通过程，但这台机器在其自然形式上仍然固定在生产领域之中。具有这种特性的那部分不变资本，被称为**固定资本**。与固定资本相对的是**流动**或**流通**资本：它是指在一个生产周期内发生物质性消耗，其自然形式因而消失的那部分资本。流动资本一方面包含不变资本中的非固定的部分，即原料、辅助材料、燃料等，另一方面也包含了可变资本。

固定资本和流动资本的区别不是物质性的（比如可移动与不可移动的东西之间的区别），而是在**价值流通**中的区别，这对资本家而言有重大的实际意义。流动资本的价值在一般条件下只要经过一次周转便被替换了，并且必须立即被预付到下一生产周期中。固定资本的价值则需要经历多个生产周期才能转移到产品中，因此在一次周转后，它的价值只是部分地回流了。这种回流并不是立即被需要的，而只是在固定资本的物质要素确实必须被替换时，例如要买一台新的机器时，这部分价值才是被需要的。不过接下来，固定资本的总额必须一次性付清。在此之前，固定资本的回流便构成了一个**折旧基金**。

固定资本与流动资本，以及不变资本与可变资本，这是对生产资本的两种区分,而生产资本是由生产资料和劳动力转变而来的资本价值。不变资本与可变资本的区分在于**价值的形成**:不变资本 c 仅仅将自身价值转移到产品中,相反,可变资本创造了份额相当于 $v+m$ 的新的价值。与之不同的是,固定资本与流动资本的区分在于**价值的流通**,在于相应的资本价值重新回到资本家手中所需要的不同时间。

不变资本与可变资本的区分,建立在对价值形成过程的一系列**理论**认知的基础之上(关于价值和劳动的关联、劳动和劳动力的区分、认为把"工资"当作劳动报酬是一种"虚幻的用语"等);这种理论认知,不仅在自发的日常意识中,甚至在资本家们的意识中也无法出现(关于日常意识参见第十章)。相反,固定资本与流动资本的区分则基于其**实践**意义,因而对资本家而言是直接易懂的,并且构成其核算的基础。通过这种区分,可变资本和部分的不变资本统统被归为流动资本,这就掩盖了不变资本和附加的可变资本之间的区别。

第三节 社会总资本的再生产

单个资本间的循环是彼此交织、互为前提的:某个资本实现循环的前提是,它能在市场找到其他资本的产品,也就是能够为其工作的劳动力所消费的生产资料和生活资料。如果单个资本自身生产出了商品,就要依靠这些商品作为生产资料或生活资料,再进入其他资本的循环过程。因此,不能孤立地考察单个资本的再生产,而只能将其作为**社会总资本**的再生产的一部分,而社会总资本是由单个资本的总和所构成的。

如果社会总资本想要实现再生产,那么社会的总产品就必须满足特定的**物质**比例:必须一方面生产出全部单个资本所需的生产资料,另一方面生产出所有工人家庭和资本家们所需的生活资料。由于生产资料和生活资料并不是简单地分配,而是经过交换,因此,物质上的特定份额的社会总产品还必须满足特定的价值比例，这样，生产资料和生活资料才能被购买。

我们可以用一种极端简化的例子来说明这种比例分配。我们假设有这样一个经济体，其中只存在工人和资本家，而且所有生产都是按照资本主义方式组织起来的。不考虑固定资本的问题，也就是说，我们假设所有不变资本在我们所观察的周期内，比方说一年之内，就会全部消耗并将其价值转移到产品中去。

在这一经济体内存在数以千计的部门（钢铁产业、化学产业、食品制造业、服装产业等），而且大部分的部门还能被分为众多的子部门。就我们的研究目的而言，我们只将所有产业区分成两个大的生产部类：第一部类生产的是生产资料，第二部类生产最广义上的消费资料。两大部类的区别在于其产品的用处：第一部类的产品被投入进一步的生产过程，而第二部类的产品则用于工人家庭和资本家们的消费。有一些产品，比如汽车，具有以上两种使用方式。在我们的简化的看法中，我们就假设，作为生产资料被使用的汽车都属于第一部类，而用于私人消费的汽车都由第二部类生产。

为了实现总资本的再生产，两大部类的产品就不能处于某种任意的数量关系或价值关系之中。我们首先将在**简单再生产**的前提下来研究这种必要的比例关系，也就是说，我们暂不考虑积累，而是假设所有的剩余价值都用于资本家们的消费了。

我们用 c_1 和 v_1 代表第一部类中的不变资本和可变资本，m_1 是该部类生产的剩余价值（c_2、v_2 和 m_2 相应代表第二部类的不变资本、可变资本和剩余价值），那么全部产品的价值就表现为：

第一部类：$c_1+v_1+m_1$

第二部类：$c_2+v_2+m_2$

第一部类的产品在物质上由生产资料构成。如果简单再生产得以维系，这些产品就必须足以替换两大部类所消耗的全部生产资料。因此必须满足以下价值关系：

$$(1)\ c_1+v_1+m_1=c_1+c_2$$

第二部类的产品则由消费资料构成。它必须满足两大部类的工人和资本家的需要。因此必须满足：

$$(2)\ c_2+v_2+m_2=v_1+m_1+v_2+m_2$$

由上述两个等式，都可以化简得出（通过去掉等式两边的相等项）：

$$(3)\ c_2=v_1+m_1$$

由此可见，第二部类消耗的不变资本的价值必须等于第一部类的可变资本与剩余价值之和。

然而，单个资本在计划其生产时是彼此独立的，因此，上述条件只能在偶然情况下得到满足。通常而言，两大部类之间总会存在一定的比例失衡。

如果我们考虑**扩大再生产**，即假设存在积累，也就是说，一部分剩余价值将转化为新的资本，那么我们原则上也可以同样这样思考：第一部类的产品不仅要足以替换两个部类消耗的生产资料，还必须生产出更多的生产资料，以使两部类的积累成为可能。对第二部类而言也是一样：所产出的生活资料不仅要满足工人和资本家的消费，还要生产出追加的生活资料，以覆盖追加投入的劳动力的消费。

为了让积累成为可能，两个部类都必须产出超过原有消耗的产品；某个单个资本的积累必须以另一个单个资本的积累为前提，从而改变了两个方面：一方面，我们那个想要积累的单个资本必须在市场上找到比过去更多的产品，另一方面，它自己在积累过程中也生产出更多商品，而只有另一个单个资本同样积累的时候，这些商品才会被售出。在此过程中，适当的比例也只有在偶然情况下才达成，各行业之间的比例失衡是常态。

在马克思主义论争的历史中，前述的**再生产图式**在 20 世纪初占据了重要的地位：大家讨论的问题包括，是否存在一种至少在原则上可能的无危机的资本主义，以及在例如俄罗斯这样的资本主义不发达国家，资本主义具备怎样的发展前景。但由此也让这些图式承担了过多的解释力。它只是对资本主义生产与流通的一个总览，而远不是对经验中发生的资本主义再生产的刻画。更确切地说，再生产图式所表现出来的生产与流通过程的统一构成了一个基础，在此基础上，用来表现具体关系的利润、利息、企业主收入和股份资本等一系列范畴才能够得到有意义的理解。

第七章 利润、平均利润与"利润率趋向下降的规律"

第七章到第十章将讨论《资本论》第三卷的若干主题。在这一卷中，我们才发现了那些用来表达"经验的"资本主义关系的范畴，即资本主义生产方式直接呈现在我们面前的形式和方式。在《资本论》第三卷的开头，马克思这样阐述三卷之间的联系：

> 在第一册中，我们研究的是资本主义**生产过程**本身作为直接生产过程考察时呈现的各种现象……但是，这个直接的生产过程并没有结束资本的生活过程。在现实世界里，它还要由**流通过程**来补充，而流通过程则是第二册研究的对象……资本主义生产过程，就整体来看，是生产过程和流通过程的统一。至于这个第三册的内容，它不能是对于这个统一的一般的考察。相反地，这一册要揭示和说明**资本运动过程作为整体考察**时所产生的各种具体形式……我们在本册中将阐明的资本的各种形态，同资本在社会表面上，在各种资本的互相作用中，在竞争中，以及在生产当事人自己的通常意识中所表现出来的形式，是一步一步地接近了。（《马克思恩格斯全集》，第46卷，第29—30页）

第一节　成本价格、利润与利润率：范畴与日常的神秘化

在资本主义式生产方式下产出的每一件商品的价值都可以表示为 $c+v+m$，其中 c 代表被消耗的生产资料的价值，而 $v+m$ 代表通过耗费活劳动而新创造的价值；对资本家而言，$c+v$ 的大小至关重要：它相当于资本家自己为商品所耗费的东西，马克思将其大小称为商品的**成本价格**。

在商品的价值形成过程中，c 和 v 扮演了相当不同的角色：被消耗的生产资料的价值被转移到了产品中，而劳动力价值则与产品的价值毫无关系，因为是以劳动力的耗费为基础的一部分新价值转移到了产品中。量化而言，这部分新价值等于 $v+m$（参见第五章第一节）。

但是，c 和 v 在价值形成过程中扮演的不同角色并不是直接可见的：在工资的形式中，所有劳动都看似是有酬劳动。通过 v，劳动对完整的产品所贡献的价值看似被完全支付了，就像通过 c，被耗费的生产资料的价值已经被支付了一样；资本的这两部分的本质差异是不可见的。对资本家而言，唯一的差别是固定资本和流动资本之间的差别。但这个差别与价值的形成无关，而是与价值回流的时间点有关（参见第六章第二节）。

剩余价值 m 起初只是商品价值中超过其成本价格（也就是生产中耗费的资本的价值）的余额。资本家清楚地知道，这个价值余额的根源在由资本所参与的生产过程中。但是，因为资本家没有看到价值形成过程中资本的不同组成部分的差别，这个余额也就像是均衡地来源于资本的所有部分（来自不变资本与可变资本，同样也来自固定资本与流

动资本）。①

作为预付的总资本的果实的剩余价值就是**利润**。利润同剩余价值等额，但是，它是就预付的总资本的价值而言，而不是就劳动力价值而言。不过，利润并不只是剩余价值的另一种表达，重要的是，它与一种相当不同的、将实际关系"神秘化"的观念有关。剩余价值是由活劳动创造的超过劳动力价值的新价值，（资本主义关系下）活劳动的耗费是剩余价值的来源。利润则是商品的价值超过商品生产过程中消耗的预付资本部分的余额；在这里，资本表现为利润的来源。马克思将剩余价值和利润的区别总结如下：

> 在剩余价值中，资本和劳动的关系赤裸裸地暴露出来了；在资本和利润的关系中，也就是在资本和剩余价值——它一方面表现为在流通过程中实现的、超过商品成本价格的余额，另一方面表现为一个通过它对总资本的关系而获得进一步规定的余额——的关系中，资本表现为一种对自身的关系，在这种关系中，资本作为原有的价值额，同它自身创造的新价值相区别。至于说资本在它通过生产过程和流通过程的运动中创造出这个新价值，这一点是人们意识到了的。但是这种情况是怎样发生的，现在却神秘化了，好像它来自资本本身固有的秘密性质。（《马克思恩格斯全集》，第46卷，第56—57页）

这种在利润概念中发生的实际关系的神秘化，以另外一种神秘化为前提，即工资被视为对劳动的支付：只是因为工资表现为不是对劳动力价值的支付，而是对劳动的价值的支付，剩余价值才会表现为利润，即表现为总资本的果实。

不过，以利润的形态存在的剩余价值不仅是实际关系的神秘化的观念，这种观念还具有实践上的重要性，因为资本家只关心利润，即商

---

① 对于这一余额源于资本的哪一部分，无论是在古典政治经济学还是当代经济学理论中，都存在着相当不同的理解。

品价值超出商品生产所必需的资本的余额。因此，对资本家来说，衡量价值增殖的不是剩余价值率 m/v，而是**利润率** $m/(c+v)$。每当资本被预付时，资本家所感兴趣的都是利润率的最高可能；这就是对资本家的实际行为具有决定性作用的数字。

在其他条件不变的情况下，可以通过提高剩余价值率来提高利润率(参见第五章关于绝对和相对剩余价值生产的部分)。但是，利润率也可以在剩余价值率不变(甚至下降)的情况下提高。根本上讲，存在三种可能性：

（1）**节约不变资本的使用**。这会使不变资本的各要素更慢地消耗，这种节约可以通过**产品产量的扩大**而实现：产量翻倍所需要的未必是翻倍的能源、生产空间等。特别是在通过延长劳动时间而实现生产扩张的情况下更是如此：在两班倒的工厂中，同样的机器和空间能够生产出两倍于无轮班工厂的产品，只有原料需要翻倍。在同样的剩余价值率之下，剩余价值和可变资本翻倍，不变资本增长，但远低于两倍，这样，利润率便显著提高了。因此，资本家也愿意支付加班或夜班费。这样虽然会使剩余价值率略有下降，却由于不变资本的显著节约，仍然会带来利润率的提高。

在**产量不变**的情况下，不变资本的节约可以通过更有效地利用原料和能源来实现，但是也可以节约工人的成本，比如省下安全措施，或者采取有健康风险的劳动过程。

第五章第三节已经提到了不变资本的节约，但只是作为使产品更便宜的一个要素。现在才明确的是，同时还会有利润率的提高。

（2）**节约不变资本的生产**：如果不变资本的要素价值降低了，那么就算具体的生产方式不变，不变资本的价值也将降低。由此，一个领域利润率的提高也归功于另一个领域生产率的提高。

（3）**加速资本周转**：如果资本 1 年周转 2 次，那相比其他条件不变的情况下 1 年只周转 1 次的资本就能生产 2 倍的剩余价值。前者的利润率因此将是后者的 2 倍。资本周转的每一次加速都会提高利润率。

第二节　平均利润与生产价格

上述剩余价值率不变的情况下提高利润率的方法表明：两个资本，在相同的剩余价值率下生产，只要在相同的周转时间内表现出**不同的价值构成** c/v，或者在相同的价值构成下有**不同的周转时间**，就可以产生不同的利润率。

为了说明这一点，举一个例子：假设剩余价值率统一是 100％，不考虑固定资本。资本 A 和 B 具有相同的周转时间即 1 年。对资本 A 来说，$c=90$，$v=10$；对资本 B 来说，$c=60$，$v=40$。那么，资本 A 将产出剩余价值 $m=10$，其利润率为 $10/(90+10)=10\%$；资本 B 将产出剩余价值 $m=40$，因而其利润率为 $40/(60+40)=40\%$。不同的价值构成导致不同的利润率：价值构成越高，其利润率就越低。

我们现在假设有一个资本 C，其价值构成与 A 相同，但 1 年可以周转 2 次。因此，它的剩余价值为 $2\times10=20$，它的利润率为 $20/(90+10)=20\%$，而资本 A 的利润率只有 10％。周转时间越短，（每年的）利润率就越高。

但是，资本的价值构成和周转时间不是资本家能任意选择的，而是与单个生产部门的具体情况相关的：比如一个钢铁厂相比于服装产业，显然拥有比例更高的不变资本和更少的可变资本。如果商品是"按照其价值出售"，也就是说，商品正常的价格反映了商品的价值，那么即使剩余价值率即劳动力的剥削水平是一样的，单个部门之间也会有相当不同的利润率。资本的唯一目的就是增殖，资本占有者只要想做资本家，即作为人格化的资本（参见第四章第一节）而行动，他的唯一兴趣就在于实现其预付资本的最大限度的增殖。如果不同部门有不同的利润率，那么资本占有者就会试图把资本从低利润率的部门撤出，投入到利润率高的部门中去。如果部门之间的资本运动是可能的（不存在比如说法律上的障碍),那么就会有越来越多的资本离开低利润率的部门,涌向高利润率的部门。这会导致高利润率部门的商品规模扩张,而低利润率部门的商品规模缩减。由于资本家之间的竞争,一方面,原本高利润率部门的供给的增长,会导致售价的下降和最终利润率的下降,而另一方面,原本低利润率部门的供给的缩减,会导致价格的提高和最终利润率的提高;不同的利润率就会趋向于一个**平均**或者**一般**的利润率。

资本家的竞争和对利润率的最高限度的追逐,将导致两个结果:一方面,价格不只是偶然地、临时地,而是持续**无法完全反映价值**,另一方面,以这种价格为基础,形成了一个对所有资本而言趋于相同的平均利润率。产生出平均利润率的这种价格,马克思称之为**生产价格**。

一种资本能获得的平均利润等于商品的成本价格(每个单个商品中耗费的生产资料和工资)乘以平均利润率。生产价格来自成本价格与平均利润之和。① 假设生产资料支出为 100 欧元,工资为 20 欧元,平均利润率为 10%,那么,商品的成本价格是 120 欧元,平均利润为 12 欧元,而生产价格为 132 欧元。

对单个资本家来说,这种平均利润表现为成本价格之上的加价。他的个人利润的高低似乎取决于两个量:"市场提供的"售价,即商品所能售出的价格,以及成本价格的高低。如果他能压低成本价格,比如通过增加机器投入和减少劳动力投入(参见第五章第二节关于相对剩余价值的生产),那么他就能比平均利润加价更多——这样他就获得了超额利润——而仍以市场价格出售。

一个资本所获得的实际利润,由于可以偏离平均利润,似乎一方面取决于客观条件(市场价格),另一方面取决于资本家以低成本价格进行生产的主观努力。利润的占有是以剩余劳动为基础的,这一事实则不可见了。反之,对单个资本家来说,只要能用更少的劳动来生产,一般来说,他的利润就会增加。

---

① 为了简化计算,我们这里不考虑固定资本并假设周转时间为一年。

然而，平均利润实际上也取决于剩余价值：不是取决于**单个资本**的剩余价值，而是取决于总的经济过程所产生的剩余价值，即**社会总资本**的剩余价值。利润率向一般利润率的平衡，不过意味着整个社会的剩余价值的再分配。如果商品都按照其价值交换，那么每个资本家通过个人资本生产所获得的剩余价值，以及单个资本的剩余价值率都会截然不同。如果商品按照其生产价格交换，那么每个资本家都会平均地获得一份利润，与其预付资本的量是成比例的，也就是说，每份资本平均地得到相等的利润率。在平均利润这里，资本家的行为就像股份企业中的股东：单份收益对于所有人都是相同的，每个人按照投资比例分得一部分的收益。

马克思在《资本论》第三卷中勾勒出了一个简单的**量**的计算方法，以便从一个价值体系（即不同部门的 $c、v$ 和 m 是给定的，它们在同一部门内对所有资本来说是相同的）中得出一个生产价格体系。不过，这一计算方法被证明存在错误。马克思自己也注明，其中存在误差（第46卷，第185页），但这一误差的影响被低估了。这个"转形问题"，即如何（以及能否）把价值量转变为生产价格的问题，在过去的一百年来曾被激烈讨论（我对这一争论的详细论述参见《价值的科学》第267页及以下）。

然而，在一种**货币**价值论的框架下，根本不存在任何可以把价值转变为生产价格的计算程序。①"价值向生产价格的转形"不过表现了形式规定上的**概念的进展**。

如果交换的唯一的规定要素是个人耗费的劳动与社会总劳动的关系，我们可以称之为**价值的交换**。个人耗费的劳动要证明自己是创造价值的劳动，必须完成第三章第三节所讲过的三重化归。在这种情况

---

① 马克思对量化计算的强烈兴趣，是前文所述的（参见第三章第三节脚注）他的纠结不定的一种表现。在有些地方，他又陷于已经被他超越的古典主义的非货币价值理论之中。如果价值能够不依赖于交换，被固定在单个商品中（这也是传统马克思主义的主流观点），那么才会有量化的"转形问题"。

下被研究的商品（正如第三章所描述的那样）虽然实际上是按资本主义方式生产的商品，但对它的研究却是从资本中抽离出来的。

通过这种抽象而获得的价值、价值量、货币等概念，构成了描述资本的生产与流通过程的范畴前提（参见第五、六章）。但是，这种分析中的资本远不是在经验中现存的单个资本。只有在资本被描述为生产与流通过程的统一体之后，我们才能研究经验中现存的单个资本的根本特征。

从**价值、剩余价值**向**生产价格、平均利润**的过渡，不是一个历史的或时间性的序列，而是不同的**描述层面**之间的过渡：在价值和剩余价值的层面，资本主义的交换社会化还只是被抽象地理解，交换只是被规定为个人耗费的劳动同总劳动的关系；而在生产价格和平均利润的层面，交换已经被规定为个人资本同社会总资本的关系。这表明，交换不仅是商品生产者的社会化，而且是**资本主义**商品生产者的社会化。[①]

第三节 利润率趋向下降的规律：一个批判

发达资本主义国家的平均利润率趋向下降，这在18世纪晚期和19世纪是一个不争的经验事实——争议在于利润率下降的原因。利润率下降可能由于相当不同的原因，比如工资的上涨、原料价格的上升。但是，这些原因只是偶然的和暂时的：工资还可能降低，原料价格也可能下降，这样，利润率就可以重新提高。

马克思在"利润率趋向下降的规律"的标题之下所要阐明的是，存在一种不依赖于这些暂时原因的利润率下降的趋势，它是由"资本主义

[①] 就此而言，前述的竞争过程也不是**价值体系**向**生产价格体系**的一种时间性过渡（因为资本主义从未按照价值交换），而是利润率不同的价格体系向利润率（趋于）相同的价格体系的过渡。通过提高生产率、改变需求等方式，总是会出现单个领域价格的变化和不同的利润率，因此调节竞争的平衡过程总是会重新发生。

生产方式的本质"所引发的(《马克思恩格斯全集》,第46卷,第237页)。也就是说,不考虑一切特殊情况,资本主义发展的一般特征将会导致利润率趋向下降。关于马克思是否成功地完成了这一证明,一直以来都存在激烈的争论。

本章开头曾指出,利润率可以通过节约不变资本或者加速资本周转来提高。但是价值增殖的真正本源在于劳动力的剥削。第五章表明,存在两种基本的可能性来扩大劳动力的剥削:延长劳动时间("绝对剩余价值生产")和通过提高劳动生产率来降低劳动力价值("相对剩余价值生产")。不过,延长劳动时间总会遇到限制,因此增强剥削的典型的资本主义方法是"相对剩余价值"的生产,也就是通过采用越来越好的机器。持续的生产变革,不断用更新、更有效率的机器排挤活的人类劳动——这正是18世纪晚期以来资本主义生产方式所呈现的图景。这种加速的生产力发展从未在资本主义以前的生产方式中存在过。

第五章第二节曾指出,单个资本家通过提高生产率来获得超额剩余价值(我们现在可以更准确地说:是获得**超出平均利润的超额利润**)。如果生产率普遍提高,这种超额利润将消失。然后,所生产的商品的价值或者说它的生产价格将下降。由于商品会进入工人家庭的消费过程,劳动力价值也会随之下降,导致剩余价值率提高。

马克思现在试图证明,以这种资本主义提高生产率的典型方式为基础,平均利润率将下降:持续追逐超额利润的结果是,新的生产条件的普遍化不仅会带来价值(或生产价格)的下降,而且(在单个资本家背后,并且违背其意愿)会导致平均利润率的下降。对马克思而言,利润率下降的趋势与资本主义生产力的发展是一枚硬币的两面。如果马克思能够合理证明这一关联,那么他就能实际地表明,利润率下降属于资本主义的"本质"。我们现在就来仔细研究一下马克思的这一论证。

如果平均利润率下降,那么不是所有单个资本家的利润率都必然下降,但是大部分或者那些最大的单个资本家的利润率会下降。如果利润率下降事实上是一个典型趋势,那么一定可以通过一个典型的单个资本来予以说明。马克思的论述就是关于这样一个典型的单个资本。和马克思的论述一样,我们接下来也在价值层面展开论述(生产价格将为这个问题带来额外的复杂性),不考虑固定资本,并假设周转时间始终为1年。那么,产品价值为 $c+v+m$,利润率为 $m/(c+v)$。

正如第五章所讨论的,借助机器提高生产率的结果是,不仅剩余价值率 m/v 提高了,资本的价值构成 c/v 也提高了。这两个数值的量的发展决定了利润率的运动。如果我们把利润率公式中的分子和分母同时除以 v(这样不会改变该分数的数值),那么我们将得到利润率的如下表达:

$$\frac{m}{c+v}=\frac{m/v}{c/v+v/v}=\frac{m/v}{c/v+1}$$

在这里就可以明确看出,剩余价值率和价值构成对于利润率的决定性作用。

马克思是基于 c/v 的上升推论出利润率趋向下降的。如果 m/v 保持不变,那么 c/v 的上升会自动导致利润率的下降(分数的分子不变,分母增加,从而使分数的数值下降)。但是,马克思强调,剩余价值率提高,利润率也会下降。

如果剩余价值率 m/v 和资本的价值构成 c/v 同时提高,那么只有当 $c/v+1$(我们这个分数的分母)比 m/v(分子)提高得**更快**时,利润率才会下降。想要证明利润率必然下降,只证明 c/v 提高是不够的,倒不如说,必须证明 c/v **以某种程度**在提高,即提高的强度恰好能够满足前述条件。这里就展现出对"利润率趋向下降的规律"的各种证明所面临的基础性困难:就 c/v **提高的程度**进行一般性的判定是不可能的。在有些情况下,通过增加很少量的不变资本就能实现劳动生产率的提高;c/v 只有些许提高,就可以导致利润率基于剩余价值率的提高而提高,而不是下降。在另一种情况下,生产率的同比提高需要追加大量的不变资本;那么,c/v 将会剧增,最终导致利润率下降。

马克思也没有试图直接证明,c/v 无论以何种程度提高都会导致利润率下降。相反,他从剩余价值的规模(**剩余价值量**)出发。一个资本的总剩余价值等于其人均剩余价值量乘以劳动力数量 N,其中,人均剩余价值等于剩余价值率 m/v 乘以人均工资 v_k。因此,总的剩余价值量为:

$$m = m/v \times v_k \times N$$

如果劳动力数量下降,那么所生产的剩余价值就会减少。但是,如果剩余价值率同时提高,那么劳动力数量的下降可能被抵消,从而生产出的剩余价值量不变——不过,因为人均剩余价值不可能任意增加,这种情况只会限于特定的范围内。这一点可以用一个简单的例子来说明。假设存在 24 个劳动力每天贡献 2 小时剩余劳动,那么一共有 48 小时的剩余劳动。如果现在劳动力数量下降为 2 人,那么无论剩余价值率有多高,这 2 个劳动力每天都不可能提供 48 小时的剩余劳动。这一结论可以普遍化:如果从业的劳动力数量的下降到了一定程度,那么无论剩余价值率提高到多高,他们所生产的剩余价值量迟早会下降。

基于这样的考虑,马克思认为他已经证明了利润率趋向下降的规律。但情况并非如此。剩余价值量 m 的下降只表明,如果生产这一剩余价值所需的总资本 $c+v$ 没有同时下降,而是至少保持不变,利润率才会下降。马克思在他的例子中将这一点默认为前提,但这一假设不是毫无问题的。还用前面的例子,如果工人从 24 人下降为 2 人,那么相应的支付的工资也减少了。如果劳动力价值保持不变,那么可变资本便下降到之前的 1/12。但是由于剩余价值率显著提高,劳动力价值也会显著下降,留下的 2 个劳动力获得的可变资本将远低于之前的 1/12。要保持总资本不变,仅靠增加不变资本 c 是不够的,它必须增加到一个特定的量,也就是可以抵消可变资本减少的量。是否会发生这样的情况,是不可能在一般层面上回答的:我们不知道,生产率的提高是否会带来大量或者少量的附加的不变资本。

如果不变资本的增加不足以平衡可变资本减少的量,那么预付的总资本也就下降了。在这种情况下,剩余价值量和资本都下降了。利润率是否下降,取决于剩余价值和预付资本哪一个下降得更快。如果剩余价值下降得更快,那么利润率就下降,如果预付资本下降得更快,利润率就会在剩余价值量下降的同时上升。

因此,不同于马克思,我们无法认定"利润率趋向下降的规律"。这并不意味着利润率不会下降,它很可能会下降,但也可能上升。马克思在《资本论》中推论的利润率下降的持续**趋势**,在一般层面上还缺乏根据。①

现在的问题在于,马克思的经济学批判是否没有"利润率趋向下降的规律"就会损失很多。很多马克思主义者将这一"规律"视为马克思的危机理论的基础,这也是这一问题遭遇激烈争论的原因。但是,在第九章中我们将看到,马克思的危机理论并不指向这一"规律"。

对马克思而言,这一规律表达了某种一般性的东西,也就是说:

> 资本主义生产方式在生产力的发展中遇到一种同财富生产本身无关的限制;而这种特有的限制证明了资本主义生产方式的局限性和它的仅仅历史的、过渡的性质。(《马克思恩格斯全集》,第46卷,第270页)

资本主义生产方式的限制已经在如下事实中表现出来,生产力的发展和财富的生产从属于价值增殖,而这一狭隘的目的释放出了大量针对人与自然的破坏性力量。无论现在这种增殖在资本主义会计学的表达中是上升还是下降了,资本主义生产方式的根本上的狭隘性不会有任何改变。

---

① 与捍卫马克思这一"规律"的立场的争论,以及对这一"规律"更多方面的讨论,参见《价值的科学》第327页及以下。

第八章 利息、信贷与"虚拟资本"

第一节 生息资本、利息与企业主收入：资本拜物教的完成

货币自其存在以来，大概就已经凭利息被贷出了。早在整个经济按照资本主义方式组织起来之前，生息资本便存在了。我们在各种社会形态中，包括古代的奴隶制社会以及中世纪的封建社会，都发现了它的踪影。在前资产阶级社会中，一方面，王室往往通过借债来维持其奢侈消费或支持战争，然后，债务和利息再由税收和劫掠来偿还。另一方面，陷入危机的农民和工匠也会借债，他们必须通过劳作偿还，但由于其危机和20％、30％或者更高的利息率，他们往往不可能偿还，从而常常会失去房子和土地。通过"高利贷"来侵占财产是普遍现象。贷出者仿佛是"吸血鬼"，随之而来的是对高利贷的仇恨。

在资本主义制度中，即当生产按照资本主义方式组织起来后，货币借贷所处的条件也不同了。基于资本主义生产方式，一部分货币能够转换为资本，人们可以期待这一部分资本带来平均利润。货币不再是简单流通中价值的独立表现，故而也不再可与任何商品交换。货币现在是一种**可能的资本**：

> 就它作为可能的资本，作为生产利润的手段的这种属性

来说，它变成了商品，不过是一种特别的商品。或者换一种说法，资本作为资本，变成了商品。(《马克思恩格斯全集》，第46卷，第378页)

这种特别的商品的出售具有一种特别的形式：货币被贷出了。"被出售"成了它(在现存的资本主义关系下)的能力，它能在一个特定的时间段内获得利润。为这种特别的商品支付的"价格"即**利息**。利息本质上源自在这笔货币帮助下所获得的利润。

像雇佣工人这样的非资本家也会借钱——无论是出于危急状况还是为了资助购置某物——他们必须用工资偿还信贷。这种"消费信贷"意义重大，在资本积累过程中扮演重要角色，因为它承担着稳定需求的功能。但是，资本主义中的一种新现象是，一大部分的信贷成了**贷出者的财源**：他们借钱是**为了把它变为资本**。这种信贷形式在前资产阶级社会中只是一种例外，但对资本主义企业而言却是典型的信贷形式，它主导了其他所有形式。因此，现代**生息资本**的特殊流通形式如下：

$$G—G—W—G'—G''$$

现代生息资本(下文只谈这种生息资本，故而不再提"现代")这样就被**预付了两次**：第一次是货币占有者将其预付给产业资本家，然后是产业资本家将其用于资助创造利润的生产过程。此后，也产生了**两次回流**：先是流回到产业资本家那里，然后再流回到货币占有者那里。产业资本家获得的回流(在成功的增殖过程中)是利润，而回流给货币占有者的是利息，它是从利润中得到偿付的。

利息的偿付源自利润，这一事实还不能表明利息率的高低。在"正常的"资本主义关系中，利息率应该超过0(否则货币占有者便不会愿意贷出货币)但低于平均利润(否则产业资本家便不需要更多资本了)。① 一时的利息率高低取决于一时的供需状况,并不存在"自然"利息率,或者利息率与平均利润率之间的"自然"关系。②

马克思将占有生息资本的资本家称为**货币资本家**,而借入这些资本的资本家被称为**职能资本家**,他们将生息资本转变为再生产过程中的**执行职能**的资本。每一个执行职能的资本都产出一定的利润,即毛利润,它可能超过或低于平均利润。这种毛利润的一部分被用于偿付利息,剩余的便是职能资本家所获得的**企业主收入**。

毛利润被分割为利息和企业主收入,起初这只是一种**量**的分割。但是,这种量的分割很快就固化为一种**质**的分割,即便是那些不借入资本的资本家也被考虑在内。

货币资本家是生息资本的所有者。他通过将自己拥有的财产处置给他人来获得利息。因此,**利息**看起来只是资本**所有权**的果实,这种资本似乎存在于生产过程之外。相反,**企业主收入**看起来是资本在生产过程中**执行职能**的结果。由此,利息和企业主收入表现为**质上不同**的**量**,二者源于不同的事物。这种假象由于以下事实而得到了强化,利息率在市场上作为独立的量出现,而不依赖于单个资本家,然而单个资本的利润率(以及作为超出利息的余额的企业主收入)却一定会受到职能资本家的措施(节约生产资料、缩短周转时间等,参见第七章第二节)的影响。

对于不借入资本的资本家而言,利息和企业主收入的区分也具有重要意义:他也有了选择,是否贷出他的资本并作为资本所有者只赚取利息,或者让他的资本本身执行职能。但是,对他来说,执行职能的最终结果不是总的利润,而就是企业主收入,因为他也获得了利息那部

---

① 在不正常的情况下,比如在紧迫的危机时期,资本家需要信贷不是为了更多利润,而是为了履行手头的偿付义务,避免破产。在这种情形下,利息率也可能会超过平均利润率。

② 事实上,我们每次考察利息率时都会发现有不同的利息率,它们依信贷的时长而有所不同。这些利息率处于一个特定的区间,比如在4%至6%之间。如果谈到利息的提高或降低,就是指这整个区间的移动,及其可能的缩窄或者加宽。

分。作为整体的资本家阶级无法选择如何使用资本——如果没有职能资本家，也就无法偿付利息——但单个资本家却完全有这种选择。

利息是资本增殖的表现，是对劳动力的剥削的表现。但资本只在剥削过程中才和雇佣劳动相对立。在生息资本中，不再能看到这种对立，因为资本的生息是作为财产，外在于生产过程的。贷出货币的货币资本家并不站在工人对面，而是站在借入资本的职能资本家面前。利息虽然表现了资本占有他人劳动产品的特征，却将这种特征表现为资本内在的特征，这种特征似乎外在于生产过程，并不依赖于其资本主义的规定。

然而，职能资本家似乎也没有与雇佣工人站在对立面。职能资本家赚得的企业主收入似乎不依赖于资本所有权（这部分已经按利息支付了），而是作为在生产过程范围内执行职能的结果，这个生产过程看起来并没有资本主义的规定性，而表现为简单的劳动过程。根据这一点，职能资本家之所以获得企业主收入，并不是作为所有者，而是作为一个特殊的**劳动者**——一个负责监督和指挥劳动过程的劳动者。剥削的劳动和被剥削的劳动都被视为劳动。总的来说：

> 利息成了资本的社会形式，不过被表现在一种中立的、没有差别的形式上；企业主收入成了资本的经济职能，不过这个职能的一定的、资本主义的性质被抽掉了。（《马克思恩格斯全集》，第46卷，第430页）

生息资本的特殊之处不是利息——利息只是资本增殖的一种特殊表达——而是这种增殖所表现出的直接形式，正如它在 G—G′ 公式中所表达的那样：货币本身表现为完全独立地自行增殖。因此，马克思将生息资本称为资本关系的"最富有拜物教性质的形式"（《马克思恩格斯全集》，第46卷，第440页）（关于资本拜物教如何从资本主义生产过程中产生出来，参见第五章第三节），因为：

> 社会关系最终成为一种物即货币同它自身的关系。……创造价值，提供利息，成了货币的属性，就象梨树的属性是结

梨一样。(《马克思恩格斯全集》,第 46 卷,第 441 页)

针对资本关系的这种"最富有拜物教性质的形式",历史上出现了许多狭隘的资本批判,所有这些批判的结果是,应该被批判的只剩下利息的存在,而不是资本关系本身,于是,利息与资本关系的联系就被遮蔽了起来。一方面,利息收入被同"生产的"资本关系对立起来,作为一种不依靠自己的付出而获得的收入,遭到道德批判;另一方面,利息的存在被解释为一切社会罪恶的根源:整个社会都被直接或间接地奴役,只为最终能够向货币占有者支付利息。

第二节 信用货币、银行与"虚拟资本"

上一节我们考察了生息资本不同于产业资本的形式规定性,以及由此导致的二者的颠倒。现在我们必须考察一下历史上生息资本借以运动的可变的机制:银行和资本市场。

银行是信贷的中介。它一方面从货币占有者那里获得存款,另一方面贷出货币。银行支付给存款的利息率低于从银行贷款的利息率。银行的所得便是从这种利差中来。扣除掉经营成本,所剩下来的便是银行收入。①

银行业不仅是一个被动的中介机构,即将货币从一个人的手中转到另一个人手中,银行还"创造"货币——**信用货币**。

信用货币是一种**支付承诺**,它自行承担起货币的职能。当 A 向 B 借 100 欧元时,他会签订一张由 B 保管的借据(如果这张借据规定了固定的、相对短期的还款期限,那么人们就称之为**汇票**)。这张借据是 A 的一个支付承诺。如果现在 B 又向 C 购买一件商品,而 C 接受这张借

---

① 银行的其他收入来源包括费用(比如账户管理费)和佣金(通过股票和有价证券的买进和卖出)。

据作为支付手段，那么 A 的支付承诺就行使了货币的职能。在最初的100 欧元现金(这是 A 可以用以购物的"实际的货币")之外，现在还流通着 100 欧元的**信用货币**(B 可以用它来购物)。这种信用货币在贷款业务中"于空无中"产生，而当支付承诺兑现后又会消失"于空无"。借据也就被销毁了。

通常流通的不是私人的支付承诺，而是银行或者类似机构比如信用卡公司所出具的支付承诺。当我们用支票或信用卡来支付时，卖家从我这里得到的不是实际的货币，而只是一个支付承诺——也就是说，银行或信用卡公司担保，卖家出具这张支票或信用卡支付凭证便能够获得货币。不过，不是我，而是银行做出这个承诺。①

信用货币产生于银行的每一笔存款：如果我在我的账户上存入100 欧元现金，那么银行就有了 100 欧元现金(并且可以将其贷出)；同时，我的账户余额也增长了，这样我就可以通过支票或者转账的方式来支配 100 欧元。除了我从我的口袋掏出、转入银行柜台的 100 欧元现金之外，在我的账户中新产生了 100 欧元的信用货币。

如果卖者获得了我支付的支票之后，将这张支票计入他的账户，那么这份信用货币仅仅是从我的账户转移到他的账户上，并且可以继续行使货币的职能。只有当卖者用支票兑换了现金(即从银行柜台取出了现金)，信用货币才消失。实际上，银行(撇开法律规定不谈)只需将我存入的 100 欧元中的一小部分作为现金储备金保留下来(满足一般兑付需求即可)，剩余部分则可以另行支配。由于大部分支付是以账户之间的"非现金"方式进行的(贷款通常也是以信用货币而非现金来支付的)，银行必须保留的现金款项只占它所创造的信用货币的一个很小的部分。

在贷款业务中，银行不仅依赖于财物占有者们的存款，也可以向国家的中央银行贷款。中央银行是唯一可以发行纸币(现金)的机构，在

---

① 通常，银行或信用卡公司只是在一个固定的额度内做出担保，而卖家可以通过简单的查证来知晓支票或信用卡的有效性。

货币不再同某一种货币商品挂钩的经济体当中,它"生产"实际的货币("实际"是区别于只是作为支付承诺的信用货币)。中央银行的这种货币生产不受任何形式上的限制。

只要货币体系仍然同某种货币商品(比如金)挂钩,纸币就还不是实际的货币,而只是其代表,因而中央银行的纸币发行就会受限于实物担保的规则。纸币发行必须按特定的比例由中央银行的黄金储备来担保。如果需要将纸币换成黄金,那么中央银行的黄金储备将减少,并且能够兑换的纸币量也会下降。尤其是在危机中,一方面黄金会流出,另一方面对贷款的需求会增长,这又要求银行有更多纸币。但由于黄金的流出,银行不可能发行更多的纸币,除非放弃其担保规则。货币商品被证明是可规避的资本主义再生产的障碍。由于今天的货币体系已不再同某种货币商品挂钩(参见第三章第七节),这一障碍也就被取消了。没有了货币商品,银行系统在危机中可以比以前更加灵活地应对——但这并不意味着危机本身是可以避免的(参见第九章)。

马克思认为资本主义制度下货币商品的存在不可避免,但很清楚的是,货币体系与某种货币商品的挂钩,并不属于"理想的平均形式中的"资本主义生产方式(详见《价值的科学》第 302 页及以下)。

在**资本市场**上,贷款者与货币占有者可以直接建立起一种借贷关系。贷款者,主要是大型企业和国家,直接从货币占有者那里贷出货币,并承诺在某个固定的时间偿还固定的利息及贷出的本金;作为交换,货币占有者会得到一张**有价证券**,上面明确规定了借贷条件(基于其固定的利息,人们也称之为**固定利息证券**①)。由于这种借贷是在没有银行参与的情况下形成的②,贷款者与贷出者可以分得银行的存贷款利息之间的利差:债券的利息率通常低于银行贷款利息率,而高于其存款利息率。不过,贷出者现在也必须承担起贷款流失的全部风险:如

---

① 这里的"固定利息证券"也就是一般所说的"债券"。——译者注
② 银行只是作为这种交易的中介人而收取手续费。

果他放贷的企业破产了,他的钱就没了。因此,通常只有大企业,即人们认为有支付能力的,才会有这种贷款。相反,如果一个银行放贷的企业破产了,那么银行的收入会有损失,但只要银行本身没有破产,存款就不会受影响。

企业在资本市场上不仅可以通过借贷,还可以通过发行**股票**来筹资。通过购买股票,买者获得了企业的一定股份,成为企业财产的共同所有者。与固定利息证券相似,股票也表达了一种**权利**:根据其在全部股票中所占的份额,持有人可以拥有股东大会上的投票权,并有权索取一部分的利润分配(**股息**)。但是,企业没有偿还股价的义务,股息也没有固定额度,而是取决于其经营状况。

固定利息证券和股票都可以在资本市场上出售。① 它们具有**价格**,即各自的**交易所价格**或者**市值**(前一天的交易所价格可以在报纸的经济版面读到)。这些纸片本身没有价值,它只是对价值(利息或股息)的**索取权**,被交易的是索取权:交易过后,企业不再向 A 支付利息和股息,而是支付给 B。无论在日常生活还是在主流经济学理论中,价格和价值都没有什么分别:交易所价格被视为股票或者固定利息证券的"价值"。

固定利息证券的占有者能通过交易获得多少收益(交易所价格),主要取决于当前的市场利息率。假设 A 去年从企业 Y 买入一张债券,支付 1000 欧元,约定企业 Y 在 10 年内每年偿付 50 欧元利息,10 年后偿还当初的 1000 欧元。那么 A 就获得了一张面值为 1000 欧元、年利息率为 5% 的债券。如果我们继续假设,到了第二年,利息率上升至 7%,也就是说,人们购买新的债券时,花费 1000 欧元,每年将获得 70 欧元利息。如果 A 现在想卖掉他的债券,他找不到任何人愿意为之付 1000 欧元,因为他的债券利息固定为 50 欧元。他只能以低于 1000 欧元的价格卖出这张债券;因此,随着利息的上升,债券的**市值**将低于其

---

① 我在这里将资本市场作为债券市场和股票市场的上一级概念。通常也会用"金融市场"来表达,而在 19 和 20 世纪常见的说法是"交易所"。有时也会区分资本市场和货币市场,前者作为长期借贷的市场,后者作为短期借贷的市场。

面值。在利息下降的时候,市值则会高于其面值。①

163   **股票**的买卖与之相似,其交易价格也不断变化。但这种变动不仅取决于当前的股息,而是主要取决于企业的**未来收益**。股息只是扮演从属性的角色,因为通常在企业收益中只有一小部分会作为股息分发给股东,大部分将用于投资。但是,未来收益从来都不是确定的,而只是一个**预期量**。如果**预期**收益上升,那么股价将上升,如果**预期**收益下降或者存在大的不确定性,那么股价将下降。就此而言,股价的变化不仅表现了企业当下的发展,而且反映了对其**未来发展的预期**。

债券和股票的流通表现出与信用货币相似的二重性:在信用货币那里,在实际的货币之外还有支付承诺在流通,而在这里,一方面我们有**实际的资本**,它从货币占有者手中流到企业中并被使用,另一方面存在着对利息和股息支付的**索取权**,它按照变动的市值进行交易、参与流通。

对于这种流通中的权利,即债券和股票,马克思根据其特殊的"价值规定性"(即前文所提到的交易所价格的取决因素)称之为**虚拟资本**。不过,这并不是指这些权利在原则上不会被兑现。马克思主要是说,在股票和债券交易过程中,实际的资本,即货币占有者原本以货币形式所拥有的,对于货币占有者来说,只是一次性被预付出去了。此后,它进入企业之手,又被企业预付出去了。这种证券,即股票和债券表明的纯
164   粹是对于特定偿付的权利,它们的"价值"(交易所价格)与原本为这种权利所一次性支付的价值量无关(这种价值量现在可能作为一个企业的生产性资本而存在,或者,如果是国家债的话,可能被国家消耗掉了)。这种证券的"价值"是一个计算值,在固定利息证券中它以债券利息与市场利息的比较为基础,在股票中则以预期收益为基础。② 这种

---

① 债券市值的涨跌幅还取决于该债券的剩余流通时间(即距离到期偿付的时间)以及对债务人的风险评估(对其未来还款能力的估计)。

② 在资本市场中不仅有固定利息证券和股票,而且有一系列其他证券,它们本身只表明对股票或有价证券的权利,准确地说,是对权利的权利。过去几十年来,国际金融市场上出现的"创新"(特别是所谓衍生品)主要是不断发明新的可交易的权利形式,即不断发明新形式的虚拟资本。

"价值"在多大程度上是可持续的和能够长期兑付的，取决于每个企业的实际收益。

因为企业的收益预期会快速变化，股票价格也会快速波动。因此，在交易所的一个交易日中，股价的剧烈下跌将导致数以亿计的市值（即数以亿计的虚拟资本）蒸发，而当股价剧烈上涨时，也将新产生数以亿计的市值。不过，这种体量的变化，并不是实物财富的消灭和创生（如果是后者，人们可以去考虑如何更好地加以利用），而只是关于票据的可计算估值。但是，这种市值的变化并非无足轻重的过程。如果股票和债券被用作贷款的凭证，那么这种确定性就会由于其市值的下跌而消减。于是，借入者就必须提供更多的抵押物，或者偿还贷款。一旦他做不到，他就会濒于破产。如果银行面临太多这样的贷款违约，它也将面临破产风险。

预期总有在一段时间内强化的趋势：如果股价上涨，很多人就会入场，需求会增加，股价会继续上涨，更多的货币占有者想要入场；反之，如果股价下跌，很多人就会想卖掉股票，供给会增加，股价会进一步下跌。其结果是价值变化的强烈周期性：一个牛市（股价猛涨）过后总是熊市（股价下跌）。

第三节　作为资本主义经济调节机制的信用制度

我们可以将银行与资本市场统称为**信用制度**。由这种信用制度所中介的生息资本的运动，并不是产业资本的单纯补充或者"上层建筑"。一方面，生息资本发源于产业资本的流通，这一点很快将得到阐明，但另一方面，如果没有信用制度，产业资本的运动也将不再可能。

我们在第三章中强调，马克思的价值理论是一种货币价值论：如果不与货币联系起来，商品和价值就无法存在或在概念上被把握。资本和信用的关系也与之类似。但是，在传统马克思主义中占据主流的是一种非货币的价值理论和资本理论，后者将信用归结为一种单纯的补充,对于理解资本以及资本的存在而言,它在根本上说是不必要的。

在产业资本的流通中,形成了一系列的基金,它们由时间上"闲置的"资本构成:预付资本通过商品出售而回流,但并未立即重新作为资本被使用。其中最重要的是**积累基金**(由于投资的最小限额要求等原因,将在稍后的某个时刻才被投资的剩余价值)和**折旧基金**(固定资本中回流的那部分价值,参见第六章第二节)。只有当它们被投资时,这些基金才作为生息资本得到使用。

除了等待这些基金被填满,还有一部分资本积累和固定资本的更新可以通过信贷来实现。这就使后续的资本回流不再流向积累基金或折旧基金,而是用于支付利息或信贷还款。

最后,如果没有资金储备或没有信贷,剩余价值(即价值相当于社会总剩余价值的那部分社会总产品)的流通都将是不可能的:如果不考虑固定资本,那么一个国家的资本家在 1 年内预付的资本价值是 $c+v$,但是 1 年生产出的产品价值是 $c+v+m$。所以问题在于,用来购买价值为 m 的产品的钱从何而来。一种可能性在于,某些资本家除了预付资本之外,还有一笔储备资金可以支配,这样他们就可以购买一部分产品 m,而售出产品的资本家可以再用这笔钱向前一批资本家购买商品,这样全部产品最终都可以售出,而储备金重新回到其原来的占有者手中。但是,这种储备只能维持流通的运行,而无法实现这种价值量的增殖。如果资本家追求的是最大限度地实现资本增殖,那么他们就不会维持这样的储备,而是通过短期信贷来支持相应的买者。

因此,资本流通一方面形成了临时闲置的资本,另一方面又催生了信贷需求。随着社会总资本的增长,信贷的规模也会增长。因此,信贷交易的单纯扩张本身并不意味着资本主义发展出现了危机或不稳定(参见罗伯特·库尔茨的文章①)。

---

① Kurz, Robert (1995):"Die Himmelfahrt des Geldes". In *Krisis* 16/17, S. 21 - 76.——译者注

发达的信用制度使**单个资本**一方面可以放弃储备资金，贷出其闲置资本，另一方面，如果采用借贷，能以远超前期利润的规模进行积累。因此，对于资本主义企业而言，一定程度的负债绝不是"不健康的"，也不是企业衰弱的标志。在前资本主义社会，生产者往往只在危急关头才负债，因而常常无力付息。而在资本主义关系中，信贷主要用于资助额外的积累：按自有资本计算的利润率将因为信贷而提高。假设平均利润率为 8%，而市场利息率为 5%。如果一个资本家投资 100 万欧元，那么他可以获得 8 万欧元利润。如果他再借 100 万欧元，而这 200 万欧元按照平均利润率将产生额外的 8 万欧元，其中 5 万欧元作为利息付给货币的占有者，他的总利润则是 8 万+3 万=11 万欧元：他的自有资本（本来的 100 万）由于借贷而不再只是平均利润率的 8%，而是变成了 11%。这种利润率的提高构成了资本家选择信贷的主要动机。如果这种预期没有得到满足——可能是因为个人业务的失败，可能是由于总的经济形势的恶化——那么实际获得的利润率也可能低于利息率。在这种情况下，借贷资本不仅无法获得超额利润，还会带来损失（利息与利润之间的差额）。

信用制度的存在还会对**社会总资本**产生影响。各部门之间的资本运动带来了利润率的平衡（参见第七章第二节），本质上还包括了信贷流向的变化，这就使有的部门积累很多，而其他部门积累不足。已经投资的资本如果想要转移，显然更加困难而且更加耗时。而信贷和一个发达的信用制度能够在短时间内集聚和转移大量的资本。新生产力的加速发展通常需要信贷，因为引进新技术意味着需要大量的初始投资。

信用制度的存在不仅使单个资本，而且使得社会总资本能够以超过前期利润的规模进行积累，只要还存在积累的物质条件。因此，信贷扩张也会导致积累的显著增长（正如信贷紧缩将会限制积累过程一样）。在这个意义上，信用制度表现为资本主义经济的**一种结构性的调节机制**。资本家总是试图将其资本尽可能投入到利润率最高的领域中。由于这种投资通常至少部分地来自信贷和股票的支持，资本运动有多顺畅、积累能多迅速,就在根本上受制于信用制度,也就是银行和资本市场。

信用制度首先使积累具有了灵活性,它"加速了生产力的物质上的发展和世界市场的形成",但是另一方面也是"生产过剩和商业过度投机的主要杠杆"(《马克思恩格斯全集》,第 46 卷,第 499—500 页):信用制度对积累的调节是一个彻彻底底充满危机的过程。贷款也好,债券和股票的交易也好,都是靠预期和不确定性而"活着"。这里必须存在"投机",而这种投机也可能会失败,并导致所投入资本的消失。在证券交易所中可能会出现投机"泡沫"(完全被高估的估价)以及随之而来的泡沫的"破裂"(估价的骤然坠落)。而在泡沫破裂之前,没人知道它到底是一个泡沫,还是对资本盈利能力提高的反映。

但是,把"投机的"金融市场同"稳定的"资本主义生产对立起来也是错误的。资本主义生产中总是包含着投机的因素,没有一个资本家能完全确定他的商品能够卖出去,也不能确定他会以什么价格卖出去。金融市场上的投机更加公开、更加短期,但在质上,它与资本主义生产中的投机并没有不同。二者都必然从不确定的预期出发,而且二者都想通过交换其拥有的产品来获得同一样东西:利润的最大化。

不过,无论在量的方面还是在质的方面,金融市场与产业生产之间的关系都不是固定的。这种关系在不同国家也会有所不同,在资本主义发展的过程中也会有所变化。因此,在近年来关于全球化的辩论中,关于金融市场演变的讨论(主要是其反干预化和国际化)已经成为一条主线(参见阿尔特法特和曼考普夫《全球化的界限》第五章、胡夫施密德《金融市场的政治经济学》[1])。

---

[1] Altvater, Elmar; Mahnkopf, Birgit (1999): *Grenzen der Globalisierung. Ökonomie, Ökologie und Politik in der Weltgesellschaft.* 4., völlig überarb. Aufl. Münster; Huffschmid, Jörg (2002): *Politische Ökonomie der Finanzmärkte. Aktualisierte Neuauflage.* Hamburg. ——译者注

第九章 危 机

第一节 周期与危机

社会经济再生产的严重阻断被称为**经济**危机。在资本主义经济中,危机意味着大量产出的商品无法出售:不是因为不存在对相应产品的需求,而是因为不存在**有支付能力的**需求。商品资本无法完全被转换为货币资本,导致预付资本的增殖渐趋恶化,积累下滑。由此,资本主义企业对生产资本的要素,即对生产资料和劳动力的需求也下滑。大量的失业与工人阶级的消费的衰落,进一步降低了需求并使危机更加严重。

资本主义并不是唯一一种庞大的财富与巨大的贫困并存的生产方式,却是唯一一种产品过剩会成为问题的生产方式,其中无法出售的产品会导致占有者的破产,同时,急需这些产品的人又无法通过出售自己仅有的东西——他们的劳动力——来换取它。由于资本无法通过使用劳动力而获利,资本也就不再需要他们的劳动力了。

19世纪早期以来,工业资本主义先在英国,而后在法国、德国、美国建立起来,在发达资本主义国家大概每10年便会发生一次危机。加速积累的同时是利润率高涨和工资提升,接着便会出现停滞和危机,然后又是一轮起先缓慢,而后加速的积累的复苏。

在 20 世纪,这种周期的发展仍在持续,但周期性却常常没有之前那样明显了。超周期的发展的影响则凸显出来:1929 年爆发的世界经济危机带来了长时间的经济萧条,直到 20 世纪 50 年代才被克服,特别是由于"福特制"(参见第五章第五节)的采用,西欧和北美迎来了 50 年代到 60 年代的持续繁荣。这一"经济奇迹"不仅带来了高利润率,而且带来了高就业率、实际工资上涨以及福利国家的扩张。虽然在此期间也存在周期发展,但并未发生严重的危机。马克思眼中的那种以危机、失业和贫困化过程为标志的资本主义似乎不见了,至少在资本主义的中心被超越了。然而,1974—1975 年的世界经济危机彻底地动摇了这种看法:福特制的积累模式及其提高生产力的"廉价的"方法(泰勒制加上规模化生产)遇到了自身的限度,利润率开始下滑,周期波动不断增强,即使在复苏期仍然保持着低增长率和高失业率。而 20 世纪 80 年代到 90 年代利润率的提高则主要基于实际工资的停滞和下降,以及对企业和富人的大规模减税,这首先削减了公共福利。

毫无疑问,资本主义在过去 180 年的发展中其实始终伴随危机。但是,这种危机过程的原因却充满了争议。古典政治经济学以及当代新古典主义经济学的大部分代表都认为,危机来自资本主义的运行方式。对于古典和新古典主义经济学家们来说,危机只是由"外部"冲击引发的(比如国家的经济政策),而资本主义市场经济"本身"则不存在危机。只有约翰·梅纳德·凯恩斯(John Maynard Keynes,1883—1964)至少将不断重现的大规模失业归结为资本主义的内在问题,这一观点奠定了凯恩斯主义的基石。

与之相反,马克思试图证明,资本主义生产方式本身会导致危机,一种无危机的资本主义是不可能的。不过,在马克思这里并没有一个系统的危机理论,而只是散见一些关于危机的或详细或粗略的描述,这些内容后来在马克思主义传统中被加工成各种危机理论。

马克思在分析作为流通手段的货币时,就已经在货币对交换的中介中发现了危机的一般**可能性**：人们可以将自己的商品卖出，但并不用获得的货币去购买新的商品，由于他把货币保留了下来，再生产的联系就被中断了(参见第三章第七节)。所谓**萨伊定律**，即认为买和卖之间存在必然的平衡、供给创造等量需求的观点，只有在将(货币所中介的)商品流通同直接产品交换相等同的时候，才是有效的：每一次"买"都与一次同时发生的"卖"相一致。因此，如果古典或新古典主义用萨伊定律来论证市场经济原则上的无危机性，那么他们设想的是一种没有货币的资本主义。

但是，有必要进一步阐述的是，危机的单纯可能性为何会变成一场现实的危机，再生产的链条为何会在事实上中断。在马克思回应这一问题的各种答案中(详见《价值的科学》第341—370页)，基于"利润率趋向下降的规律"的思想在传统马克思主义中扮演了重要角色：随着利润率的下降，利润总量也将在某个时刻下降，以致积累不断放缓，并最终导致危机。危机理论和"利润率趋向下降的规律"的这种表面上的紧密关联往往构成了为这一规律进行激烈辩护的内在动机。其实，马克思对危机理论的决定性论证完全不依赖于这一"规律"。

在《资本论》第一卷中，马克思已经将相对剩余价值的生产作为资本主义发展的基本趋势加以阐明：通过劳动生产力的发展，劳动力的价值将会下降。而提高生产力的最重要的方法是不断引进更好的机器(参见第五章第二、三节)。但是，能节约成本的使用机器的方式，通常与扩大产量联系在一起。因此，提高生产率和扩大产品规模并存，后者还会由于竞争(尽可能地第一个用产品占领市场；通过尽可能快地生产消耗来降低生产资料的成本；等等)而得到强化。而这种趋向无限制的**生产**的扩张，正如马克思在《资本论》第三卷中指明的那样，会不断碰到社会**消费力**的限制(参见《马克思恩格斯全集》，第46卷，第272页)。

社会消费并不只是终端消费者的个人消费。它包括了工人阶级的消费、资本家的奢侈消费还有投资，更准确地说，是替换已耗尽的机器的投资，以及为增加生产资料，即为了资本积累而进行的追加投资。

工人阶级的消费受资本的价值增殖逻辑的限制：资本家试图尽可能地降低工资以及他所雇佣的劳动力的数量，因为对单个资本家来说，工资纯粹是其成本要素。"消费不足理论"将工人阶级的消费能力的限制描述为危机的主要原因。不过，作为对于危机之存在的解释，这种关于低工资及其导致的"需求缺口"的论证是不充分的：工资始终低于产品的总价值（这种总价值即 c＋v＋m，而工资只是 v），无论它高一点还是低一点，都从来不能满足总产品的需求。

除了工人阶级的需求外，还始终存在资本家的奢侈消费，不过从总的经济过程来看，这部分消费相对较低，以至于我们可以在此忽略不计。最后一部分是投资需求，这是最关键的变量：资本对新的生产资料的需求直接依靠它，而就是否新增劳动力而言，工人阶级的消费的进一步发展也间接依靠它。但是，生产资本（生产资料和劳动力）投资的高低，一方面取决于**预期利润**的高低——如果预期利润低，那么投资就会削减——另一方面取决于（预期）利润率和利息率的对比：单个资本家不是作为整体的资本家阶级，他总是可以选择，将其资本投资于生产资本，或者用作生息资本。利息率越高，或者股价上涨的预期越强，就会有越多资本变为生息资本，而不是生产资本。

因此，资本主义的生产和消费不仅由相当不同的因素所决定，而且其决定性因素还是对立的：趋向于无限的生产与（不是由于需求，而是由于增殖的逻辑）受到限制的消费相对立。其结果是**商品的过度生产**（相对于支付能力而言）和**资本的过度积累**（被积累的资本无法增殖，或者难以增殖），最终必然引发危机：再生产陷入停滞，投资的资本贬值或者干脆流失，盈利能力弱的生产设施关闭、单个资本家破产、工人被解雇，失业率的上升伴随着工资的下降。因此，危机是一个巨大的破坏性过程：社会财富流失，大部分民众生活水平明显恶化。

但是，也恰恰是这种破坏性的环节，以强力方式消除了生产和社会消费之间的失衡关系。危机不仅有破坏性的一面，对于作为整体的资本主义制度而言，它完全是"创造性的"：盈利能力弱的资本被消灭，这减少了产量,而执行职能的资本贬值和工资的下降,提高了留存下来的资本的利润率。接着,由于借贷资本需求的下降,利息率降低。所有这些共同为新的繁荣扫清了障碍,新的技术改进通常也会在此时出现:对新机器的需求不断增强,推动了第一部类(生产资料的生产)的投资。作为其结果,就业率的提高加速了第二部类(消费资料的生产)的积累。新的繁荣期开始了,直到它碰到下一次危机为止。

因此,危机不仅具有破坏性,倒不如说,那些本属于一体(比如生产和消费)而又相互独立(生产和消费服从于不同的规定性)的要素,在危机中被强力重新整合为一体。危机通过其破坏性给资本主义制度带来正面的贡献,马克思反复提到过这一点(比如《马克思恩格斯全集》,第46卷,第278、339页)。

即便危机的一般机制可以被阐明,危机仍然难以被避免。一方面,竞争的压力**迫使**单个资本家做出连他自己都知道会对整个制度有破坏性的行为——没有哪个人能够置身事外,但仍然会抱有自己能相对不受损伤的希望。① 另一方面,人们会发现,永远无法确定危机周期的时间节点。当经济处于上升期时,这种趋势是否将持续一段时间,从而值得扩大生产,还是说已经出现了过度生产的状况,接下来会表现为销售的低迷?通过引入新的生产方式而持续发展的生产力,恰恰对每一个想要占领市场的企业构成了一种强制,从而引发需求流向的转移。新的产业崛起,旧的产业消失或者不再重要,不久前还很重要的机器和原料不再重要,旧企业贬值,新企业出现,但并不确定它能否真的按预期水平赚到利润。在这种经济的大潮中,唯一确定的事情就是不确定性。在这种情况下,想要作为资本家存活下去,唯一的机会就是利用一切可能来提高利润,而无论这会带来什么后果。因此,在资本主义制度内,就算人们能或多或少地看出何种发展中暗藏危机,危机仍然不可避免。

---

① 多年前,宝马公司在一次危机中扩大其生产规模。当与记者谈及此事时,当时企业的董事会主席解释说,他非常清楚市场上投放了过多的汽车,但是其中的宝马汽车还是太少。

就具体的危机过程而言,马克思在《资本论》中所作的一般层面的论述并不能表明什么。这些危机过程依赖于各自的具体环境,比如说技术的或者企业组织形式的发展、信用制度的结构、国家在世界市场中的地位(资本在危机时期特别强调这一点)、工人阶级组织和斗争、国家干预经济运行的手段和方式等。这不仅适用于通常十年左右的经济周期,而且特别适用于长期的、超周期的发展。马克思试图阐述的是"理想的平均形式中的"资本主义生产方式,而在这里,我们达到了这种阐述的边界。

第二节 马克思有一个崩溃理论吗?

由于经济危机的破坏性的一面,在工人运动史上,危机始终被视为对资本主义之存在的威胁。严重的经济危机可能导致政治制度的危机:经济再生产的困难会削减政治统治关系的合法性,民众将开始反抗。在19世纪50年代早期,马克思将1848—1849年发生在欧洲的革命运动视为1847—1848年的严重经济危机的结果。马克思有些轻率地将这一结论一般化,并且期待下一次危机也会导致下一轮革命的发生。可是,接下来的经济危机表明,危机与革命运动之间的直接关联绝不是必然的。直到20世纪,我们才知道,经济危机所引发的不确定性还可能为民族主义和法西斯运动提供温床。

在工人运动史上,经济危机最终将导致资本主义崩溃、资本主义正在走向"最终的危机"的观点广为流传。从这种观点出发,《资本论》被解读为一种"马克思的崩溃理论"。① 在20世纪90年代,罗伯特·库尔茨和危机小组再次提出了这一观点。

---

① 原书英文版在此处有一句话:我们可以在1914年前的老的德国社会民主党中,在罗莎·卢森堡(Rosa Luxemburg)的文献中,以及在亨利克·格罗斯曼(Henryk Grossmann)的著作的详尽说明中发现这一观点。——译者注

马克思在《资本论》第三卷中虽然提到过资本主义生产方式的"限制",但从没有表达时间上的终结的意思。限制在这里应当被理解为一种阻碍:阻碍在于,资本虽然可以将生产力发展到以前的生产方式所达不到的程度,但这种发展只能服务于资本增殖:

> 资本主义生产的**真正限制**是**资本自身**,这就是说:资本及其自行增殖,表现为生产的起点和终点,表现为生产的动机和目的;生产只是为**资本**而生产,而不是反过来生产资料只是生产者**社会**的生活过程不断扩大的手段。(《马克思恩格斯全集》,第46卷,第278页)

虽然马克思随后提到了生产力的无限制的发展与有限的资本主义目的之间的"不断的冲突",但他没有提出任何形式的"崩溃"。

其实只有一个地方——不是在《资本论》中,而是在更早写作的《大纲》中——可以发现一段评述,能够被理解为崩溃理论。在那里,马克思论述了运用科学的重要性的提升,对财富生产而言,首要的不再是生产过程中付出的劳动,而是作为"一般生产力"的科学应用的意义。马克思从资本主义生产过程内部的这种变化出发,总结出整个生产方式的"崩溃":

> 一旦直接形式的劳动不再是财富的巨大源泉,劳动时间就不再是,而且必然不再是财富的尺度,因而交换价值也不再是使用价值的尺度。**群众的剩余劳动**不再是一般财富发展的条件,同样,**少数人的非劳动**不再是人类头脑的一般能力发展的条件。于是,以交换价值为基础的生产便会崩溃……(《马克思恩格斯全集》,第31卷,第101页)

不过,马克思在他后来的著作中再也没有回到《大纲》提出的这一观点。虽然《资本论》第一卷有多处提到科学对资本主义生产过程的重要性,但是在这里,"生产过程的智力同体力劳动相分离"(《马克思恩格斯全集》,第44卷,第487页)不是被视为资本主义生产方式的衰落,而是成为资本对劳动的权力加强的一个阶段(参见第五章第三节)。

从价值方面来看,在《资本论》中,单个商品的生产过程中劳动耗费的逐渐降低,并不是崩溃的趋势,而是作为相对剩余价值生产的基础得到分析。那个曾让《大纲》中的马克思惊讶的表面上的矛盾,即资本"竭力把劳动时间缩减到最低限度,另一方面又使劳动时间成为财富的唯一尺度和源泉"(《马克思恩格斯全集》,第 31 卷,第 101 页),被库尔茨、特伦科勒和危机小组的其他代表视为"资本逻辑的自我矛盾",它导致资本主义必然走向崩溃。相反,马克思在《资本论》第一卷中已经顺带着破解了这一矛盾,而且是将之作为政治经济学的一个旧谜题,18 世纪法国经济学家魁奈(Quesnay)就用这一问题困扰过他的对手。在马克思看来,这一谜题很容易理解,只要人们考虑到,资本家所关心的不是商品的绝对价值,而是这种商品所能给他带来的剩余价值(或者说利润)。生产单个商品所需的劳动时间完全可以降低,商品的价值也可以降低,只要他的资本所生产的剩余价值或者说利润是增长的。而剩余价值或利润究竟是从少量高价值的产品中来,还是从大量低价值的产品中来,在这里是无关紧要的(参见《马克思恩格斯全集》,第 44 卷,第 372 页)。

即便不去考虑所有反对观点的细节,崩溃理论仍面临一个根本的问题,即它必须宣称一个不可避免的趋势,资本主义几乎无法绕开这一趋势,而资本主义的继续存在将是不可能的——而不去考虑历史过程中到底发生了什么。在马克思主义的历史上,这种崩溃的趋势曾经建立在各种因素的基础上。在库尔茨这里,"微电子革命"即技术发展的一个特定阶段扮演了这一角色,它使劳动进一步过剩,并导致"价值实体的瓦解"。[1]

---

[1] 对库尔茨崩溃理论更详细的批判参见 Heinrich(1999b)。有些讽刺的是,作为资本主义崩溃理论基础的技术决定论与库尔茨激烈批判的"工人运动的马克思主义"倒是颇为契合,它用公式化的"生产力与生产关系的辩证法"来阐释世界历史的演进。

对于左翼而言,崩溃理论在历史上始终具有一种自我辩护功能:无论当前局势如何不利,对手的灭亡却一定会到来。对崩溃理论的批判绝不意味着"向资本主义投降"(特伦科勒就以此为题来针对这种批判),因为破除这种先知般的确定性也完全没有让资本主义变得更好。

第十章　资产阶级关系的拜物教

第一节　"三位一体的公式"

随着资本主义生产方式的确立,等级的和封建的关系及其政治和宗教的伪装也就解体了。等级、特权、天生的优势都消失在了商品占有者的身后,只剩下占有上的不平等。资本主义需要并推动着科学与技术的系统性发展,这也削弱了传统的偏见与宗教的世界观。以此为基础,资产阶级-资本主义的社会将自己当作了启蒙、文明与文化的集大成者,而西方文明被认为最终达到了其顶点。从这种视角出发,所有其他的社会形态都表现为欠发达的前资产阶级的社会阶段,或者被当作"原始的",其中的一个表现就是其"拜物教",即一块木头或布料被赋予了神奇的力量。这种优越感为19世纪和20世纪的殖民主义提供了意识形态上的支撑:殖民者只是带来了文化与文明。

资产阶级-资本主义时代的这种理性主义的自我认知也在社会学研究中产生了反响。现代社会学最重要的一位奠基人马克斯·韦伯(Max Weber, 1864—1920)就把"世界的祛魅(Entzauberung)"和贯穿于一切生活关系中的"理性化"(Rationalisierung)作为被资本主义所影响的社会的根本特征。

马克思和恩格斯也看到了这种"世界的祛魅",在1848年的《共产党宣言》中,他们刻画了资产阶级崛起所带来的这一后果:

> 资产阶级在它已经取得了统治的地方把一切封建的、宗法的和田园诗般的关系都破坏了。……总而言之,它用公开的、无耻的、直接的、露骨的剥削代替了由宗教幻想和政治幻想掩盖着的剥削。……一切等级的和固定的东西都烟消云散了,一切神圣的东西都被亵渎了。人们终于不得不用冷静的眼光来看他们的生活地位、他们的相互关系。(《马克思恩格斯文集》第2卷,第33—35页)

马克思和恩格斯在这里仍然认为,随着资本主义的确立,社会关系将会越来越清晰:统治与剥削将不再被神化和伪装,而是公开可见的。随之产生的希望是,被压迫和被剥削的人们现在能够"用冷静的眼光"看到他们的处境,并将逐渐对这些剥削关系发起反抗。

传统马克思主义也认为,资本主义制度下工人阶级所受的剥削是公开的,只不过统治阶级通过新闻、教堂和学校等操纵民众并伪装自己。因此,意识形态批判主要被理解为一种揭露:应该揭露一种思想背后的"现实利益"。[①]

然而,马克思此后并未停留于《共产党宣言》中的观点。在《资本论》中,他不再说资本主义的社会关系是清晰可见的。恰恰相反,他所讨论的一个核心正是这种社会关系的"神秘化"。马克思在《资本论》中用拜物教和神秘化所描述的是这样一种颠倒,它不是出于统治阶级的操纵,而是源自资产阶级社会的结构,以及这种结构所持续再生产出来的行动。马克思所提到的拜物教是一个清晰的讽刺,它既针对资产阶

[①] 人们喜欢用1845—1846年所写的《德意志意识形态》中的世界观来佐证这一点,马克思和恩格斯在那里写道:"统治阶级的思想在每一时代都是占统治地位的思想。这就是说,一个阶级是社会上占统治地位的物质力量,同时也是社会上占统治地位的**精神力量**。"(《马克思恩格斯文集》第1卷,第550页)

级社会那种启蒙主义-理性主义的自我认知,也针对政治经济学的经验性理解,后者正是这种拜物教的体现(参见第三章第八节)。

前文在各章中讨论的不同形式的拜物教和神秘化并不是互不关联的。它们构成了一个整体,马克思在《资本论》第三卷的结尾以"三位一体的公式"为标题对其做了总结。

资本主义生产过程是社会生产过程的一个特定的历史形式。它存在的基础在于生产资料和直接生产者之间的分离,因此,形式上自由的工人在物质上不得不将自己的劳动力出卖给拥有生产资料的资本家。资本家以工资的形式向工人支付劳动力的价值(即劳动力的再生产成本),却使劳动力的劳动超过劳动力价值再生产所必需的时间;资本家从雇员身上榨取剩余劳动,这种剩余劳动在产品的出售中表现为剩余价值。但是,资本家也无法完全占有剩余价值:首先他必须向地主支付**地租**(或者购买土地,自己成为地主)。他必须支付地租,因为土地是有限的,并且是地主的私人财产。他只能从剩余价值中扣除地租支出,尽管他一般将地租视为成本要素。首先占有了剩余价值的资本家阶级必须同地主阶级分享剩余价值。①

产品并不能够按照其价值出售,因此单个资本家并不能够完全占有为他工作的劳动力所创造的剩余价值。如不考虑偶然的波动,单个资本家获得的是平均利润,也就是说,根据他所预付的资本量而获得特定比例的利润。这种平均利润进一步被分为利息和企业主收入。②

因此,经济过程的年度总产品按照物质和价值因素被分为如下几

---

① 这里不必进一步讨论单个的地租水平取决于哪些因素。关于"地租的价值"只需要指出,就未经处理的土地而言,"土地的价值"和"劳动的价值"一样,是一个"虚幻的"用语(参见第四章第五节)。这种"价值"取决于期望的地租水平。土地价格相当于一定量的资本,它按照普通利息率计算出的利息量即为地租。"土地的价值"所形容的东西类似于虚拟资本的"价值"。

② 地租的支出是对总的社会剩余价值的扣除。由于这种扣除,总的社会利润量相比于没有这种扣除的情况就更低了。平均利润总是在这种相对更低的总社会利润量的基础上计算的,它进而被分为利息和企业主收入。

部分:一部分用于替换已消耗的生产资料,一部分支付工人再生产所必需的工资,还有一部分超出生产资料和劳动力再生产的剩余产品,这部分又被分为地租、利息和企业主收入。

资本、土地和劳动力,尽管如此不同,但有一个共同特征,即对于其占有者而言,它们都是**收入的源泉**:资本产生利润和利息,土地产生地租,劳动力产生工资(或者说劳动产生工资;在工人和资本家看来都是如此,参见第四章第五节)。一旦其中任一源泉消失,这种收入就会完全中止。

资本是一种收入源泉,因为它让资本家能够榨取他所雇佣的劳动力的剩余价值;土地是一种收入源泉,因为它让地主能分享资本家所榨取的一部分剩余价值;劳动力是一种收入源泉,因为工人通过劳动,能够获得他们自己所创造的一部分价值。因此,资本、土地和劳动只是就其作为占有价值的手段而言,都是**收入的源泉**:在资本主义关系中,人们可以通过资本、土地和劳动来**占有一部分年度产品作为收入**。

然而在大部分宏观经济学理论当中,生产的当事人(资本家、地主和劳动力)却以颠倒的形式表现出来。在这些理论中,资本、地租和劳动似乎是三个各不相同、彼此独立的**每年生产价值的源泉**,而且正因为它们是**价值源泉**,它们才能成为**占有**这一部分价值的**手段**,这既符合日常理解也符合经济学家们的认知。在生产的当事人看来,资本、土地和劳动的占有者通常以收入形式获得的那部分价值,正是其提供的"生产要素"在产品中贡献的那部分价值。

这种假象是如何形成的呢?我们在关于商品拜物教一节(第三章第八节)已表明,商品的价值特性在资产阶级社会中表现为一种"社会的自然属性":虽然价值不是像重量、颜色那样的自然属性,但产品似乎是在每一种社会联系中自动获得价值,而不是在某一种特定联系中才获得价值。纯粹从物质层面来看,单个产品是一个生产过程的产物,其中劳动被耗费,生产资料被运用,土地(在农业和采掘业中)被使用。价值的形成过程也被以相当类似的方式加以理解:价值的形成似乎就是生产要素所承载的价值的一种附加。

这种颠倒的基础在于，劳动和雇佣劳动似乎不存在本质的区别。劳动和物质生产条件的分离倒是被理解为自然的。① 但是，如果劳动和雇佣劳动不存在什么本质区别，那么，与劳动相对的生产资料和资本之间、土地和土地所有权之间也不存在什么本质区别了。马克思继而总结道：

> 因此，如果劳动和雇佣劳动合而为一，那种使劳动条件和劳动对立起来的一定的社会形式也就会和劳动条件的物质存在合而为一。这样，劳动资料本身就是资本，土地本身也就是土地所有权了。这些劳动条件在劳动面前所显示出来的形式上的独立，它们在雇佣劳动面前所具有的这种独立化的特殊形式，也就成了它们作为物，作为物质生产条件所具有的不可分离的属性，成了它们作为生产要素必然会有的、内在地固有的性质了。它们在资本主义生产过程中具有的为一定的历史时代所决定的社会性质，也就成了它们的自然的、可以说是一向就有的、作为生产过程的要素天生固有的物质性质了。
>
> （《马克思恩格斯全集》，第 46 卷，第 934—935 页）

雇佣劳动、资本和土地所有权的**社会形式规定性**（*sozialen Formbestimmungen*）表面上与劳动、生产资料和土地这种**物质的生产条件**同时发生，以至于似乎一切劳动过程本来便已成为资本主义的生产过程。马克思因此称之为"生产关系的物化"（Versachlichung）"（《马克思恩格斯全集》，第 46 卷，第 940 页）：生产关系不再被视为人们之间发生的特定的历史关系，反倒是表现为基于物性的基础，似乎只要发生一般生产，便会形成这种关系。

于是，工资、利润和地租表现为不过是产品价值的一部分，它们可

---

① 在自主的手工业者那里，这种分离被扬弃了，却表现为本来分离开的东西的偶然的统一。

归结为雇佣劳动、资本和土地所有权发挥作用的结果。其中,根本性的是劳动力价值被转换为"劳动的价值"(参见第四章第五节):正是由于工资看起来是对"劳动的价值"的支付,剩下的那部分价值即利润和地租必然源自另外两种"生产要素"即资本和地产了。由于商品不是按照其价值而是按照生产价格来交换,这一假象在单个商品中便难以被透视。一方面是耗费的劳动,另一方面是平均利润和地租,二者看起来不存在任何关联:利润(在正常条件下)取决于资本的规模,而无论雇佣了多少劳动力,而地租取决于使用了怎样的、多少的土地。

资本—利润(或更恰当地说是资本—利息),土地—地租,劳动—工资:表达价值及其源泉的表面关联的这个"三位一体",被马克思称为**"三位一体的公式"**(*trinitarische Formel*)。马克思说:

> 资本主义生产方式的神秘化,社会关系的物化,物质的生产关系和它们的历史社会规定性的直接融合已经完成:这是一个着了魔的、颠倒的、倒立着的世界。在这个世界里,资本先生和土地太太,作为社会的人物,同时又直接作为单纯的物,在兴妖作怪。(《马克思恩格斯全集》,第 46 卷,第 940 页)

在资本主义社会中,"资本"和"土地"拥有了与所谓原始社会中的木头和布料的拜物教相似的魔力。因此,资产阶级社会中的人们仍旧生活在一个"着了魔的"世界,这里出现的是"物的人格化"(Personifizierung der Sachen):社会过程的主体不是人,而是商品、货币和资本。这里讲的并不仅仅是一种"虚假的意识"。正是资本主义社会的社会实践,不断地导致"生产要素"的自主化,并将社会联系建构为一种物性强制,个人想要逃脱,只有以经济的崩溃为代价。就此而言,人格化的物已经完全具有了一种物质力量。

资产阶级社会的所有成员都受制于这种社会关系的拜物教。这种拜物教表现为一种"客观的思维形式",它建构了所有社会成员的感知(参见第三章第八节)。无论资本家还是工人,都没有逃脱这种拜物教的优势地位。

但是,拜物教也不是一种完全密闭的迷惑人的联系,让人无从逃脱。倒不如说,它形成的是一个结构性的背景,它始终存在,但是对不同的个体影响程度不同,我们通过经验和反思,仍然可以戳穿它。

第二节　关于反犹太主义的附评

马克思曾在《资本论》第一卷第一版序言中写道:"我决不用玫瑰色描绘资本家和地主的面貌",他只是将人作为"经济范畴的人格化"来加以论述,因此也不会"要个人对这些关系负责",而"不管个人在主观上怎样超脱各种关系,他在社会意义上总是这些关系的产物"(《马克思恩格斯全集》,第44卷,第10页)。正如上文所言(参见第四章第二节或第五章第二节),经济过程中的当事人会遵从一种理性,这种理性是通过经济关系本身强加给他们的。因此,资本家通常总是试图加强资本的价值增殖,这绝不是出于单个资本家的"过度的贪欲",而是竞争通过经济下滑的惩罚迫使单个资本家如此行动。所有在资本主义运作中获益的人,都是这个巨大传动装置的一部分。资本主义表现为一台匿名的机器,没有人能以自己的意志驾驭这台机器,也没有人能对这台机器造成的破坏负责。如果想要停止这种破坏,去批判资本家是不够的,必须从整体上推翻资本主义的结构。

伴随着"物的人格化和生产关系的物化"(《马克思恩格斯全集》,第46卷,第940页),作为一个整体的资本主义似乎在很大程度上已经对批判免疫了。因为资本主义机制似乎不过是社会生活过程的最进步的形态(正是"**三位一体的公式**"导致了社会的形式规定不再能从物质内容中分离出来),社会已经无法摆脱这种机制,在所谓不可避免的"必然性"的支配之下,这一切似乎无可逃避,人们只能接受它。

面对资本主义的恶劣影响——它的充满危机的、对个人生活而言时常是灾难性的发展,它对一切生活关系持续不断的挑战——总会产生出各种形式的拜物教式的狭隘否定:在匿名的资本主义机制的背后,人们总会找到某些"罪人",并让他们为灾难负责。他们的行为需要被影响,而在极端情况下,他们要为现存的弊端付出代价。因此,在各种资本主义社会中,总是能找到一种**拜物教关系的人格化**(*Personalisierung*)。**反犹太主义**就属于其中之一,但它不应完全归结为这样一种人格化。①

马克思在《资本论》中既没有讨论这种人格化,也没有研究反犹太主义。在本节中,我们是以马克思关于拜物教的分析为背景,来分析这种现象。在这里,我们会碰到马克思"在它的理想的平均形式中"阐述资本主义生产方式的边界:人格化和反犹太主义绝非从政治经济学批判的范畴中"推导"出来的。这种资本主义关系的人格化会根据历史情境和特定的社会结构而采取相当不同的形式,并且可以同时存在多种形式。

作为一个整体的"资本家"很少为某种灾难背负罪名。很清楚的是,资本家如果不想破产,也往往要受到"市场要求"的驱使。中小资本家似乎尤其适用于此,然而大公司或"垄断者"则有力量摆脱这种要求,甚至首先创造出这种要求。于是,好的、小资本家的资本主义与坏的、无良的、剥削的、大资本家的资本主义便被区分开来,后者最终成为幕后的操纵者。

另外一种人格化的依据在于"银行"(或许还有"投机者"),它们通过信贷和持有股票控制了大量的企业,从而成为经济过程的秘密指挥者。由此,好的、用于实业的资本便与坏的、贪钱的金融资本对立起来。

上述人格化完全可以在现实的差异中找到其基础:小企业主的竞

---

① 表述人格化的几个概念(Personifikation,Personifizierung,Personalisierung)需要有所区分:"Personifikation"指一个人服从一种物的逻辑(资本家是资本的人格化),一个物的"Personifizierung"指物的特征表现为人(资本表现为独立的主体),而"Personalisierung"则是指社会结构被归结为有意识的人的作用的结果。

争环境和行动空间通常与大企业主截然不同；银行和实业企业之间在许多问题上存在显然不同的利益。而且有充足的例子可以证明，大企业和银行的主管试图竭力利用其权力地位。但是，大企业和大银行同样无法长期摆脱由价值所中介的经济联系的强制规律。大公司、银行和投机者经常受到指责，说他们只想着自己的利润。但是，在资本主义的竞争强制之下，对每一个资本家来说都是如此，无论其大小。

反犹太主义是一种特殊形式的人格化。这种主张一方面认为"犹太人"以金钱和收益为导向，这根植于他们的本性，或者说——自19世纪"种族理论"提出以来——根植于他们的"种族"，另一方面认为他们有一种统治世界的无限动力，而且在很多方面已经明显取得了成功。

对犹太人的仇视和迫害在前资产阶级社会就已经出现，特别是在欧洲的中世纪。不过，中世纪对犹太人的仇视与19—20世纪的反犹太主义存在着明显差别。自（1096年开始的）十字军东征起，对犹太人的仇视具有强烈的宗教色彩。虽然犹太人早就由于基督受难而被指责为"杀害上帝之人"，但正是由于十字军东征，这种指责又被赋予了新的性质：被广为流传的观点是，必须处死这些"杀害上帝之人"。在同一时期，对基督徒而言，不准放贷的禁令收紧了（1179年第三次拉特朗公会议），同时，犹太人被禁止从事一系列行业（1215年第四次拉特朗公会议）。犹太人如果不想受洗而成为基督徒，那么他们主要的生活来源便是贸易与借贷。

在前资产阶级社会中，虽然也存在交换和货币，但它们只扮演从属性的角色。剥削与统治都基于直接的、人格的权力与依附关系（奴隶对其主人的依附、农奴或服役农民对庄园主的依附，等等）。交换和货币的传播破坏了前资产阶级的关系，并且加重了底层的贫困。在这里，贫困化常常缘起于向一个小债主借贷。

王公贵族们也接受了大的犹太银行家们的服务。后者因此获得了庙堂之上的某种特权，但也很快成为通常被嫉妒的对象，并被要求对政治和财政方面的困难负责。

在中世纪和近代早期，犹太人不是唯一从事贸易和借贷的人，但几个世纪以来的服饰限制、贫民窟的居所以及不参与基督教的节日，导致他们成了一个显眼的"外来的"群体。因此，人们很容易将货币与利息的破坏性力量与犹太人等同起来，而不论他们本人是否遭遇过这种破坏性力量，甚至不论他们是否与犹太人打过交道。犹太人成为广为流传的被仇视的对象，这种仇视又随着犹太人谋杀基督教孩童之类的荒诞谣言而加剧。从中世纪盛期开始，对犹太人的仇视已演化为不断的屠杀与驱逐，而且常常获得教会、王室或城市上层的支持。最后，下层民众与上层瓜分了犹太人的财富。

在现代反犹太主义中，宗教因素已不再扮演重要的角色。在一个越来越世俗化的世界，"错误的"宗教信仰不再能作为决定性的裁决标准。然而，把"犹太人"视为经济行为的化身的观点变得重要起来，即认为他们一心追求金钱和利润，依靠金钱的力量，自己不需要劳动，只靠别人的劳动来生活。货币、资本增殖、利润最大化和利息已经不只是在社会的边缘发挥作用，而是成为构建资本主义生产方式的基础。因此，资产阶级社会中的反犹太主义从根本上区别于一切其他的歧视、偏见和归因。无论是在资产阶级社会还是在前资产阶级社会中，都有某些其他群体遭到歧视，而且被归因为他们的某种特殊的行为方式或能力（比如特别狡猾，或者侵略性的生殖等）。但是，只有在现代反犹太主义中，一个**社会本身的核心组织原则被"外在化"，投射在一个"外来的"群体身上**。[①] 这种投影不仅限于经济领域，资产阶级社会的文化特征（理性计算、流动性等）也被过度归因于"犹太人"，并同时作为堕落的特征而遭到贬低。

最后，反犹太主义思想将犹太人视为外来者，这一点作为原则，与

[①] 随着"种族理论"在19世纪晚期的出现，反犹太主义得到了"种族理论上的"论证。在我看来，这一点作为反犹太主义的特征并不是很重要，却是19世纪科学主义的一种表现：反犹太主义需要披上一件科学的外套。无论在"种族理论"诞生之前，还是在这种理论上的诽谤之后，现代反犹太主义都在发挥作用。

所有的共同体相对立。虽然例如一个在德国的土耳其人也会被视为外来者，但这只是因为他（据说）属于一个**其他**共同体。在反犹太主义中，犹太人却不是单单属于另一个共同体，而是作为一切共同体的分解者、破坏者。

如果我们聚焦经济领域，可以在价值理论中从不同层面定位反犹太主义的陈腐论调：有一种从前资本主义关系中流传下来的"犹太人的斤斤计较"的看法，即认为犹太人既在贸易中追逐细微之至的利益，又作为"放高利贷者"，将负债者无情地送进不幸的深渊，这种看法仍然停留于商品和货币的简单流通层面这样一个基础上（谈到利息时亦如此）。同具体劳动和使用价值相对立的、在货币中独立的价值的力量，被投射在"犹太人"的身上，成为他们发出的力量。在这里，未被理解的货币拜物教被人格化了。

纳粹主义专门散布了"创造的"（非犹太的）资本与"敛财的"（犹太的）资本的对立的观点，后者通过银行和交易所控制着前者，这种观点是在货币中独立的价值与具体劳动之间的对立转移到资本主义再生产总过程层面的表现。在这里，正是**资本拜物教**最发达的形式即生息资本被人格化了。第八章第一节已经表明，正如利息表现为原初的资本的果实一样，企业主收入表现为企业主劳动的果实，因此职能资本家被归结为一种特殊的劳动者的范畴。基于这种假象，这里才出现了这种人格化。被质疑的不是利息与企业主收入的分离，而是能够产生利息的资本的神秘力量；现在是"犹太人"凭借"利息的奴役"现实地控制着劳动者们，无论是企业主还是工人，而他们作为非劳动者本身不过是"寄生虫"。①

反犹太主义思想通过将"犹太人"构想为现实的资本家，让他们为

---

① 这种形态的反犹太主义构建了一种简化的、不准确的资本主义批判。当然，不是每一种简化的资本主义批判都是反犹太主义的，比如有人将金融市场的作用视为一切资本主义灾难的基础。这样一种不准确的批判只是为反犹太主义的陈词滥调提供了粗浅的连接点。

资本主义带来的一切灾难和一切动荡负责。同时，他们因而似乎非常强大：他们通过银行和交易所统治着大企业，还可以用金钱收买媒体（据说报纸上每一篇反对反犹太主义思想的文章都证明了这一点），最终影响政党和政府。而且，"犹太人"虽然无家可归，却与他们在全世界的同胞保持着联系。以上两种说法，即犹太人的强大与无根性，在反犹太主义思想中促成了第三种说法："犹太人的世界阴谋"（常常也被称为"犹太共产主义"）。犹太人被认为想要统治世界，而且这一目标已经接近于实现了。一切来自匿名的、不可理解的力量的威胁，来自货币、资本、世界市场的威胁，现在有了一副面孔：这是来自"世界犹太集团"的威胁。

以上对于反犹太主义的一般规定尚未谈及反犹太主义事实上是否以及在何种范围内广为传播。资本主义关系的这种人格化使在这种关系中受苦的个人感到有所缓解，但这并不意味着他们必然追求这种缓解，而且即便如此，也不是说，所有的人格化方式总是带有反犹太主义的特征。① 马克思在《资本论》中的一般层面的论证构成前述思考的基础，但《资本论》不可能谈到反犹太主义以何种方式在社会上发生作用，也不可能谈到其危害的程度。②

第三节　阶级、阶级斗争与历史决定论

传统马克思主义的许多流派把马克思的资本分析首先理解为一种阶级分析，即对资产阶级与无产阶级之间斗争的分析。而当今大多数

---

① 因此，完全可以理解的是，如果想要更为精准地了解反犹太主义的流传，就要考察资产阶级社会所导致的心理学结构。早在 20 世纪 30 年代，霍克海默、阿多诺与威尔海姆·赖希（Wilhelm Reich）就对此展开了辩论，但是在此无法深入介绍了。

② 莫伊什·普殊同（Moishe Postone）在他的文章《纳粹主义与反犹太主义》（*Nationalsozialismus und Antisemitismus*）中草率地陷入一种唯一性：他暗示了一条从商品拜物教到奥斯威辛的直接而必然的道路。

保守主义者和自由主义者将"阶级",特别是"阶级斗争"视为"意识形态的"概念,这就等于说是"非科学的"概念。使用这些概念的通常是左翼。但是,并不是只有马克思才使用阶级的说法。在马克思之前,资产阶级历史学家就谈到了阶级和阶级斗争,而古典政治经济学最重要的代表大卫·李嘉图也阐明了资产阶级社会中三大阶级(资本家、地主和工人)在利益上的根本对立。

阶级和阶级斗争构成了马克思在《共产党宣言》中论证的核心要点。在文章开头就可以发现那句著名的论断:"至今一切社会的历史都是阶级斗争的历史。"(《马克思恩格斯文集》,第 2 卷,第 31 页)马克思在 1852 年致朋友魏德迈的一封信中,总结了他对阶级理论的贡献。马克思强调,绝不是他发现了阶级或阶级斗争的存在,但是他证明了:"(1) **阶级的存在仅仅同生产发展的一定历史阶段相联系**;(2) 阶级斗争必然要导致**无产阶级专政**;(3) 这个专政不过是达到**消灭一切阶级和进入无阶级社会**的过渡。"(《马克思恩格斯全集》,第 28 卷,第 509 页)第二、三点听起来相当有决定论的意味,而历史似乎——在阶级斗争的驱使下——驶向某个特定目标,这也是在《共产党宣言》中可以发现的观点。

马克思在《资本论》中虽然反复提到阶级,但他既没有试图对此进行系统阐述,也没有为其下一个定义。直到《资本论》第三卷的结尾部分,马克思才用一个小节讨论阶级,但是这部分手稿仅仅写了几句话便戛然而止。从这种安排中我们可以推断,对阶级的系统阐述并非马克思的论述的前提,而是其论述完成之际的一个结果。

接下来的讨论不会去设想马克思在未完成的章节里将如何讨论阶级。倒不如说,我们将从前述内容中总结出可以构成阶级和阶级斗争的理论基础的内容。因此,接下来的论述主要依据我们对政治经济学批判的分析(关于马克思阶级理论的导论,参见科斯勒和维恩诺德的

《马克思的社会思想》①。

说到社会阶级,可以有两种不同的意义:在**结构**的意义上,阶级是由他们在社会生产过程中的位置所决定的。就此而言,一个人可以属于某个阶级,即便他自己并不清楚这一点;与之不同的是**历史**意义上的阶级,这是指存在于一定历史情境中的社会群体,他们把自己理解为不同于其他阶级的阶级,这个阶级的成员通过共同的"阶级意识"来描述自己。

在《资本论》中,马克思主要是在结构意义上使用阶级概念的。因此,当他讨论一种特定的阶级关系时,是以资本关系为基础的:一方面是货币和生产资料的占有者,另一方面是在双重意义上"自由的"劳动者(参见第四章第三节)。那些既非资产阶级又非无产阶级的群体,主要是个体的手工业者、小商人、小农民,被马克思称为中间阶级或小资产阶级。

结构意义上的阶级无需通过其独特的历史印记来表现自己:资本家不一定要抽雪茄、配司机,无产阶级也不一定都是产业工人,居住在工人居住区。这种陈腐看法的消解也不意味着阶级的终结,而只是其历史形态的改变。

一个人在结构意义上属于哪一个阶级,也无法通过形式的特征来确定,比如看是否存在一种雇佣劳动关系,而是要看他在生产过程中的位置。更准确地说:只有在"资本的总过程"的层面,即马克思在第三卷中所达到的层面,以生产过程和流通过程的统一体为前提,才能确定阶级问题(参见第七章)。在这一层面就会发现,无法只凭借是否占有生产资料来判定一个人的阶级。一个股份公司的董事长在形式上可能像是个雇佣劳动者,事实上他是"职能资本家",他支配着资本(即便不是他自己的财产),组织着剥削,而他的"薪酬"不来自他自己的劳动力,而

---

① Kößler, Reinhart; Wienold, Hanns (2001): *Gesellschaft bei Marx*. Münster, S. 199ff. ——译者注

是被生产出来的利润。与之相反,许多形式上自主的(可能甚至还占有一些小生产资料的)人始终还是无产阶级,他们事实上还是依靠出卖自己的劳动力生活,只是其生活条件可能比身处形式上的雇佣劳动关系之中更加糟糕。

结构意义上的"资产阶级"与"无产阶级"今天在生活条件(收入、教育、预期寿命)方面的差异依然显著,而在"无产阶级"内部,他们的实际生活(工作、收入、教育、闲暇时间以及消费行为)也严重分化。因此,我们无法确定,一种共同的阶级状况会不会转化为一种共同的意识和行动,由结构所规定的阶级会不会转化为一种历史-社会的阶级:也许会发生,也许不会。

即便(由结构所规定的)无产阶级或者其中一部分转化为历史性的阶级,并且发展出了阶级意识,也不意味着这种阶级意识中自动包含一种超越资本关系的解放的设想。具有阶级意识的无产阶级也不自动就是"革命的"。

在资本主义生产过程中,资产阶级和无产阶级之间是直接对立的,对无产阶级的剥削使资本作为自行增殖的价值而存在。至于资本增殖得以实现的具体条件,则始终存在争论:劳动力价值必须能够满足正常的再生产,但是,正常的标准取决于工人阶级的哪些要求能够得到满足(参见第四章第四节)。同样存在争论的还有劳动时间的长度(参见第五章第一节)以及生产过程发生的条件(参见第五章第四节)。就此而言,资本关系的存在总是伴随着**阶级斗争**,无论是否这样称呼它。而特别是在阶级斗争中,斗争者会形成一种阶级意识,不过根据历史的情况,这种意识会有相当不同的表现。

阶级斗争不仅会采取资产阶级和无产阶级直接对抗的形式,也会表现为国家的形式,后者通过国家法律的形式(如工作日限制、失业保护、社会保险等)来确立或者排除特定的主张。不过,阶级冲突不是资本主义社会中唯一重要的对抗。对社会发展而言,关于性别地位、种族压迫或者移民问题的冲突也具有重要意义。

传统马克思主义经常把阶级斗争视为唯一真正重要的社会斗争形式。20世纪60年代形成的意大利左翼激进"工人主义"思潮甚至认为,阶级斗争是资本主义危机的决定性因素。成功地贯彻工人阶级的诉求可以加剧或者引发危机,这是毋庸置疑的。就连资产阶级经济学家,如现代新古典主义经济学家们,也基本认同了这一联系,并把危机的原因说成是过高的工资、过强的工会以及劳动力市场的(对工人太过友好的)监管。对于分析一个特定国家在特定历史时期的资本主义发展而言,阶级斗争的规模与形式无疑非常重要。但是,如果"在它的理想的平均形式中"论述资本主义生产方式(即在马克思《资本论》的论述层面,参见第二章第一节),将危机归结为阶级斗争,那么就错失了马克思危机理论中的决定性部分。因为马克思正是想证明,资本具有一种内在的危机趋势,这种趋势会导致危机,而与阶级斗争情况无关。这意味着,即便阶级斗争停止了,危机仍会不断发生。

阶级斗争起初只发生在资本主义**内部**:无产阶级为了他们**作为无产阶级**的生存条件而斗争,即为了更高的工资、更好的工作条件、法律权利的确立等。就此而言,阶级斗争并非标志着资本的特别的衰败或者革命即将到来,而是资产阶级和无产阶级冲突的正常运动形式。斗争所提出的要求也大多局限于"三位一体的公式"所划定的范围之内:如果要求"公平的"工资,那么这种要求恰恰建基于工资形式的虚幻性之上(也就是说,工资被视为对劳动价值的支付,而不是对劳动力价值的支付,参见第四章第五节),马克思已经指出,资本家和工人的一切法的观念都是以这种形式为依据的(《马克思恩格斯全集》,第44卷,第619页)。这就是说,如果资产阶级社会中的人想要弄清楚他们的利益,无论是工人还是资本家,他们首先就会陷入一种拜物教式的思考与感知形式,这种形式支配了人们自发的日常意识。

不过,阶级斗争也有自己的演变过程。它会导致学习和激进化的过程,在这一过程中,资本主义制度在整体上受到追问。不过,拜物教还是无法被透视。在现代工业资本主义发展的早期,无产阶级领导的斗争常常遭到国家的残酷镇压（比如，对工会和罢工的禁令、对积极分子的迫害），结果往往导致更剧烈的激进化过程。相比于19世纪和20世纪早期，这种直接的压制已经在很多国家很少出现了（在一些国家它仍然扮演重要角色）。今天，对于资产阶级与无产阶级之间直接对抗的形式，发达资本主义国家都有一套较为严格的法律规则：阶级斗争可以发生，但不能对制度构成威胁（比如，在德国，罢工和结社的权利在法律上受到保障，但是企业停工的权利也受到保障；劳资协定的自主权也受到保障，但政治性的罢工则是被禁止的）。这就是说，某些斗争形式不再受到国家直接的镇压，另一些形式则遭到更加严格的追究。

在马克思主义的历史中，关于阶级和阶级斗争，往往存在两个错误结论：第一，从阶级状况中将形成一种阶级意识，这是迟早必然出现的；第二，这种阶级意识被认为必然或多或少具有"革命性的"内容。因此，每场阶级斗争的爆发都往往被视为即将到来的最终斗争的预兆。人们假设，随着资本主义的发展，无产阶级必然形成阶级意识，并发展为一个革命的阶级。在历史上虽然存在过这样的个别情况，其中一部分无产阶级成为革命的阶级，但是这种情况并不是一种无产阶级发展为革命阶级的普遍趋势的结果，而是具体的历史情境的表现（比如，1918年德国的战败和贵族-军队集团合法性的丧失）。因此，一部分无产阶级的革命化，也都只是一种暂时现象。

许多马克思主义的"阶级分析"围绕的是"谁属于无产阶级"的问题，然而这一问题是从无产阶级必然发展为革命阶级的观点出发的。人们相信，凭借在阶级分析上所规定的无产阶级，他们发现了"革命的主体"。如果真正的无产阶级并不清楚他们的角色，那么就应该有人去帮助他们——首要的是通过"工人阶级政党"，通常会有许多人以这一名义加入到激烈的斗争中去。

我们在马克思那里也可以发现上述结论以及由此建立起来的决定论的历史观，特别是在《共产党宣言》中——而恰恰是这一文本在传统马克思主义和各个工人政党中始终占有重要的地位。

在《资本论》中,马克思显然更谨慎了。不过,此前的历史决定论的影响仍然存在。在《资本论》第一卷的结尾,马克思用三页的篇幅简要勾勒了"资本主义积累的历史趋势"。首先,马克思将资本主义生产方式的兴起总结为对单个小生产者(包括小农和手工业者)的剥夺。在所谓"资本原始积累"的过程中,他们失去了他们对生产资料的所有权,这迫使他们向资本家们出卖自己的劳动力。因此,资本主义的基础是一种生产过程的根本转换:小企业变成大企业,资本集中和集聚由此发生、科学和技术得到系统应用、生产资料日益节省、各国经济被整合进世界市场。马克思进而指出:

> 随着那些掠夺和垄断这一转化过程的全部利益的资本巨头不断减少,贫困、压迫、奴役、退化和剥削的程度不断加深,而日益壮大的、由资本主义生产过程本身的机制所训练、联合和组织起来的工人阶级的反抗也不断增长。资本的垄断成了与这种垄断一起并在这种垄断之下繁盛起来的生产方式的桎梏。生产资料的集中和劳动的社会化,达到了同它们的资本主义外壳不能相容的地步。这个外壳就要炸毁了。资本主义私有制的丧钟就要响了。剥夺者就要被剥夺了。(《马克思恩格斯全集》,第44卷,第874页)

在这段描述中,无产阶级向革命阶级的转化与资本统治的覆灭似乎是一个不可避免的过程。而且马克思在此处的一个脚注中引述了《共产党宣言》,其中这样谈到资产阶级:"资产阶级的灭亡和无产阶级的胜利是同样不可避免的。"(《马克思恩格斯全集》,第44卷,第875页)

在早期的工人运动中,人们乐于接受这样的论述,人们在生活中也确实感到资产阶级社会这一必然灭亡的社会所带来的排斥与羞辱。一战之前的社会民主党和后来的共产党的报刊常常刊登和引用《资本论》第一卷中的这三页论述,这深刻影响了人们对马克思所分析内容的理解。

但是，这种判断完全没有得到马克思本人的研究的支撑。资本的垄断在何种意义上会成为"与这种垄断一起并在这种垄断之下繁盛起来的生产方式的桎梏"，是不清楚的。资本主义发展中成果与社会成本的极端不平等的分配，不是资本主义发展的障碍，而是——正如马克思的分析所表明的那样——资本主义固有的运动形式。而无产阶级将随着资本主义生产方式的扩张而壮大，并通过大工业以某种方式得到"联合"和"训练"（比如，无产阶级必将通过工会，以及在政治上以某种方式组织起来，从而作为一般的无产阶级而存在），这种观点固然是正确的，但是从马克思的分析中无法推断出，无产阶级必然发展成一个革命阶级。恰恰相反，《资本论》所提供的概念正是为了让我们理解，为什么革命性的发展如此罕见，为什么前文引述的"反抗"没有引发对资本主义的斗争：通过对拜物教、工资形式的虚幻性以及三位一体的公式的分析，马克思展示了资本主义生产方式如何自行建构出一套将社会联系物化的图景，其中，资本主义生产关系似乎是由各种生产条件所产生的，以至于对它的改变只能局限在资本主义关系的范围内。革命性的发展可能会发生，它并非绝无可能，但是绝不是不可避免的。

马克思从前述引文中得出的推论引发了历史决定论，但他没有通过范畴性的阐述来证明这些推论。就此而言，这些论述与其说是他的分析，不如说是他的期待。在这里，革命的激情战胜了冷静的学者。但是，对资本主义生产方式的阐述本身在任何地方都不依赖于这些推论。对于理解资本主义生产方式而言，《资本论》的贡献仍旧是最大的。至于这种生产方式是否以及会如何终结，是无法事先确定的。这里没有任何确定性，有的只是结局待定的斗争。

第十一章　国家与资本

当马克思在 19 世纪 50 年代末打算对政治经济学进行全面批判时,他还想要撰写一部关于国家的著作。马克思总共计划写六册:资本、地产、雇佣劳动、国家、国际贸易、世界市场(参见《马克思恩格斯全集》,第 29 卷,第 531 页)。《资本论》三卷就内容范围来说包含了前三册的内容。计划中关于国家的著作则从未写出来,在《资本论》中,关于国家只有一些零星的评述。国家理论的一些一般要素可以在恩格斯后来的著作中发现,如《反杜林论》(1878)以及《家庭、私有制和国家的起源》(1884)。在 20 世纪,马克思主义者们围绕国家理论进行了广泛的辩论,但并未达成关于国家的共同理解。① 本章并不是想提出一个简明的"马克思主义国家理论"。倒不如说,我们想阐明一些根本性的要点,即在政治经济学批判的背景下,它不单单是一种不同于资产阶级国家理论的替代理论,而首先是一种政治学批判。这不是指批判某种特定的政策,而是批判作为社会形式的国家和政治,也就是说,批判一种特定的社会联系的调节方式。

---

① 这里只能简要提及一些相关文献:列宁(1917a),帕舒卡尼斯(Paschukanis 1924),葛兰西(Gramsci 1929 - 35),阿尔都塞(Althusser 1970),阿格诺里(Agnoli 1975),普兰查斯(Poulantzas 1977),戈斯腾博格(Gerstenberger 1990),关于争论的概论参见 Stützle 2003。

第一节　国家：统治阶级的工具？

马克思和恩格斯提出的两个观点显著影响了后续关于国家理论的讨论：一是"基础"与"上层建筑"的提法，二是将国家作为统治阶级工具的观点。

在1859年《政治经济学批判（第一分册）》序言中，马克思用一页半的篇幅总结了他对社会的一般观点。他把社会的经济结构称为"有法律的和政治的上层建筑竖立其上"的"现实基础"，并强调：

> 法的关系正像国家的形式一样，既不能从它们本身来理解，也不能从所谓人类精神的一般发展来理解，相反，它们根源于物质的生活关系。（《马克思恩格斯全集》，第31卷，第412页）

马克思在其他地方很少使用"基础"和"上层建筑"，但这两个概念由此被马克思主义者们在后来频繁使用，并引发了人们的争论。在传统马克思主义以及马克思列宁主义中，序言中的这段论述被视为"历史唯物主义"的一个基础性文献。通常的结论是，经济"基础"在根本上决定了政治的"上层建筑"（国家、法律和意识形态），而"上层建筑"的任何现象都必然有一个经济"基础"的原因。这种向经济原因与利益的简单归因被称为**经济主义**。

马克思主义者们的许多争论围绕的问题是，"基础"究竟在多大程度上决定了"上层建筑"。但是，这种想要从序言中解读出确定的科学结论的尝试，常常忽视了这样一个事实，即马克思本来只是想与当时占统治性地位的国家理论划清界限，后者脱离一切经济关系来考察国家。与之相对，马克思强调国家和法律不能从其自身得到理解；而必须放在经济关系的背景中加以考察。至于这样一种对国家的分析究竟是怎样的,单从这种划界是看不清楚的。

关于基础与上层建筑的经济阐释正好契合恩格斯对国家的回溯性分析。在《家庭、私有制和国家的起源》(1884)一书结尾,恩格斯提出了对国家问题的几点一般性思考。他强调,并非所有人类社会中都存在国家。只是当一个社会中形成了具有对立利益的阶级之后,这种阶级对立存在撕裂社会的危险,才需要一种"表面上驾于社会之上的力量"。这种虽然从社会中产生,但又日益独立于社会的力量,就是国家(《马克思恩格斯全集》,第21卷,第194页)。不过,国家只是表面上立于阶级之上,实际上,它是"最强大的、在经济上占统治地位的阶级的国家,这个阶级借助于国家而在政治上也成为占统治地位的阶级"(《马克思恩格斯全集》,第21卷,第196页)。

恩格斯起初将国家理解为一种与社会**对立的**力量。这种观点与一般关于国家的说法相一致,后者将国家理解为一种机构,它在一个特定社会中垄断了合法行使暴力的权利(简言之就是**暴力垄断**),除非紧急自卫,无人可以在国家指定的警察或军队这样的国家机关之外行使暴力。但是恩格斯强调,这种机构同时也是统治阶级的工具——根据恩格斯的观点,即便是在拥有普选制度的民主共和体制下,仍然存在各种间接的统治机制:一方面是"直接收买官吏",另一方面是"政府和交易所结成联盟"(在公债的基础上,国家日益依赖于交易所)。只要"无产阶级还没有成熟到能够自己解放自己",仍然认为现存的社会秩序是唯一可能的秩序,即使普选制也无法阻碍国家成为统治阶级的工具(《马克思恩格斯全集》,第21卷,第197页)。

恩格斯进而认为,当无产阶级最终解放了自己,并建立起一个社会主义、共产主义社会时,阶级也会消失——这不是突然实现的,而是逐步实现的。由于国家作为一种与社会相对立的力量,只是建立在阶级划分的基础上,随着阶级的消失,国家也会消失:根据《反杜林论》中著名的说法,国家会"自行消亡"(《马克思恩格斯全集》,第20卷,第306页)。

将国家首先视为经济上占统治地位的阶级的**工具**,这种观点不仅主导着许多马克思主义者的争论,而且一些激进民主主义的资产阶级批评家也会把至少是现存的国家视为直接的阶级统治的工具。而现代国家自称是**中立**于所有阶级的:公民在法律上平等,国家的责任在于公共利益。因此,那些将国家主要看成是阶级统治工具的人会试图证明,政府的实际行为和国家机关的运作方式都与这种中立性的说法背道而驰。

这样一种观点在经验上具有一定的合理性:我们总能发现一些法律案例,富裕者受到了照顾,或者资本主义的游说集团以合法的(或非法的)形式对立法和政府的政治行为施加了影响。的确存在一部分资本试图把国家作为工具来使用的情况,有时确实做到了,这是无疑的。问题在于,是否凭借这样一些事实,就可以把握住现代资产阶级国家的本质特征。

国家大多还会采取措施,让贫困人口阶层生活得更好。在工具主义国家观的代表眼中,这些措施会被解释为单纯的让步,只是为了安抚压迫与剥削的手段。

对工具主义国家观的代表而言,**国家批判理论**是一种**揭露**:国家的中立性应当被证明为只是一种假象。于是,国家批判理论主要关注的是国家的各种**行为**,而不是作为社会形式的国家和政治。①

在政治实践中,工具主义国家观大多推导出一种以**不一样的**方式运用国家的诉求:公共利益的诉求要得到真正认真的对待,下层阶级的利益要得到更好的照顾。至于何时能实现这一点,则有各式各样的判断。"革命的"思潮强调,只有在一场革命之后,国家的政策才会真正建基于大多数人的"现实"利益。但是在非革命的形势之下,革命的政策

---

① 在青年马克思19世纪40年代早期的文献中,也可以发现一种将理念与现实对立起来的国家批判理论。由于这种批判是不充分的,马克思后来转向了政治经济学研究(参见 Heinrich 1999, S. 88 ff.)。因此,对于一种与政治经济学批判相关的国家批判理论而言,这些早期工作成效不多。

应当如何体现，仍然是不清楚的。"改革的"思潮则相信，即便在资本主义制度之下，一种别样的政策、阶级的妥协依然可能。与之相应的是左翼政党加入到了政府中，并期待"更好的"政策。随之而来的往往是失望，一部分改革者将其视为不得不付出的妥协的代价，而另一部分更为激进的改革者则对这种让人失望的政策加以批判，并将之归结为左翼政党领袖的迎合或者"背叛"。于是，常常又有新的政党诞生，它将"真正"有所改变。而这种批判性的迎合可能存在结构性的原因，这一点却在这里被忽视了。

第二节　资产阶级国家的形式规定：法治、福利国家与民主

工具主义的国家观存在一个根本问题：它掩盖了前资产阶级社会和资产阶级社会关系的质的差别，只强调社会中不同阶级的划分。但是，国家分析的关键在于阶级之间发生关系的**特殊形式**，以及阶级关系再生产的**特殊形式**。①

在前资产阶级社会中，经济和政治统治还不能被区分开：奴隶主或封建地主的统治关系是一种对"他们的"奴隶或农奴的人格统治关系，这种关系（从今天的视角来看）同时表现为一种政治权力关系和一种经济剥削关系。

在资产阶级-资本主义社会中，经济剥削与政治统治分离开来了。土地或者生产资料的所有者并不具有与这种所有权相联系的司法、警察或军队职能，这些职能才能实现他的政治统治。因此，经济统治不再

---

① 马克思在《资本论》中强调了这一点："从直接生产者身上榨取无酬剩余劳动的独特经济形式，决定了统治和从属的关系，这种关系是直接从生产本身中生长出来的，并且又对生产发生决定性的反作用。但是，这种从生产关系本身中生长出来的经济共同体的全部结构，从而这种共同体的独特的政治结构，都是建立在上述的经济形式上的。"(《马克思恩格斯全集》，第 46 卷，第 894 页)

具有人格化特征,单个的雇佣工人不再人身依附于某个特定的资本家。资产阶级社会的成员在市场中表现为"平等的"和"自由的"私有者,尽管其中有些人只占有其劳动力,而另一些人占有生产资料。马克思在《资本论》中讽刺地说:

> 劳动力的买和卖是在流通领域或商品交换领域的界限以内进行的,这个领域确实是天赋人权的真正伊甸园。那里占统治地位的只是自由、平等、所有权和边沁。① 自由!因为商品例如劳动力的买者和卖者,只取决于自己的自由意志。他们是作为自由的、在法律上平等的人缔结契约的。契约是他们的意志借以得到共同的法律表现的最后结果。平等!因为他们彼此只是作为商品占有者发生关系,用等价物交换等价物。所有权!因为每一个人都只支配自己的东西。边沁!因为双方都只顾自己。使他们连在一起并发生关系的唯一力量,是他们的利己心,是他们的特殊利益,是他们的私人利益。
> (《马克思恩格斯全集》,第44卷,第204—205页)

经济上的剥削和统治关系是经由自由平等的契约签订者之间的协商一致而确立的,而且可以随时解除这种关系。被剥削者之所以同意这种剥削,是因为他在一个私有制社会中没有其他维持生计的手段。雇佣工人虽然不是在人格层面从属于某个特定资本家,但他为了生存,必须将其劳动力出卖给资本家。

因此,资产阶级社会从生产中生发出来的阶级统治关系与所有前资产阶级社会的阶级统治关系完全不同。这也表明,资产阶级社会的政治形态,即**资产阶级国家**,也具有自己独有的特点。

在前资产阶级社会中,人们从一开始便是在法律上不平等的。权利和义务均由他们各自的等级和社会地位所决定。经济与政治的统治

---

① 杰里米·边沁(Jeremy Bentham, 1748—1832)是一位英国哲学家,他是功利主义伦理学的代表。

关系也直接是相互制约的。在资本主义制度之下,不再需要**直接的**政治力量来维持经济剥削:国家只需要作为站在社会之外的担保力量,把社会成员都当作**私有者**来对待就足够了。不过,它必须是一种独立**自主的**力量,这样它才能迫使**所有人**把彼此承认为私有者。

作为**法治国家**,资产阶级国家把它的公民视为自由而平等的私人财产所有者:所有公民都需遵从相同的法律,具有相同的权利和义务。① 国家维护每一个公民的私有财产,这并不取决于公民的人格。这种维护的前提是公民有义务把彼此承认为私有者:只有经过双方的商定,才能占有他人的财产;通常来说,人们只能通过捐赠、继承、交换和购买来获得他人的财产。

在单个公民看来,国家表现为一个中立的机关。这种中立性绝不只是一种假象。相反,国家恰恰通过这种中立性,保障了资本主义统治与剥削关系的基础。对财产的保护意味着那些除了自己的劳动力之外没有什么财产的人,**必须**出卖自己的劳动力。为了维系他们的生活,他们必须屈服于资本。这就使得资本主义生产过程成为可能,并且不断再生产出作为其前提的阶级关系。单个工人从生产过程中出现,如同他们自行进入这一过程之中。他的工资实质上满足的正是(他自己及其家人的)再生产。为了不断再生产,他必须不断出卖其劳动力。资本家也是在这一过程中不断作为资本家出现的:他的预付资本连同利润回流到他手中,从而使他能更大规模地投资。因此,资本主义生产过程不仅生产商品,也将资本关系本身再生产出来(参见《马克思恩格斯全集》,第 44 卷,第二十一章)。

---

① 借用马克思的著名的说法,可以说,这种论述只适用于"在它的理想的平均形式中"得到阐述的资产阶级国家。正如"在它的理想的平均形式中"阐述的资本主义生产方式并不能够提供对资本主义社会的完整分析一样,这种对国家的分析亦如此。实现公民(特别是女性公民)在法律上和政治上的完全平等是一个过程,许多国家在 20 世纪后半叶经历了这一过程,另一些国家正在经历这一过程。另外,由于全球人口的流动,今天在大多数国家不仅生活着法律上平等的本国公民,而且还有越来越多的外国公民,他们显然只享有较低的权利,甚至像非法移民几乎没有任何权利。

不过，至少在发达资本主义国家，资本关系的再生产普遍地脱离**直接的**国家强制（间接的、作为威胁的国家力量则始终存在），只是晚近历史发展的结果。而在"资本原始积累"阶段，当"双重自由的工人"（参见第四章第三节）必须被"生产"出来的时候，情况是完全不同的。正如马克思通过英国的例子所表明的那样，国家当时必须持续而且直接地干预，从而实现和促进资本主义生产方式：起初，国家支持地主将农民从赖以谋生的土地上驱逐出去（对地主来说，养羊的收益更高）；随后，国家强迫无家可归者和流浪汉进入管理严格的资本主义工厂工作。这并不是说，各国政府有一个引入资本主义的总体计划，它们推行这些措施的原因各异。然而，现代资本主义正是通过这些强力措施而确立起来的。工人阶级的发展经过了相当长的时间，直到"他们由于教育、传统、习惯而承认这种生产方式的要求是理所当然的自然规律"（《马克思恩格斯全集》，第44卷，第846页）。① 此后，"资本家对工人的统治"才依靠"经济关系的无声的强制"来保证，只在例外情况下才需要国家的强制力（《马克思恩格斯全集》，第44卷，第846页）。在发达的资本主义关系之下，阶级关系的维持也是由此得到保证的。国家作为法治国家，无论其公民的阶级归属如何，都将其作为自由而平等的私有者来对待，保护其财产，以及其作为财产所有者的交往。②

资产阶级国家不仅是法治国家，即只是建立一套形式框架，并通过垄断暴力来维系这一框架。它还保障了资本积累的一般**物质**条件，因为单个资本由于无法获得足够的收益而无力以资本主义方式创造这种条件。这种积累的条件在历史上是变化的，而且在不同时期具有不同内涵，包括基础设施建设（特别是交通网络与通信网络）、科研与教育设

---

① 马克思简要提及的这一事实成为福柯关注的核心主题（Foucault 1976），在这种语境中，福柯批判传统的权力概念只是被归结为某些集团（阶级）所能掌握的能力。与之相对的，他提出"权力的微观物理学"，展示了权力深入每一个体内在观念与行为方式的过程。

② 由于资本的增殖不断征服新的领域，私有财产制度也必须根据变化的条件而不断重建，目前在互联网领域便是如此（参见 Nuss 2002）。

施的建设，以及由中央银行发行的价值稳定的货币。① 在这里，如恩格斯所言，国家作为"理想的总资本家"来行动(《马克思恩格斯全集》，第20卷，第303页)，它通过它的政策，以利益最大化的积累来谋求**资本主义总利益**。这个总利益并不总是和部分资本家或单个资本家的特殊利益相一致，因此国家行为完全可能与这种特殊利益相对立——正因如此，才需要一个独立于特殊资本的国家机构。虽然总是存在政府直接照顾单个资本的案例，但这并非资产阶级国家的本质中必然存在的方面。因此，在对国家和资本毫无批判的资产阶级圈子当中，这种照顾行为也会被视为"丑闻"。

资本主义积累的根本前提是雇佣工人的存在。他们的再生产通过资本所支付的工资而得以可能。对单个资本而言，工资(正如劳动保护和事故防护的措施一样)只是一种成本要素，它必须最小化，以便在竞争压力下获得最大化的收益。在此过程中，如果资本家没有遭到强大的工会或类似团体的反抗，那么就会推行超长的工作时间、危害健康的工作条件、让工人饿肚子的低工资，以致劳动力长期无法继续再生产：资本由于(在竞争的推动下)不断增殖的本能，内在地具有破坏劳动力的倾向。单个资本家虽然可能对此有所认知甚至抱有歉意，但只要他不想破产，他就不能做出太多改变。为了避免资本毁掉它所剥削的对象，就必须通过国家的强制法律来保护这一对象。法定的正常工作日(参见《马克思恩格斯全集》，第44卷，第八章)、关于岗位安全防护和健康保护的规定、法定的最低工资(或者发挥着工资底线作用的国家最低保障)——通常要靠工人的斗争才能得以推行——虽然限制了资本增殖的可能性，但是保障了资本增殖的长期性。

国家不仅避免了对劳动力的破坏，而且还作为**福利国家**保障了劳动力的再生产，这一点单靠工人和资本家所商定的工资是不可能实现

---

① 货币的**存在**不是基于国家行为，毋宁说是商品使得货币成为必需(参见第三章)。不过，在正常的资本主义条件下，国家通过其机构(在发达资本主义时代即中央银行，参见第八章)保障了其**货币的具体形态**的价值。

的。通过各种社会保险政策,国家保障了劳动力免遭资本主义经济中的根本性风险:由于意外或者高龄而长期无法出卖自己的劳动力(意外保险和养老保险);由于生病或者失业而暂时无法出卖自己的劳动力(健康保险和失业保险、社会救助)。

福利国家的举措来自资本积累过程,无论其资金来自社会保险还是税收。一部分社会价值产品被用于福利保障,这就使剩余价值量下降了。对于单个资本家而言,这种扣除和前述保护性规定一样,是一种限制。就此而言,作为福利国家的国家有损单个资本追求最大化增殖的直接利益,也会遭到相应的抵制。因此,福利国家的举措往往是工人运动斗争的结果。福利国家也因而被理解为工人运动的"成就"、资本家对工人阶级的妥协(以便安抚工人阶级)。事实上,相较过去,在福利国家保障之下的雇佣工人的生活明显更加轻松与安全了。但是,这绝不是单方面让劳动力获益,也不像人们时常所声称的那样,已经代表了超越资本主义的第一步。倒不如说,它确保了与资本主义相一致的作为**雇佣工人**的存在。一方面,让那些由于疾病、意外或者暂时的需求短缺而无法用劳动力实现增殖的人,能在一种"体面的"境况下对待资本,这也符合资本的利益。另一方面,福利国家的举措通常也与劳动力的卖出(或者为此而进行的准备)联系在一起:失业保险或养老金都取决于工人以前的工资,单是这种联系就会对工人起到约束作用;对于有劳动能力的人,失业保险或社会救助的支付额度还与他出卖自己劳动力的努力程度相关。如果不努力,国家机构将削减甚至完全拒绝支付这笔费用,以此作为约束的手段。因此,福利国家的举措从未脱离出卖劳动力的强制。

将资产阶级国家视为资本家阶级工具的观点有一个根本缺陷,它不仅预设了一个统一的、在政治上有行动力的"统治"阶级的存在,而且预设了一种被清晰定义的阶级利益,只待一种工具以付诸实现。以上两点预设都不是显而易见的。资本主义制度下"经济上统治的阶级"是由竞争着的资本家构成的,他们有着相当不同、部分冲突的利益。虽然他们存在一种维持资本主义生产方式的共同利益,但只要没有革命运动的威胁,这种利益就过于一般化,而无法构成"正常的"国家行为的准则。规定着国家行为的那种利益,不是像工具主义观点设想的那样,现成摆在那里等着被实现,而是必须首先被**构建**出来。

所有的国家政策都是充满争议的,无论是关于法律制度的具体安排,积累的物质条件的保障,还是福利国家举措的形式与范围。任何政策通常都将给一些资本(有时甚至是全部资本)带来弊端,而给另一些资本带来利处(或者相对更少的弊端)。长远看来可期待的——但不确定的——利处往往与直接的弊端相对立。资本主义的总利益究竟何在,国家应该应对哪些挑战,以及用怎样的形式和方式来应对挑战——这一切必须不断得到厘清。国家政策的前提是持续地**研究这种总利益**以及实现它的**措施**。

存在各种不同的谋求资本主义总利益的可能性,这没有什么稀奇。**替代性的策略**是可能出现的,因而国家政策不能被归结为资本主义经济必然性的简单贯彻。马克思主义学者们喜欢证明国家措施的经济目的,这作为对国家的阐释是不充分的。各部分资本之间的权力关系、精明的联盟、国家机器与大众媒体的影响以及类似因素,对于施行或阻止单个措施或整体策略都具有决定性意义,有时还会带来有损资本主义总利益的结果。游说工作、争夺影响等并非违反规则,而恰恰是在谋求一致的过程中通常发生的事情。

但是,国家政策推行的前提不仅是最重要的各部分资本家在资本主义总利益上达成一致。这些政策还必须在下层阶级面前**合法化**,来自他们的一定程度上的共识也是必要的。这样才能确保下层阶级不会通过社会实践对资本主义关系的再生产构成干扰(这种干扰不是始于政治上挑起的对抗)。特别是,这样可以确保下层阶级接受他们经常所要付出的牺牲,至少是能消极地忍受。不过,为了构建政策的合法性,并且维持对工人和公民的"规训"管理方式,仅仅把政策"顺利兜售出去"还不够。下层阶级的利益——他们在资本主义**内部**的利益,即他们作为雇佣工人而更好地存在的利益——必须得到考虑，至少不能"太过"妨碍资本主义总利益的成功积累。在此过程中，这种利益得到多么强力和有效的代表也很重要，这就要看这种利益的代表在政党、国家机器和媒体中具有多大的影响。

关于各种政治措施与不同策略的争论、关于形成共识与合法化的争论、关于与资本主义相一致的利益整合的争论——这一切不仅涉及"统治"阶级，也包含"被统治"阶级。它不仅发生在国家机构内，也发生在它之外：在**资产阶级公共领域**的媒体（电视、报刊）中，也在**民主决策机构**（政党、议会和委员会）中。固然，政策也能通过国家权力手段以独裁方式、违背大多数民意而施行，但是，长期压制民主机构、限制出版与言论自由将会耗费显著的物质成本（合法性越低，压制的机器就要越广泛），并且会显著妨碍资本主义总利益的厘清。因此，在发达资本主义国家，军事独裁及类似手段只是例外状态。

建构合法性、取得与资本主义相一致的共识的根本程序是普遍的、无记名的、自由的**选举**。这样，大多数民众就可以把不受欢迎的政治人物或政党选下去，让其他人取而代之。新的政府，无论其政策与旧政府是否有所区别，在面对批评者时就可以宣称，它是被"选出来的"，是大多数民众"支持的"。当政治学研究**民主**时，这种"程序合法性"被摆在首位——更多的资本主义语境则被隐藏了起来。民众对苛政的不满，不仅通过定期选举的方式而获得了一个及时宣泄的阀门，而且被引导到了个别的政治人物和政党身上，而不再针对这些政策背后的政治与经济制度。相应的，在资产阶级公共领域，如果政治制度提供了把政府选下台的可能性，那么这个制度就被视为**民主的**。

一部分左翼主张一种理想化的民主，他们把现实存在的民主机构与理想的国家公民相比较，认为后者应当尽可能地通过投票表决来自行决定事务。这种主张和前述政治学研究的主流一样，没有看到民主背后的社会与经济语境。在各种不同的民主制（总统制、议会制等）之外，并不存在一种人们最终必然实施的"真正的"民主。在资本主义制度下,既有的民主制已经是"真正的"民主制(那些把"真正的"民主理解为尽可能多地采用全民公投的人,可以观察一下比如瑞士的民主,看看这是否导致了重大的改变)。

国家与公共领域常常被认为表现为一个各种利益斗争的空间,而在民主制中,这一点特别明显。但是,这个空间并不是中立的。倒不如说,这个空间结构性地影响了各种争论以及由此产生的政治实践。因此,国家政策绝不会完全取决于经济状况,但是也不会是一切皆有可能的开放过程。一方面,阶级内部、阶级之间的争执,以及各个集团相对的实力与斗争能力发挥着重要作用,从而使各种发展总是存在可能;另一方面,政策必须始终考虑资本主义总利益的成功资本积累。政党与政治人物可能由于其出身和价值观而有所不同,但是其政策,特别是执政者的政策,通常会趋向于这种总利益。这并不是由于他们受到了资本方的"贿赂",或者以某种方式依附于资本(尽管这也可能发生),而是由于政党运作的形式与方式,以及政府的运作条件——这种过程与条件是致力于执政的左翼政党也无法逃避的。

为了当选总统或者维持政党的多数席位,必须吸引各种利益和价值观群体。为了引起媒体的重视(这是为人所知的一个根本前提),必须提出"真正的""可靠的"政策建议。一个政党在取得成功之前,甚至只是为了向进入政府迈进,通常都需要经历一个历时多年的训练过程,以使自己越来越适应于一种"必然性",即对资本主义总利益的追求,从而为自己赢得更多选票。如果一个政党最终成功执政,它也必须考虑维持它所获得的支持。在这里,特别重要的一点是,它的"施政空间"在根本上取决于它的财政能力:这一方面受制于税收收入水平,另一方面受制于支出水平,其中社会福利又是最大的一笔支出。在成功的资本积累过程中,税收总量较高,而对失业和贫困人口的社会支出相对较低。而在危机阶段,税收收入下滑,同时社会支出增加。因此,国家的物质基础便与资本积累联系在一起,没有政府能够摆脱这种依赖性。政府虽然可以通过举债来扩展其财政空间,但这就增加了未来的财政负担。而且,国家信用想要不出现问题,就要通过用于还款的未来的财政收入来保证,这就依然是以成功的资本积累为前提。

资本积累的要求不仅对政治人物而言是一个显而易见的目标,而且是民众层面广为周知的道理,即"我们的"经济发展得好,"我们"也会过得好。有些"牺牲"起初只是有利于资本主义企业的发展,但是为了期待中所有人更好的未来,人们愿意承担。德国社会民主党的总理赫尔穆特·施密特(Helmut Schmidt)曾在20世纪70年代通俗好记地阐述了这一点:"今天的利润是明天的投资,也是后天的就业机会。"大部分民众的批评通常不是针对政策的规定或者利润的要求,而是由于这种要求没有带来预期的结果。

这里体现出了拜物教的政治意义,它构建了资本主义生产当事人的自发的感受。在三位一体的公式中,资本主义生产方式表现为社会生产过程的"自然形式"(参见第十章)。资本主义表现为一个别无选择的企业,资本和劳动在其中扮演着"自然的"角色。于是,对于不平等、剥削和压迫的感受没有必然地引发对资本主义的批判,倒是引发了对资本主义**内部**条件的批判:被批判的是"过度的"要求或"不公平的"分配,而不是这种分配的资本主义基础。劳动和资本似乎同样是必要的,从而被同样视为社会财富生产的承担者。正是在三位一体公式的背景之下,我们才能理解,为什么把国家视为中立的第三方、认为它应当照顾"整体"并呼吁国家构建"社会正义"的观点,会如此易于接受并且广为传播。

这种被国家所照顾的资本与劳动的"整体",在各个地区、在不同程度上被认作**民族**,即想象中的"人民"的命运共同体,一种"共同的"历史与文化由此被建构起来。这种民族共同体常常是经由与"内部"和"外部"的敌人的区分而建立起来的。国家表现为民族的政治形态:它不仅要对内通过其政策,而且要对外作为"民族利益"的代表来实现民族的"福祉"。而这恰恰是国家在追求资本主义总利益时所做的事情,因为在**资本主义制度**下,除了资本主义总利益之外,并没有别的什么共同福祉。

第三节　世界市场与帝国主义

为了尽可能地实现高增殖，资本倾向于超越民族的界限——不仅要购买固定资本要素（尤其是原料），而且要出售其最终产品。马克思由此提出世界市场，它"是资本主义生产方式的基础和生活环境"（《马克思恩格斯全集》，第46卷，第126页）。资产阶级国家所追求的资本主义总利益不仅停留在国家层面，还会拓展到国际层面。许多马克思主义流派至今仍然或多或少地采用列宁的帝国主义理论来分析国际政治问题，因此我们必须首先对这一问题做出简要的阐述。

提到**帝国主义**，人们想到的是国家试图将其统治范围扩展到国界之外，无论是直接地通过国家领土的扩张，还是间接地通过对其他国家的经济、政治或者军事支配。在19世纪后期，欧洲的发达资本主义国家以及美国、日本不断将世界其他地区（主要是非洲、亚洲和拉丁美洲）纳入其统治范围并加以利用，在这段相当短的时间内，出现了大量的殖民地，其中有一部分一直存在到第二次世界大战之后。

在20世纪初期，不少马克思主义者对这种帝国主义行动的基础，即帝国主义国家内部资本主义结构的变化进行了研究。其中影响最大的是列宁的研究，他的研究很大程度上借鉴了英国左翼自由主义作家霍布森（Hobson 1902）的观点，并以马克思主义的方式表达了出来。列宁把当时资本主义最根本的结构变化理解为从"竞争资本主义"向"垄断资本主义"的过渡。简言之，列宁的论证是这样的：越来越多的产业部门被少数几个企业所掌控，与此同时，大的工业企业还与大银行的"金融资本"融合在一起。结果，整个经济过程就被少数垄断资本家和金融寡头所掌控，他们对国家也施加了特定的影响。随着国内不再能够满足日益增长的垄断资本的增殖需要，他们便不再满足于对外出口商品，而必然要向其他国家输出资本。这种资本输出是通过帝国主义政策而得到实现和保护的。凭借资本输出，帝国主义国家的资产阶级占有了其他国家的巨额剩余价值，帝国主义资本主义因而具有了一种"寄生虫式的"特征。而垄断资本主义由于缺乏动力（而且人为抑制了技术进步），会趋向于"停滞和腐朽"。因此，帝国主义资本主义是一种"腐朽的"和"垂死的"资本主义。

由于所有发达资本主义国家纷纷推动帝国主义的扩张，它们在瓜分世界的过程中最终会引发斗争。而第一次世界大战就被列宁视为这种斗争的不可避免的结果。列宁认为，帝国主义政策以及最终爆发的战争之所以在许多国家被工人阶级普遍接受，是因为工人阶级中的上层（"工人贵族"）分享了帝国主义的果实，从而被"腐化"了。

从这种视角出发，帝国主义不是一种单纯的可以全然改变的政策，而是一种经济的必然性，它是从竞争资本主义向垄断资本主义的过渡所导致的。列宁因此将帝国主义视为资本主义发展的必经阶段，也是垄断资本主义的最终阶段。由于在垄断资本主义之后不再存在其他发展阶段，对列宁来说，帝国主义就是资本主义的最高、最后的阶段，只有通过战争或革命才能加以终结。①

列宁的帝国主义理论中存在一些有问题的要点，包括从竞争资本主义向垄断资本主义过渡这一论断。列宁从单个资本的壮大与主导一个部门的资本数量的日益下降（这种趋势在其他一些部门并不明显，有时甚至还相反），得出资本主义社会化方式改变的结论：不再是价值，而是垄断资本家的意志现在统治了经济。单个资本或卡特尔协议的计划尝试在某种程度上的成功，被错认为对价值中介的社会化方式的根本改变。由此，国家也被归结为这些垄断资本家的单纯工具，而帝国主义便被理解成了单个资本家利益的直接贯彻。最后，列宁对于帝国主义

---

① 由于"垂死的"资本主义显然在第一次（以及第二次）世界大战中幸存了下来，"马克思列宁主义"中的"国家垄断资本主义"理论也作为最终的帝国主义阶段的一个最近时期有所发展：国家机器与垄断的融合使得"垂死的"资本主义获得了一段喘息的时间。

作为"寄生虫"的描述，不仅由于其道德影射而存在问题，而且并没有解释清楚，为什么对外国工人阶级的剥削要比本国更加严重。因此，列宁认为是对马克思分析的一种继承的内容，和马克思的政治经济学批判并没有太多的关联。

不仅在理论上，列宁的帝国主义理论在经验层面也有薄弱之处：帝国主义政策推动下的资本输出虽然存在，但一大部分资本输出并没有流向殖民地或附属地区，而是流向了其他同样推行帝国主义政策的发达资本主义国家。这就意味着，资本输出的原因不单是资本主义中心地带不再有利可图，否则就不会有资本流向其他中心地带。此外，这种资本输出也没有得到本国的帝国主义政策的保护，这种政策只是为了统治那些中心地带以外的他国领土。最后，想要继承列宁理论的人在今天还面临这样一个问题，对于最重要的帝国主义势力美国而言，关键的因素不是资本输出，而是资本输入（对列宁帝国主义理论的详细批判，参见诺伊西斯《帝国主义与资本的世界市场运动》①；对帝国主义理论发展的导论，参见我的《帝国主义理论》②）。

也有人试图跳出列宁的框架来拓展帝国主义理论，这样，对帝国主义概念的理解就相当宽泛了。如果把国家在民族层面向其他国家施加经济、政治或者军事压力，从而贯彻资本主义总利益的行为称为**帝国主义**，那么帝国主义并不是资本主义发展的一个特殊阶段，倒不如说所有资产阶级国家在其可能的范围之内都是帝国主义的。那么，"帝国主义"概念也就没有表达出什么了。帝国主义政策想要达到哪些目的，它又是由哪些因素推动的，在一般层面上也无法确定。无论如何，帝国主义并不是一种简单的，比如保障资本输出这样的机制。

---

① Neusüss, Christel (1972): *Imperialismus und Weltmarktbewegung des Kapitals*. Erlangen. ——译者注
② Heinrich, Michael (2003a): "Imperialismustheorie". In: Schindler, Siegfried; Spindler, Manuela (Hrsg.), *Theorien der Internationalen Beziehungen*. Opladen, S. 279-308. ——译者注

在国际层面，众多的国家有着不同的经济、政治和军事实力，也有着彼此各不相同的利益。它们之间存在各种依附与联盟的情况，也存在对立关系。这样，每个国家的行动可能性也会受到所有其他国家的制约。在这种国家竞争中，对于每个国家而言，关键都在于赢得并维持自主行动的机会。因此，一个国家之间为实力与影响而斗争的领域便被建构了出来，它并不仅限于单个部分资本的经济利益的直接实现（虽然这也可能会发生）。这一领域主要涉及国际"秩序"的建立，包括贸易、货币、法律以及军事政治等领域。

除了特殊条件下产生的个别利益，国际秩序的最低限度的存在也符合各个国家的共同利益，因为只有较为稳定和可预期的经济与政治关系才能带来资本积累的成功。这种秩序的具体建构（如何权衡贸易自由和贸易保护？采用哪种货币作为世界货币？在哪些领域存在对军备的限制？）会给各个国家带来不同的利处与弊端，这就导致各种联盟的出现，这些联盟内部并非毫无矛盾，因而往往持续时间也很有限。①

最后，对于资源匮乏的发达资本主义国家而言，一个决定性的问题是原料和能源供应的安全。这里的关键不是掠夺相应的领土，而是关于贸易的"秩序"及其条件：关于可预期的开采量与安全的运输，关于价格形成机制与交易的货币。

这种国际秩序带来了一种共同利益，但这里并未说明，这种秩序何以实现，应当采取哪些方式。强国和弱国所预期的合作方式是有所不同的：对强国而言，"单边"行动（即不考虑他国利益的利益实现方式）也许是一个现实的办法；而弱国通常会倾向于"多边"行动（即或多或少与他国合作），甚至要求建立一种相关的国际法秩序。两种情况往往都会发生，用来实现这些国家各自的利益。

国家之间的关系不是静态的，而是存在于资本主义本身的发展背

---

① 哈特和奈格里（Hardt/Negri 2002）提出的民族国家的帝国主义的观点（这一概念对他们而言并没有列宁帝国主义理论的那种批判性意义）认为，会有一个"帝国"脱离地域性的权力中心而存在，这正是对这种国际秩序的壮阔想象。

景之下，这种发展不断重构着生产过程的技术条件、企业的组织形式及其国际关系。因此，世界市场不只是前提，而且也是被资本主义生产方式不断重新创造出来的结果，同时也不断为国家行动的可能性重新设置条件。

在资本主义历史中，我们不仅可以对个别国家，也可以对作为整体的资本主义世界体系加以结构性的分期。马克思所试图分析的，是这些时期之所以可以被称为资本主义的那种根本的共性特征（参见第二章第一节）。因此，相较于马克思的《资本论》，分期的问题处于更为具体的层面。不过，这种分期不应（像工人运动史中经常出现的那样）被错认为一种必然的、向着某个目标的发展过程——无论这个目标是迟早会达到的资本主义的"最高"阶段，还是向着社会主义或共产主义的"必然"过渡。

另一方面，当有人强调"如今"是一种全新的、完全不同的资本主义时，我们也必须谨慎对待。近年来在全球化概念之下被讨论的那些现象，并不是资本主义发展过程的全然断裂的表现。倒不如说，这些现象是资本关系在世界市场中充满危机的实现过程，以及与之相关的各个国家社会与政治关系的深刻变革的一个新阶段。

第十二章　共产主义：超越商品、货币与国家的社会

　　马克思的政治理想是超越资本主义。社会主义或共产主义社会（马克思和恩格斯在19世纪60年代使用了上述概念，绝大多数时候没有加以区分）——生产资料的私有制被废除，生产也不再以利润最大化为目的——将取而代之。但是，马克思并没有对这种社会进行详细描绘，以至于如今有些《资本论》的读者会惊奇地发现，在《资本论》中竟然没有任何关于共产主义的章节。然而，无论是在《资本论》中还是在早期作品中，马克思都试图通过对资本主义的分析推导出共产主义的一般规定。这些推论依赖于不同时期的分析立场，在表述上存在明显差异，因而无法整合为一套统一的观念。

　　在马克思意义上的共产主义理论中，有两套观念体系得到了极大拓展。不过，两者都与前文勾勒的政治经济学批判没有太大关系。

　　一是**作为理想的共产主义**。这种观点认为，共产主义是基于伦理的理由而**应当**存在的社会：人们不应该剥削或压迫他人，不应该一味追逐物质利益，而应该团结互助，等等。主要是在马克思的早期作品中存在一些可以在这一方向上加以解读的表达。这种观点常常遭到反对，即认为"人类"不可能像共产主义所要求的那样美好，他们总是寻求私利，因此共产主义不可能实现。另一方面，支持伦理学和宗教学观点的

学者恰恰在此发现了一个连接点，似乎可以把所谓马克思的伦理观与诸如基督教的伦理观紧密地融合起来。然而，以上两个方面都忽视了一个事实，那就是马克思在《资本论》中从未基于道德的理由来批判资本主义（参见第二章第二节），相反，他的分析过程表明，道德观念正是由社会生产出来的（参见第四章第三节）。由此也可以得出结论，只存在特定社会之中的道德，不存在能够衡量各个社会的一般道德。

二是**作为生产资料国有化的共产主义**。废除生产资料私有制在这里被等同于经济的国有化和国家计划。反对的观点认为，国家计划经济过于迟缓，并且存在走向威权统治的趋势。苏联的"现实社会主义"常常或多或少地被视为这种共产主义主张的直接转换。尽管我们能够从《共产党宣言》和《反杜林论》中找到生产资料国有化的要求，但是，它只是一种初步手段，而并不是对共产主义的特征描述。倒不如说，生产资料应当归于社会，而国家最终也将"消亡"（《马克思恩格斯全集》，第20卷，第306页）。

在马克思基于政治经济学批判而对共产主义所作的一些原则性论述中，至少能够明确两点。**第一**，共产主义社会不再以交换为基础。无论是生产中劳动力的耗费，还是产品的分配（首先根据其作为生产资料或生活资料的用途区分，然后在社会成员间作为消费品分配）都遵循着一种**社会**的——既不是市场也不是国家的——有意识、有计划控制的方式。不仅是资本（自行增殖的价值），商品和货币也不再存在。**第二**，马克思所谈的不是一种仿佛资本主义关系中的数量上的重新分配（但传统马克思主义特别强调的主要是这个分配问题），而首先是从一种自行独立的社会关系中**解放**出来，这种社会关系作为一种匿名的强制而与个人相对立。应当被超越的，不仅是那些给大部分人带来恶劣的、不安全的工作和生活条件的，作为特定的剥削关系的资本关系，而且包括劳动产品一旦作为商品生产就"带上"的拜物教（《马克思恩格斯全集》，第44卷，第90页）。只有消灭了带来各种拜物教形式的社会关系，社会解放，即从自行产生的其余的桎梏中解放出来，才成为可能。只有如此，社会成员才能作为一个"自由人联合体"(《马克思恩格斯全集》，第44卷，第96页)现实地**自行**组织和安排他们的社会事务。马克思探讨的是这种广泛意义上的解放，而非单单是一个分配问题。

然而，对于传统的世界观式的马克思主义而言，社会主义或共产主义的核心是一种不同的分配方式，在此基础上个人能够获得一种不同的、更好的发展可能性。根据这种以分配为中心的观点，形成了一种严格的福利国家，它甚至可以保存一定的市场经济结构，并将之视为社会主义或共产主义。苏联正是这样发展起来的：政党控制着国家权力，推动经济尽可能地发展物质生产，在一定程度上进行平均主义的收入分配，尽可能维系社会稳定。① 在苏联的政党政治中，被遏制的不仅是想要重新形成资本主义制度的政治立场。大多数民众实际上也没有什么影响，他们或多或少地得到了国家的照顾，但也是政党政治的被动接受者。公开的讨论即使存在，也是极为受限的。苏联共产党也不允许其他共产主义势力质疑它们。掌控社会进程的不是社会，而是政党。

［……］

在苏联，国家主要是确保政党统治社会的工具。"国家的消亡"被推迟到了遥远的未来。这一点对于马克思的共产主义构想则具有关键意义：国家，无论是资产阶级的还是社会主义的，都表现为一种与社会相对立的独立力量，它（在一定范围内）组织、（必要时也会以强力）推动特定形式的再生产。马克思在描述共产主义时所说的"自由人联合体"(《马克思恩格斯全集》，第44卷，第96页)在处理事务时却不会诉诸一种独立的力量——即便存在这样一种力量，也不是指"自由人联合体"。

共产主义意味着不仅废除商品、货币、资本，而且超越国家，但这并不是说这个社会中不存在规则。社会成员必须管理他们的社会生活，必须在工厂中组织生产，在工厂之间进行协调，平衡生产者和消费者之

---

① 其中也有腐败和试图渔利的官员，但这不是其本质性的运作方式，因为在资产阶级国家运行过程中，资产阶级的政客也会发生类似的现象。

间的不同利益,找到应对少数派主张的方式,也许在很长一段时间内还得应对各种形式的性别和种族歧视——因为即便资本主义剥削被终结,这种歧视也不会自行消失。

共产主义社会所必需的,如今通过市场来实现的大量的协调工作,无论如何不应该等闲视之,既不能低估其中的利益差异和冲突,也要考虑到各种协调机构通过新的自主化而演变为一种新的国家结构的风险。恩格斯在《反杜林论》中写道:"对人的统治将由对物的管理和对生产过程的领导所代替。"(《马克思恩格斯全集》,第20卷,第306页)这一点当然是正确的,但我们必须补充一点,对物的管理本身含有一种重新实现对人的统治的潜在力量。

抛开上述一切困难,并没有明确的论证表明共产主义社会在原则上为何是不可能的。然而,共产主义——如果说的不是那种只是管理着匮乏的"原始"共产主义——需要有特定的经济和社会的前提。马克思强调,作为向共产主义社会过渡的重要前提,资本主义带来了以科学和技术为基础的生产力的巨大发展,以及由此必然导致的工人能力的全面发展——尽管在资本主义关系中,二者都只建立在一个狭隘的、受限于利润最大化目的的基础之上。

结合马克思的思考,有两点是明确的:第一,在资产阶级统治薄弱的时期夺取并捍卫国家政权,例如1917年俄国那样,对于向共产主义社会过渡是不充分的。如果没有社会和经济的前提,社会主义革命可能作为党夺取政权的计划取得成功,但并不能作为社会解放的计划取得成功。第二,共产主义社会本身也需要一个特定的发展过程,以便在资本主义范围内创造出的前提得以转化。只有到了"共产主义社会高级阶段",在那里,"在随着个人的全面发展生产力也增长起来,而集体财富的一切源泉都充分涌流之后",才会实现这样的结果:"各尽所能,按需分配!"(《马克思恩格斯全集》,第19卷,第22—23页)

尽管这样一种共产主义社会难以实现——面对全球资本主义通过危机与失业在发达国家和所谓第三世界造成的社会灾难,而物质财富却达到了历史上前所未有的水平；面对资本主义生产方式造成的全球而非局部的（正如气候变化所表明的）自然生活环境的破坏；面对"民主的"资产阶级国家不断发起或升级的新的战争；面对所有这一切——我们有足够多的理由去推翻资本主义，至少是尝试用一个"自由人联合体"来取而代之。

附文

"机器论片段":马克思在《大纲》中的误认及《资本论》对它的超越[①]

米夏埃尔·海因里希 著 孔智键 张义修 译

对马克思的阐释者们来说,《大纲》依旧是他们最感兴趣的文本之一。一些作者认为,对于马克思的资本主义"灾难"(catastrophes)理论(一种资本主义"崩溃理论")而言,或至少对于描述一种新的、源于资本主义而又对立于资本逻辑的生产方式的兴起过程而言,所谓的"机器论片段"是核心文献。基于这样的思路,"机器论片段"得出的结论被视为理所当然的。但实际上,"机器论片段"的结论一方面是出于马克思自19世纪50年代早期以来对危机的片面理解,另一方面也是由于《大纲》中对一些基本范畴的理解还存在缺陷。在《大纲》之后,马克思克服了以上两方面的错误见解。在《资本论》第一卷中,在论述相对剩余价值生产的部分,我们会发现其中包含着对"机器论片段"的批判。如果无视马克思的理论发展,就像安东尼·奈格里那样,声称应该"就《大

---

① 本文在海因里希担任南京大学哲学系"刘伯明短期讲座教授"期间得到作者本人授权翻译。文中引述的一部分文献由译者替换为相应的中译本,并以脚注方式注明。原载于:*In Marx's Laboratory: Critical Interpretations of the Grundrisse*, eds. R. Bellofiore, G. Starosta, and P. D. Thomas. Leiden: Brill, 2013, pp. 197-212.——译者注

纲》本身"①来阅读《大纲》,那么就很容易忽略对马克思的这种内含的自我批评的研讨。就文本本身来阅读文本,意味着不加批判地接受文本的结论。而想要在今日建设性地讨论《大纲》,不仅需要将文本放在马克思思想发展的背景中,还要将我们对《大纲》的解读放在20世纪马克思研究的发展背景中,因为这种发展已经塑造了既往至今人们对《大纲》的各种解读方式。

一、《大纲》在20世纪的接受史

我们总是会在一个确定的历史情境中讨论某位重要作者的著作,这种历史情境为我们提供了具体的问题及限定。某些事情在我们看来是清楚无疑的,而其他的事情则看似存在问题或已经过时,有些评价在三四十年前和现在很不一样。而在马克思这里,还有更甚于此的事实,即许多今日看来备受争论的重要文本,在马克思活着的时候甚至没有发表。他的全部作品的公之于世是一个缓慢的过程。各个文本的历史语境和它们的发表情况都在影响着诸多争论的走向与轨迹。

即使是《资本论》,马克思本人也只出版了第一卷。恩格斯在他去世后出版了第二、三卷,深度地介入了编辑工作。直到近些年,马克思这几卷的原始手稿才在《马克思恩格斯全集》历史考证版(MEGA)中出版。所以,直到100多年后的现在,我们才有机会辨析恩格斯所编辑修改的内容,讨论马克思和恩格斯之间在观念性和本质性上的关联性。在20世纪初,当卡尔·考茨基在1905—1910年出版了《剩余价值理论》之后,由于该书被视为马克思计划中的阐述理论史的《资本论》第四卷②,似乎马克思全部的政治经济学批判已经完整地问世了。在后来

---

① [意]奈格里:《〈大纲〉:超越马克思的马克思》,北京师范大学出版社,2011年,第33页。

② 但并非如此:不仅是因为,既有的文本只探讨了单个范畴的历史(包括涉及其他领域的明显的离题),而马克思所计划的是整个经济学理论的历史,还因为,写于1861—1863年的《剩余价值理论》并没有达到《资本论》的知识水准。毋宁说,它们只是体现了马克思迈向这一知识水准的最初(重要)一步。

的主流解读中，马克思被当作伟大的社会主义经济学家，他展示了资本主义对工人阶级的剥削，资本主义必然陷入危机的本质和向社会主义过渡的必然性，这首先体现于《共产党宣言》，接着是建立在更宏大基础之上的《资本论》。大部分马克思主义者把这些发现当作"科学社会主义"的胜利来欢迎。然而从20世纪20年代开始，对马克思理论中真实或臆想的"经济主义""决定论"尤其是"客观主义"趋势的批评持续增强。在这种背景下，马克思早期作品，尤其是《1844年经济学哲学手稿》的出版就像扔下了一颗炸弹。在这里，显而易见的是，马克思经济学分析背后广阔的哲学和社会理论背景，他对资本主义条件下"人类本质"和"异化"的思考变得清晰起来。以此为基础，此前广受批判的、缺少一种主体理论的客观主义似乎被超越了。

对马克思接受上的这种转变不纯粹是一种内在于理论的现象，而是一种特定的政治解读的结果，它从各个方面反对官方政党的马克思主义的僵化和教条趋向。然而，法西斯主义和斯大林主义使得开始于20世纪30年代初的这一讨论变得不再可能发展出重大意义。直到60年代，在争论的条件已经实质性改变之后，重大的讨论才得以出现。总的来说，对马克思早期作品的接受已经不再自动地具有反对教条主义的动机。同时，这些文本在很大程度上已经被马克思列宁主义正统所整合。举例来说，当1965年路易·阿尔都塞将马克思早期作品批判为"意识形态"，而将《资本论》作为科学的特定形式时，这也是对正统的批评。但是，他极富争议的立场被（特别是被反对正统立场的一方）指责从理论上抛弃了主体和社会斗争。围绕"青年"（哲学的）和"老年"（经济学理论的）马克思关系问题的争论层出不穷，争论中与不同的个人立场相关联的不同的政治视角也层出不穷。正是在这样的背景之下，对《大纲》的广泛阅读才第一次真正开始，这也持续地影响了人们阐释《大纲》的话语和条件。

《大纲》于1939—1941年在莫斯科首次出版，在二战期间以及战争刚刚结束时没有受到多少人关注。即便1953年在东德重印，这一文本也没有多少读者。1968 年罗曼·罗斯多尔斯基对《大纲》评论①的出版改变了这一状况。此后《大纲》不仅在德国引发了广泛的讨论，随着 1967 年法文版和 1973 年英文第一版的出版，它在许多其他国家也引起了争论。

《大纲》像一根魔法棒，似乎用它就可以解决此前被探讨的马克思理论中的问题。在《大纲》中，青年的、哲学的马克思和成熟的、经济理论的马克思之间的矛盾立场似乎得到了缓解，或者说至少可以发现联结两者的中介：这个文本清楚地表明，成熟马克思的经济学著作同样建立在发展了的哲学基础之上。《资本论》中欠缺的东西似乎在《大纲》中体现了出来。

在《资本论》中马克思关于方法论问题的讨论几乎只出现在序言和跋中，但在《大纲》的叙述过程中他一直在提起这个问题，对黑格尔哲学的参考也更明显地出现在《大纲》之中。在主体性问题上也有类似的情况：相比于《资本论》，劳动在《大纲》中更突出地被理解为主体性的、与资本相对立的东西。此外，《大纲》中马克思的六册计划（资本、地产、雇佣劳动、国家、国际贸易和世界市场）显示出他想要考察的对象比《资本论》中所呈现的要广泛得多。最后，《大纲》似乎构成了对《资本论》的补充，因为《大纲》中讨论的一系列主题并没有在《资本论》中得到相应的处理。其中最著名的主题是在《大纲》中被称为"资本主义生产以前的各种形式"的段落中，在意大利工人主义很早就讨论过的"机器论片段"中。②

因此，《大纲》似乎对所有人来说都是有意义的。在今天，讨论马克思如果不涉及《大纲》似乎就不够有说服力。③《大纲》无疑一本是充满

---

① ［联邦德国］罗曼·罗斯多尔斯基：《马克思〈资本论〉的形成》，魏埙等译，山东人民出版社，1992 年。

② 关于这段历史参见 Bellofiore, Riccardo and Massimiliano Tomba, 'Lesarten des Maschinesfragments. Perspektiven und Grenzen desoperaistichen Auseinandersetzung mit Marx', in Van der Linden and Roth(eds.), *Über Marx Hinaus: Arbeitsgeschichteund Arbeitsbegriff in der Konfrontationmit den globalen Arbeitsverhältnissen des 21. Jahrhunderts*, Berlin: Assoziation A. 2009。

③ 关于《大纲》在国际上的接受史参见［意］马塞罗·默斯托主编：《马克思的〈大纲〉：〈政治经济学批判大纲〉150 年》，闫月梅等译，中国人民大学出版社，2011 年。

魅力的著作，阅读它就像是一次智力探险。我们可以通过马克思的分析和他的理论建构过程来观察马克思，就像站在他的肩膀上远眺一样；相比于《资本论》，《大纲》的文献选择更加自由，更少限制。然而，这种不难理解的魅力却过于频繁地导致一种缺乏批判性的狂热。

二、马克思理论发展史中的《大纲》

如果把《大纲》仅仅作为《资本论》之外的补充，那么马克思政治经济学批判的内在理论发展历程和《大纲》的暂时性特征就被忽视了。让我们再简略回顾一下这个过程。马克思在1845—1846年的主要工作是从根本上批判所有以人的类存在和异化为中心的经济学理论方法。不过，在这一阶段，马克思没有找到真正实现这些构想的东西。能够肯定的是，《德意志意识形态》实现了向经验现实的转向。马克思和恩格斯一次又一次强调"实证的科学"、对事物和关系的经验状态的考察必须代替哲学的臆想。

在这一背景下，李嘉图的政治经济学和法国历史学家们的阶级理论被马克思当作对资本主义现实的本质上正确的描述而加以接受了。在《哲学的贫困》(1847年)中批判蒲鲁东时，马克思不断高度赞扬李嘉图的精准分析。在《共产党宣言》当中，马克思毫不犹豫地参考了例如基佐和梯叶里等法国历史学家分析法国大革命时所用的资产阶级的阶级分析法。在这个时期，马克思批判李嘉图的唯一一点在于，李嘉图认为资本主义不是历史上特定的生产方式，而是一种永恒、似自然(quasi-natural)的存在。① 在阶级理论上也是类似的：马克思并没有说他自己发现了阶级和阶级斗争的存在，而是认为阶级斗争最终必将通向一个无阶级社会。② 在19世纪40年代的后半段，我们能发现马克思对已有的资产阶级政治经济学和阶级理论的**批判性挪用**，但他还没有根本

---

① 参见《致安年柯夫的信》，《马克思恩格斯全集》(第1版)，第27卷，第476页。
② 参见1852年3月5日马克思致约瑟夫·魏德迈的信，《马克思恩格斯全集》(第1版)，第28卷(下)，第509页。

性的对政治经济学的**范畴的批判**。

　　这一批判只是在马克思被迫移居伦敦之后才得到发展。在这里，也就是当时资本主义世界体系的心脏，马克思借助大英博物馆的海量藏书开始了他的经济学研究，就像他在1859年《政治经济学批判》序言里强调的那样是"再从头开始"①。也是在此时马克思才开始发展出对政治经济学的范畴的批判。首先，马克思批判李嘉图的货币和地租理论；随着研究的进展，批判越来越深入。当马克思1857年写完《导言》、开始写《大纲》时，这不仅仅是他后来通向《资本论》的经济学批判的开端，它也是，并且首先是马克思对过去那些年所得到的理论观点的一次总结。然而，想要条理分明地陈述这些观点，还需要一个繁重的研究过程，在此过程中，马克思所遭遇的并非只是一项理论空白。

　　马克思在开始写作《大纲》时，已经有大量为其计划的经济学著作而准备的材料，但他在观念上还远未完成准备。《大纲》实际上并没有一个真正的开头：它是从批判达里蒙——蒲鲁东的一个学生——开始的。马克思批判他想要用货币体系来克服资本主义，却悄然略过了对其范畴基础的分析，而这对他的批判来说是必要的。在这里，我们能清楚地看到，马克思在处理价值、货币和交换等范畴时仍有严重的困难。仔细去读《货币章》就会发现，这还不是一次完整的叙述的尝试，而是大量的、不断更新的叙述尝试的堆叠。②

　　除去这些悬而未决的问题，一个外部动机在推动着马克思继续这项研究：1857年发生的世界经济危机。马克思已经数年迫不及待地要见到这样一场危机，他预料猛烈的经济震动和革命反抗会随之而来。他的书本来是要为这场革命运动提供支持，而现在马克思担心他可能

---

　　① 《马克思恩格斯全集》(第2版)，第31卷，第414页。
　　② 参见 PEM (Projektgruppe Entwicklung des Marxschen Systems) 1973, *Das Kapitel vom Geld*, West Berlin: VSA, 1978。

太迟了。①

在《大纲》中，马克思的知识获得长足进步，但是在分析上依旧有着严重问题，这些是许多狂热解读者看不出来的。马克思自己写道，这份手稿"很乱，其中有许多东西只是以后的篇章才用得上"②。他指的不单是材料的顺序、大量的题外话和猜想。范畴的次序本身是特定内容的承担者：它显示了这些范畴的联系，它们之间存在着的相互关联。像商品、货币、资本、雇佣劳动等范畴，都是发达资本主义社会中社会关系的理论表达。这些关系不仅同时出现，它们在社会现实中也互为前提。只有在理论分析中才能够区分出简单和复杂范畴，并表达出范畴之间的观念性的、理论性的联系。③ 可是当手稿中的连贯性崩塌的时候，恰恰就是单个范畴之间的这种观念性的联系还没有被清楚把握的时候。这就意味着这些范畴在观念性中的定位绝非无关紧要的缺陷。

我们将在下一节具体讨论其中的部分缺陷。但是，马克思在19世纪60年代消除了一些错误的事实，并不意味着从《大纲》到《资本论》存在着一个线性的发展过程、一个连续的改良过程。然而，这一主张却在20世纪70—80年代引导了MEGA的编辑者们，他们将《大纲》《1861—62年手稿》（MEGA II/3.1—3.6）和《1863—65年手稿》（MEGA II/4.1—4.2）称为"《资本论》的三个草稿"，从而暗示了这样一个运动发展过程，即《资本论》（指的是经由恩格斯编辑的三卷本著作）是目标，而起点恰恰是《大纲》。除了表述上的完善和对理论缺陷的更正外，我们仔细研究就会看到与这一发展相反的趋势。马克思自己常常提起表述的"通俗化"。第一次通俗化是在1859年《政治经济学批

---

① 参见马克思1858年2月22日写给费迪南·拉萨尔的信，《马克思恩格斯全集》（第1版），第29卷，第532页。

② 《马克思恩格斯全集》（第1版），第29卷，第317页。

③ 这是马克思"辩证叙述"的核心，参见Michael Heinrich, *Die Wissenschaft vom Wert. Die Marxsche Kritik der politischen Ökonomie zwischen wissenschaftlicher Revolution und klassischer Tradition*, Überarbeitete und erweiterte Neuauflage, Münster: Westfälisches Dampfboot, 1999。

判》中;第二次通俗化的尝试是在第二版的《资本论》第一卷中。这些通俗化是有代价的:特定的概念语境有时会被遮蔽;其他的一些联系在《资本论》中不复存在,例如货币向资本的过渡。① 所以,汉斯-格奥尔格·巴克豪斯和海尔穆特·莱希尔特才特别主张,从《大纲》到《资本论》的发展不是一种完善,更不用说是叙述上的改良,而是一个将原本非常缜密的叙述大大削弱的故事。②

不过这两种立场(连续改良的观点和不断理论倒退的观点)似乎都不充分。这不仅是因为进步和倒退都可以找到,而且更重要的是因为这种方法会使我们忽略这一点:从《大纲》到《资本论》的道路经历的不只是某些单个方面的转变,而且还有根本性、观念性的问题的转型。六册计划和"资本一般"概念(马克思在《大纲》中发展出二者,并在《1861—63年手稿》中重新提到它们)被放弃了。关于《资本论》,《1863—65年手稿》是其第一份而非第三份草稿,马克思发展出了一套新的理论框架,其中单个资本和社会总资本的区分起着决定性作用。③ 实际上,我们应当区分开两个不同的研究项目:六册的《政治经济学批判》,它有两个草稿(《大纲》和《1861—63年手稿》);四册的《资本论》,它有三个草稿(《1863—65年手稿》、包含第一版《资本论》第一卷在内

---

① Michael Heinrich, *Die Wissenschaft vom Wert. Die Marxsche Kritik der politischen Ökonomie zwischen wissenschaftlicher Revolution und klassischer Tradition*, Überarbeitete und erweiterte Neuauflage, Münster: Westfälisches Dampfboot, 1999.

② 参见 Backhaus Hans-Georg, *Dialektik der Wertform. Untersuchungen zur marxschen Ökonomiekritik*, Freiburg: ça ira, 1997. 和 Helmut Reichelt, *Neue Marx-Lektüre. Zur Kritik sozialwissenschaftlicher Logik*, Hamburg: VSA, 2008.

③ 参见 Michael Heinrich, 'Capital in General and the Structure of Marx's Capital. New Insights from Marx's "Economic Manuscript of 1861-63"', *Capital & Class*, 1989, 38: 63-79.

的《1866—71年手稿》，以及《1871—81年手稿》）。①

三、"机器论片段"中马克思的论证及其错误

在《大纲》手稿的开头，马克思没有进入关于价值理论之基础的思考，而是尝试确认货币在商品流通领域中的位置。特别是他还没有澄清抽象劳动与具体劳动的区别，这一点在《资本论》中被马克思描述为理解政治经济学的"枢纽"，而在1868年1月8日写给恩格斯的信中马克思称之为"批判地理解问题的全部秘密"。② 作为与李嘉图价值理论完全决裂的标志，抽象劳动与具体劳动的明确的区分是在1859年的《政治经济学批判》第一分册中才发生的。③ 诚然，马克思在《大纲》中也区分了使用价值和价值（但交换价值和价值的区分还没那么清楚；直到第二版《资本论》第一卷中他才做到这点）。当他说到决定价值的劳动时间时，就像斯密和李嘉图那样，仅仅指的是"直截了当的劳动"（labour *sans phrase*），这就无法避免混淆抽象劳动和具体劳动的界定。④

将资本主义生产过程作为劳动过程和增殖过程的同一体的分析尚处于初步假设的层面。马克思一直纠结于不变资本的形式规定性，以

---

① 参见米歇尔·海因里希:《重建还是结构？关于价值和资本的方法论争论，以及来自考证版的新见解》，见［意］理查德·贝洛菲儿、罗伯特·芬奇（编）:《重读马克思》，东方出版社，2010。关于70年代马克思的作品参见 Michael Heinrich, *Entstehungs-und Auflösungsgeschichte des Marxschen Kapitals*, in Bonefeld and Heinrich (eds.) 2011。

② 《马克思恩格斯全集》（第1版），32卷，第12页。

③ 施拉德认为，马克思在摘录富兰克林时开始清楚地认识到这一区分的重要性，这份摘录最有可能是在1858—1859年准备《政治经济学批判》期间写作的。参见 Fred E. Schrader, *Restauration und Revolution. Die Vorarbeiten zum 'Kapital' von Karl Marx in seinen Studienheften 1850 - 1858*, Hildesheim: Gerstenberg, 1980, pp194 ff. 但仅凭这一点的话，马克思的价值理论仍是不完整的；只有在《剩余价值理论》中遭遇萨穆埃尔·贝利时，价值形式分析的全部重要性在马克思那里才变得清楚，而这些在《政治经济学批判》第一分册里的论述还很简要、不充分。

④ 马克思自己强调这种分析不能仅仅停留在1868年1月8日写给恩格斯信中所说的那种"劳动"上，见《马克思恩格斯全集》（第1版），第32卷，第12页。

至于他不断回到这一问题上来：劳动何以可能既增加新的价值，又把已用的生产资料的价值转移到产品中？① 马克思反复尝试着做出解释（一会儿用劳动的"形式"与"内容"，一会儿用劳动的"质"与"量"），"马克思体系发展项目组"（PEM）②所出版的一卷著作对此进行过充分的分析。③

由于马克思在不变资本的概念上还是存在问题，他依旧只能用"固定资本"范畴来理解劳动资料的现实的资本主义的形式规定性④，也就是只在流通的层面理解劳动资料的形式规定性。所以，被热议的"机器论片段"实际上是写在资本流通过程这一部分的，尽管相关问题被当作从属于分析资本的生产过程。

马克思一开始还是认为，劳动资料在资本的生产过程中"经历了各种不同的形态变化，它的最后的形态是**机器**，或者更确切些说，是**自动的机器体系**"⑤。这里，工人的活动也发生了转变，它"从一切方面来说都是由机器的运转来决定和调节的，而不是相反"⑥。马克思认为这整个过程"对资本来说并不是偶然的，而是使传统的继承下来的劳动资料适合于资本要求的历史性变革。因此，知识和技能的积累，社会智力的一般生产力的积累，就同劳动相对立而被吸收在资本当中，从而表现为资本的属性，更明确些说，表现为**固定资本**的属性，只要后者是作为真正的生产资料加入生产过程"⑦。

紧接着，马克思总结道：

---

① 《马克思恩格斯全集》（第2版），第30卷，第203—215页。
② "马克思体系发展项目组"（PEM）全称"Projektgruppe Entwicklung des Marxschen Systems"，是由原西德左翼理论家约阿希姆·比朔夫（Joachim Bischoff）在20世纪70年代创建的马克思研究小组，该小组以马克思的手稿为基础，围绕马克思的货币理论、价值理论等课题开展研究。——译者注
③ PEM, *Das Kapital vom Geld*, West Berlin: VSA, 1978, pp113 ff.
④ 《马克思恩格斯全集》（第2版），第31卷，第89—90页。
⑤ 《马克思恩格斯全集》（第2版），第31卷，第90页。
⑥ 《马克思恩格斯全集》（第2版），第31卷，第91页。
⑦ 《马克思恩格斯全集》（第2版），第31卷，第92—93页。

因此，只有当劳动资料不仅在形式上被规定为**固定资本**，而且扬弃了自己的直接形式，从而，**固定资本**在生产过程内部作为机器来同劳动相对立的时候，而整个生产过程不是从属于工人的直接技巧，而是表现为科学在工艺上的应用的时候，只有到这个时候，资本才获得了充分的发展，或者说，资本才造成了与自己相适合的生产方式。可见，资本的趋势是赋予生产以科学的性质，而直接劳动则被贬低为只是生产过程的一个要素。①

在19世纪，一个当时的观察家不会看不到机器在资本主义生产当中越来越重要、科学应用不断增加以及工人的地位逐步下降。马克思在这里记下这些发展的事实并不是什么特别的分析上的建树。真正的建树是对这一过程的排序与解释。

马克思把这些发展当作资本必然会产生的过程；资本"造成了与自己相适合的生产方式"。然而，为什么机器的应用和生产中逐步增强的科学本质能与资本相适合？马克思的回答很模糊：在第一段引文中，他说"社会智力的一般生产力"被资本"吸收"了；在第二段引文中，马克思强调科学的生产过程不再"从属于工人的直接技巧"。换句话说，基于对社会生产出来的知识的资本主义占有，资本驾驭劳动的力量不断增加，资本越来越独立于单个工人和他们的技能。这种不断增长的力量对资本而言是一种积极影响。但是资本的目的是剩余价值的生产。如果我们想要说明马克思所指出的发展代表了与资本"相适合的生产方式"，那么我们必须指向剩余价值的生产。然而，这里的引用表明，马克思此时离这一步还很远，因为他还没有对相对剩余价值的生产有充分的认识。这表明，他可以把不断增长的机器应用和生产的科学本质仅仅当作经验上显而易见的一种趋势来处理，并**断言**这种发展适合资本。可是他仍然不能**证明**其适合于资本主义的发展。

---

① 《马克思恩格斯全集》（第2版），第31卷，第93—94页。

他凭借经验的证据强调了一个（显而易见的）矛盾，而没有提供理论论证："劳动时间——单纯的劳动量——在怎样的程度上被资本确立为唯一的决定要素，直接劳动及其数量作为生产即创造使用价值的决定要素就在怎样的程度上失去作用；而且，如果说直接劳动在量的方面降到微不足道的比例，那么它在质的方面，虽然也是不可缺少的，但一方面同一般科学劳动相比……却变成一种从属的要素……"①

接着马克思立即意味深长地写下了结论："于是，资本也就促使自身这一统治生产的形式发生解体。"②

这一震撼人心的结论暂时没有得到进一步证明。接下来，为了驳斥罗德戴尔的观点，即固定资本是独立于劳动时间的一种价值的来源，马克思着手解决固定资本以何种方式贡献于产品的价值的问题。几页之后他又回到了这一矛盾论述。他坚持资本关系的前提是"直接劳动时间的量，作为财富生产决定因素的已耗费的劳动量"③。

然而，这个前提被工业自身的发展侵蚀了："随着大工业的发展，现实财富的创造较少地取决于劳动时间和已耗费的劳动量，较多地取决于在劳动时间内所运用的作用物的力量。"④

如果直接劳动时间的作用越来越小，那么工人在生产过程中还需要干什么呢？

> 劳动表现为不再像以前那样被包括在生产过程中，相反地，表现为人以生产过程的监督者和调节者的身分同生产过程本身发生关系……工人不再是生产过程的主要作用者，而是站在生产过程的旁边。⑤

这里不再是"人本身完成的直接劳动"，而是"对人本身的一般生产

---

① 《马克思恩格斯全集》（第2版），第31卷，第94—95页。
② 《马克思恩格斯全集》（第2版），第31卷，第95页。
③ 《马克思恩格斯全集》（第2版），第31卷，第100页。
④ 《马克思恩格斯全集》（第2版），第31卷，第100页。
⑤ 《马克思恩格斯全集》（第2版），第31卷，第100页。

力的占有"①,基于这个基础,马克思得出了一个十分重要的结论:

> 一旦直接形式的劳动不再是财富的巨大源泉,劳动时间就不再是,而且必然不再是财富的尺度,因而交换价值也不再是使用价值的尺度。**群众的剩余劳动**不再是一般财富发展的条件,同样,**少数人的非劳动**不再是人类头脑的一般能力发展的条件。于是,以交换价值为基础的生产便会崩溃……②

尽管这些句子经常被引用,但它们依旧值得我们更加仔细地研究,从而看到马克思是否以及怎样**证明**了这些结论。马克思的起点是经验上显而易见的趋势,即机器的使用和生产中增长着的科学维度在资本主义生产方式中稳步发展。这种毫无争议的观察被马克思当作以下相互依赖的推论的基础:

A. 马克思认为"直接劳动"不断地从生产过程中消失,由此会导致

B. 直接劳动不再是财富的巨大源泉;财富转而越来越由科学或一般社会知识所构成;

C. 在这种情形下,劳动时间不再是财富的"尺度",

D. 其结果就是资本主义生产("以交换价值为基础的生产")崩溃。

如果我们详细地考虑这些推论就会发现,没有区分生产使用价值的具体有用劳动和体现为价值的抽象人类劳动的这一缺陷,已经导致了致命的后果:

关于 A,马克思无限外推了对机器发展进步的经验观察,而这必然需要解释,是否在资本主义生产过程当中,机器对"直接劳动"的取代当

---

① 在后文不远处,马克思解释道:"固定资本的发展表明,一般社会知识,已经在多么大的程度上变成了**直接的生产力**,从而社会生活过程的条件本身在多么大的程度上受到一般智力的控制并按照这种智力得到改造。"[《马克思恩格斯全集》(第 2 版),第 31 卷,第 102 页]这是今天许多作者津津乐道的"一般智力"唯一一次被马克思提及的段落。

② 《马克思恩格斯全集》(第 2 版),第 31 卷,第 101 页。

真没有限制。如果我们考虑的只是具体的有用劳动,那么看起来通过增加使用机器来提升生产力的过程确实没有限制(尽管其所发生的时段仍是一个可以讨论的问题)。但我们需要牢记的是,这是在资本的生产过程的背景下,因此必然存在着使用机器的限制。以资本的方式被使用的机器本身是一个价值对象,它把其价值平均地转移到产品当中(如果一个机器在用完之前生产了 10000 份产品,那这个机器转移了 1/10000 的价值到单个产品当中)。正如马克思在《资本论》第一卷第 13 章第二部分详细讨论的那样,只有在产品的生产成本降低时,机器在资本主义生产过程中的使用才是合算的。也只有当从机器转移到产品中的价值,低于由于活劳动耗费的减少带来的成本降低时,这种使用才会发生。如果使用机器在单个产品生产中节省了一个小时,那么资本家就省下了这一小时的工资。但如果机器转移到产品中的价值高于一小时工资,那么资本家不会使用机器,因为机器也许确实使劳动更具生产力,然而也提高了生产成本。只有当机器所转移的价值少于省下的工资成本时,资本家才会使用机器。

关于 B,马克思这里指的"财富"并不清楚。如果是**物质财富**,也就是大量的使用价值,那么"直接劳动"恐怕永远不会是财富的"巨大"源泉,因为除了具体有用劳动,自然的生产力(例如土地的肥力)和人类创造的生产力同样都是财富的巨大源泉。然而,如果马克思这里指的是资本主义社会中财富的**社会形式**,即"庞大的商品堆积"的"价值",那么这个价值体现的是生产出商品的抽象的人类劳动。在这里,这种抽象人类劳动中的哪一部分是花费在(最终的)生产过程中的"直接劳动"的表现,哪一部分是对象化在机器中、将价值转移到产品中的劳动的表现,是无关紧要的。即使产品价值中越来越大的部分可以追溯到使用机器所带来的价值转移,抽象劳动依旧是价值的实体。

关于 C,如果抽象劳动依旧是价值实体的话,那么劳动时间也依旧是它的内在尺度,即使生产中的"直接劳动时间"的作用越来越小。**直接劳动时间**无论如何都不曾是价值尺度:直接劳动时间是个体生产者所耗费的具体劳动的量。然而个人耗费的具体劳动时间并不形成价值；价值是由**平均社会关系**造成的抽象人类劳动的量所构成的。

关于 D，如果劳动时间还是价值的（内在）尺度，那么马克思提出的最后一个推论，即"以交换价值为基础的生产"的崩溃就站不住脚。实际上，就最后一个推论而言，在一开始就完全不清楚的是，衡量价值的困难（如果注定会发生的话）是何以直接导致资本主义生产的**崩溃**的。

总之，最后一个推论的缺陷显而易见，奇怪的是马克思自己没有注意到这一论证多么无力。有一种解释将之归结于马克思写作《大纲》前所持有的对危机的理解。《共产党宣言》提到过"在周期性的重复中越来越危及整个资产阶级社会生存的商业危机……"①。若干年后，马克思和恩格斯提出了危机和革命的紧密联系："新的革命只有在新的危机之后才有可能。但是新的革命的来临像新的危机的来临一样是不可避免的。"②马克思在写作《大纲》手稿时，将危机视作不仅是政治进程的催化剂，也是经济崩溃的开端，这从一份早期的计划中能清楚看到。他写道："危机。以交换价值为基础的生产方式和社会形式的解体。"③

在开始写作《大纲》时，马克思坚信危机会导致资本主义生产方式的解体，在危机加深的过程中这种生产方式终将"崩溃"。现在，世界市场的第一次大危机已经开始，这将带来"洪水"，他只能概要地叙述形成这一过程之基础的机制。

可是我们知道，事情没有按照马克思预期的那样发展。尽管世界市场真正的第一次危机在 1857—1858 年发生了，但它既不是革命的催化剂，也没有宣告基于交换价值的生产的崩溃。恰恰相反：危机很快就过去了，资本主义生产从危机中复苏并增强了。这给了马克思一个彻底的、难忘的教训。当丹尼尔逊在 19 世纪 70 年代后期催促他完成《资本论》时，马克思回复说，在当前危机没有达到顶点时，他完成不了《资

---

① ［德］马克思、恩格斯：《共产党宣言》，人民出版社，1997 年，第 33 页。
② 《马克思恩格斯全集》（第 1 版），第 7 卷，第 514 页。
③ 《马克思恩格斯全集》（第 2 版），第 30 卷，第 221 页。

本论》，因为这次危机呈现出了全新的景象，他还要在理论上理解它。[1]此时的马克思没有一丝关于资本主义崩溃的想法，甚至写作《大纲》时对于作品完成得"太迟"的担心也没有了。

四、魁奈之谜及其解决

马克思在《大纲》中关于**固定资本**的分析在《资本论》第一卷中出现在不同的位置上——作为考察相对剩余价值生产的补充部分。这个范畴在《大纲》中还只是以不成熟的形式表现出来的，而在《资本论》中得到了发展，这种发展基于对具体有用劳动和抽象人类劳动、对不变资本和可变资本的准确区分，同时基于对作为劳动过程和增殖过程同一体的资本主义生产过程的理解。

生产力的发展现在不仅被经验地、实际地考虑到，而且被把握为相对剩余价值生产的系统方法，其中包含了生产力提高的根本可能性，这种可能性就在个体劳动力之间的协作、分工（在工场手工业的范式中分析）和机器的使用（在"大工业"范式中）之中。在所有三个层面上，劳动的社会生产力表现为资本的生产力，"物质生产过程的智力作为他人的财产和统治工人的力量同工人相对立"。[2] 然而，情况在这三个层面上并不一样：

> 这个分离过程在简单协作中开始，在工场手工业中得到发展，在大工业中完成。在简单协作中，资本家在单个工人面前代表社会劳动体的统一和意志，工场手工业使工人畸形发展，变成局部工人，大工业则把科学作为一种独立的生产能力与劳动分离开来，并迫使科学为资本服务。[3]

马克思在第13章总结了他对机器和大工业的分析：

---

[1] 《马克思恩格斯全集》(第1版)，第34卷，第345页。
[2] 《马克思恩格斯全集》(第2版)，第44卷，第418页。
[3] 《马克思恩格斯全集》(第2版)，第44卷，第418页。

一切资本主义生产既然不仅是劳动过程,而且同时是资本的增殖过程,就有一个共同点,即不是工人使用劳动条件,相反地,而是劳动条件使用工人,不过这种颠倒只是随着机器的采用才取得了在技术上很明显的现实性。由于劳动资料转化为自动机,它就在劳动过程本身中作为资本,作为支配和吮吸活劳动力的死劳动而同工人相对立。正如前面已经指出的那样,生产过程的智力同体力劳动相分离,智力转化为资本支配劳动的权力,是在以机器为基础的大工业中完成的。变得空虚了的单个机器工人的局部技巧,在科学面前,在巨大的自然力面前,在社会的群众性劳动面前,作为微不足道的附属品而消失了;科学、巨大的自然力、社会的群众性劳动都体现在机器体系中。①

通过在相对剩余价值生产(生产力的提高导致劳动力价值和必要劳动时间减少,使得剩余劳动时间相应增加)的语境中分析生产过程的变化,马克思不只是像在《大纲》中那样断言这种发展的必然性,而且也证明了这个观点。他也明白了,生产过程中智力潜能与工人之间的分离是一种内在于所有资本主义生产的趋势。这个过程在机器生产中达到顶点,但并非一个使得资本主义生产成为问题的爆破点。单个工人的局部技巧越来越被科学应用所排挤,因而远离"一般智力",威胁不了价值生产。在这种情况下,马克思对生产性的工人的看法发生了改变,正如《资本论》第13章中所附带说明的那样。

在《资本论》当中,马克思研究了"机器论片段"中所考察过的同一段发展过程。但在任何地方,他都再也不提(抽象)劳动会不再是价值的实体,或者作为价值尺度的劳动会成问题——这当然是有原因的。

价值维度现在是在完全不同的层面上登场的。在第 10 章"相对剩余价值的概念"的讨论中,马克思提到了政治经济学奠基人之一魁奈用

---

① 《马克思恩格斯全集》(第 2 版),第 44 卷,第 487 页。

来为难他的论敌,而后者至今未能给出回答的一个"谜",也就是这样一种现象:一方面,资本家们只对交换价值感兴趣;但同时另一方面,他们总是寻求降低他们产品的交换价值。① 在《大纲》中,马克思也同样给不出回答这一谜题的答案。在那里,他已经充分注意到了魁奈所指出的这个矛盾,不过并没有解决它,而是将它理解成了资本的一个矛盾:"资本本身是处于过程中的矛盾,因为它竭力把劳动时间缩减到最低限度,另一方面又使劳动时间成为财富的唯一尺度和源泉。"②

在《大纲》中,马克思指认这一"矛盾"具有推翻资本主义生产方式的潜能。在《资本论》中,在分析相对剩余价值生产的语境中,这一矛盾得到了解决:资本家对商品的绝对价值并不感兴趣,而只是着眼于蕴含其中的剩余价值以及通过出售商品所能实现的剩余价值。而"因为同一过程使商品便宜,并使商品中包含的剩余价值提高,所以这就解开了一个谜:为什么只是关心交换价值生产的资本家,总是力求降低商品的交换价值"③。在1857—1858年的《大纲》中使得马克思倍感错愕,以至于直接认定基于交换价值的所有生产的崩溃的那个矛盾,在1867年的《资本论》中,则被弱化为理论史中的一个答案很简单的谜。在这些决定性的理论进展上,那些止步于《大纲》的解释者们并没有跟得上马克思的脚步。

---

① 《马克思恩格斯全集》(第2版),第44卷,第372页。
② 《马克思恩格斯全集》(第2版),第31卷,第101页。
③ 《马克思恩格斯全集》(第2版),第44卷,第372页。

参考文献

一、马克思恩格斯著作

Marx, Karl (1844): Ökonomisch-philosophische Manuskripte. In: MEW 40.

Marx, Karl (1845): Thesen über Feuerbach. In: MEW 3.

Marx, Karl; Engels, Friedrich (1845): Die Deutsche Ideologie. In: MEW 3.

Marx, Karl; Engels, Friedrich (1845): Manifest der Kommunistischen Partei. In: MEW 4.

Marx, Karl (1857): Einleitung. In: MEW 42 (ebenfalls in MEW 13).

Marx, Karl (1857/58): Grundrisse der Kritik der politischen Ökonomie. In: MEW 42.

Marx, Karl (1858): Urtext von Zur Kritik der politischen Ökonomie. In: MEGA, II. Abteilung, Bd. 2.

Marx, Karl (1859): Zur Kritik der politischen Ökonomie. Erstes Heft. In: MEW 13.

Marx, Karl (1861-63): Theorien über den Mehrwert. In: MEW 26.1—26.3.

Marx, Karl (1865): Inauguraladresse der Internationalen Arbeiter-Assoziation. In: MEW 16.

Marx, Karl (1867): Das Kapital. Kritik der politischen Ökonomie. Erster Band (1. Auflage), MEGA, II. Abteilung, Bd. 5.

Marx, Karl (1867-94): Das Kapital. Kritik der politischen Ökonomie. 3 Bde.

MEW 23 - 25.

Marx, Karl (1871/72): Ergänzungen und Veränderungen zum ersten Band des "Kapital". In: MEGA, II. Abteilung, Bd. 6.

Marx, Karl (1875): Kritik des Gothaer Programms. In: MEW 19.

Engels, Friedrich (1859): Marx, Karl "Zur Kritik der politischen Ökonomie". In: MEW 13.

Engels, Friedrich (1878): Herrn Eugen Dührings Umwälzung der Wissenschaft (Anti-Dühring). In: MEW 20.

Engels, Friedrich (1880): Die Entwicklung des Sozialismus von der Utopie zur Wissenschaft. In: MEW 19.

Engels, Friedrich (1884): Der Ursprung der Familie, des Privateigentums und des Staates. In: MEW 21.

二、其他文献

Agnoli, Johannes (1975): Der Staat des Kapitals. Gesammelte Schriften Bd. 2. Freiburg 1995.

Althusser, Louis (1965): Für Marx. Frankfurt/M.

Althusser, Louis; Balibar, Etienne (1965): Das Kapital lesen. Reinbek.

Althusser, Louis (1970): "Ideologie und ideologische Staatsapparate". In: ders., Ideologie und ideologische Staatsapparate. Hamburg 1977. S. 108 - 168.

Altvater, Elmar (1992): Der Preis des Wohlstands. Münster.

Altvater, Elmar u. a. (1999): Kapital. doc. Münster.

Altvater, Elmar; Mahnkopf, Birgit (1999): Grenzen der Globalisierung. Ökonomie, Ökologie und Politik in der Weltgesellschaft. 4., völlig überarb. Aufl. Münster.

Backhaus, Hans-Georg (1997): Dialektik der Wertform. Freiburg.

Backhaus, Hans-Georg (2000): "Über den Doppelsinn der Begriffe "Politische Ökonomie" und "Kritik" bei Marx und in der 'Frankfurter Schule'. In: Dornuf, Stefan; Pitsch, Reinhard (Hrsg.), Wolfgang Harich zum Gedächtnis. BandII. München. S. 10 - 213.

Beck, Ulrich (1986): Risikogesellschaft, Frankfurt/M.

Behrens, Diethard (1993a): "Erkenntnis und Ökonomiekritik". In: ders. (Hg.), Gesellschaft und Erkenntnis. Freiburg. S. 129 - 164.

Behrens, Diethard (1993b): "Der kritische Gehalt der MarxschenWertformanalyse". In: ders. (Hg.), Gesellschaft und Erkenntnis. Freiburg. S. 165189.

Behrens, Diethard (2004): Westlicher Marxismus. Stuttgart (im Erscheinen).

Brentel, Helmut (1989): Soziale Form und ökonomisches Objekt. Opladen.

Castells, Manuel (2001 - 2003): Das Informationszeitalter. 3 Bde. Opladen.

Conert, Hans-Georg (1998): Vom Handelskapital zur Globalisierung. Entwicklung und Kritik der politischen Ökonomie. Münster.

Dimoulis, Dimitri; Milios, Jannis (1999): "Werttheorie, Ideologie und Fetischismus". In: Beiträge zur Marx-Engels-Forschung. Neue Folge 1999. Hamburg. S. 12 - 56.

Elbe, Ingo (2003): Zwischen Marx, Marxismus und Marxismen-Lesarten der Marxschen Theorie. Bochum: Arbeitskreis rote-ruhr-uni. Quelle: http://www.rote-ruhr-uni.com/texte.

Foucault, Michel (1976): Überwachen und Strafen. Die Geburt des Gefängnisses. Frankfurt/M.

Gerstenberger, Heide (1990): Subjektlose Gewalt. Theorie der Entstehung bürgerlicher Staatsgewalt. Münster.

Glißmann, Wilfried; Peters, Klaus (2001): Mehr Druck durch mehr Freizeit. Die neue Anatomie in der Arbeit und ihren Folgen. Hamburg.

Gramsci, Antonio (1929 - 35): Gefängnishefte. 10 Bde. Hamburg 1991 ff.

Hardt, Michael; Negri, Antonio (2002): Empire. Die neue Weltordnung. Frankfurt/M.

Haug, Wolfgang Fritz (2003a): "Historisches/Logisches". In: Das Argument 251, S. 378 - 396.

Haug, Wolfgang Fritz (2003b): "Wachsende Zweifel an der monetären Werttheorie" In: Das Argument 251, S. 424 - 437.

Heinrich, Michael (1999): Die Wissenschaft vom Wert. Die Marxsche Kritik der politischen Ökonomie zwischen wissenschaftlicher Revolution und klassischer

Tradition. Erweiterte Neuauflage. Münster.

Heinrich, Michael (1999a): "Kommentierte Literaturliste". In: Altvater u. a. (1999), S. 188 - 220.

Heinrich, Michael (1999b): "Untergang des Kapitalismus? Die, Krisis' und dieKrise". In: Streifzüge 1/1999, S. 1 - 5.

Heinrich, Michael (2003): "Geld und Kredit in der Kritik der politischen Ökonomie". In: Das Argument 251, S. 397 - 409.

Heinrich, Michael (2003a): "Imperialismustheorie". In: Schindler, Siegfried; Spindler, Manuela (Hrsg.), Theorien der Internationalen Beziehungen. Opladen, S. 279 - 308.

Heinrich, Michael (2004): "Über 'Praxeologie', 'Ableitungen aus dem Begriff' und die Lektüre von Texten. Zu Wolfgang Fritz Haugs Antwort auf meinen Beitrag in Argument 251". In: Das Argument 254, S. 92 - 101.

Heinrich, Michael (2004a): Welche Klassen, welche Kämpfe?, in: grundrisse 11, S. 35 - 42.

Hilferding, Rudolf (1910): Das Finanzkapital. Frankfurt/M. 1968.

Hirsch, Joachim (1995): Der nationale Wettbewerbsstaat. Staat, Demokratie und Politik im globalen Kapitalismus. Berlin.

Hobson, John A. (1905): Der Imperialismus. Köln 1968.

Huffschmid, Jörg (2002): Politische Ökonomie der Finanzmärkte. Aktualisierte Neuauflage. Hamburg.

Initiaitivgruppe Regulationstheorie (1997): "Globalisierung und Krise des Fordismus. Eine Einführung". In: Becker, Steffen u. a. , Jenseits der Nationalökonomie? Hamburg, S. 7 - 27

Itoh, Makoko; Lapavitsas, Costas (1999): Political Economy of Money and Finance. Palgrave.

Jacobs, Kurt (1997): "Landwirtschaft und Ökologie im, Kapital". In: PROKLA 108, S. 433 - 450.

Kautsky, Karl (1887): Karl Marx Oekonomische Lehren. Gemeinverständlich dargestellt und erläutert. Stuttgart.

Kautsky, Karl (1914): "Der Imperialismus". In: Die Neue Zeit 32, S. 908 – 922.

Keynes, John Maynard (1936): Allgemeine Theorie der Beschäftigung, des Zinses und des Geldes. Berlin 1983.

Kößler, Reinhart; Wienold, Hanns (2001): Gesellschaft bei Marx. Münster.

Krätke, Michael (1995): Stichworte: "Bank", "Banknote", "Börse". In: Historischkritisches Wörterbuch des Marxismus. Bd. 2. Hamburg. Sp. 1 – 22, 22 – 27, 290 – 302.

Kurz, Robert (1995): "Die Himmelfahrt des Geldes". In Krisis 16/17, S. 21 – 76.

Kurz, Robert (1991): Der Kollaps der Modernisierung. Frankfurt/M.

Kurz, Robert (1999): Schwarzbuch Kapitalismus. Frankfurt/M.

Lenin, Wladimir I. (1913): "Drei Quellen und drei Bestandteile des Marxismus". In: ders., Werke. Bd. 19. S. 3 – 9.

Lenin, Wladimir I. (1917): "Der Imperialismus als höchstes Stadium des Kapitalismus". In: ders., Werke. Bd. 22. S. 189 – 309.

Lenin, Wladimir I. (1917a): "Staat und Revolution". In: ders., Werke. Bd. 25. S. 393 – 507.

Luxemburg, Rosa (1913): Die Akkumulation des Kapitals. Ein Beitrag zur ökonomischen Erklärung des Imperialismus. Gesammelte Werke. Bd. 5. Berlin 1975.

Luxemburg, Rosa (1918): "Zur russischen Revolution". In: dies., Gesammelte Werke. Bd. 5. Berlin 1975.

Mandel, Ernest (1968): Marxistische Wirtschaftstheorie. 2 Bde. Frankfurt/M.

Mandel, Ernest (1998): Einführung in den Marxismus. Köln.

Milios, John; Dimiloulis, Dimitri; Economakis, George (2002): Karl Marx and the Classics. An Essay on value, crises and capitalist mode of production. Ashgate.

Milios, Jannis; Economakis, George (2003): "Zur Entwicklung der Krisentheorie aus dem Kontext der Reproduktionsschemata: von Tugan-Baranovskij zu Bucharin". In: Beiträge zur Marx-Engels-Forschung. Neue Folge 2002. Hamburg. S. 160 – 184.

Neusüss, Christel (1972): Imperialismus und Weltmarktbewegung des Kapitals. Erlangen.

Nuss, Sabine (2002): "Download ist Diebstahl? Eigentum in einer digitalen Welt". In: PROKLA 126, S. 11-35.

Paschukanis, Eugen (1924): Allgemeine Rechtslehre und Marxismus. Freiburg 2003.

Postone, Moishe (1988): "Nationalsozialismus und Antisemitismus. Ein theoretischer Versuch". In: Diner, Dan (Hrsg.), Zivilisationsbruch. Denken nachAuschwitz. Frankfurt/M.

Postone, Moishe (2003): Zeit, Arbeit und gesellschaftliche Herrschaft. Eine neue Interpretation der kritischen Theorie von Marx. Freiburg.

Poulantzas, Nicos (1977): Staatstheorie. Hamburg 2002.

Rakowitz, Nadja (2000): Einfache Warenproduktion. Ideal und Ideologie. Freiburg.

Reichelt, Helmut (1970): Zur logischen Struktur des Kapitalbegriffs bei Karl Marx. Freiburg 2001.

Reichelt, Helmut (2002): "Die MarxscheKritik ökonomischer Kategorien. Überlegungen zum Problem der Geltung in der dialektischenDarstellungsmethode im, Kapital". In: Fetscher, Iring; Schmidt, Alfred (Hg.), Emanzipation als Versöhnung. Frankfurt/M.

Reitter, Karl (2002): "Der Begriff der abstrakten Arbeit". In: grundrisse. zeitschrift für linke theorie &. debatte 1, 2002, S. 5-18.

Ricardo, David (1817): "On the Principles of Political Economy and Taxation." In: Sraffa, Pierro (Ed.), The Works and Correspondence of David Ricardo. Vol. I. Cambridge 1951.

Rosdolsky, Roman (1968): Zur Entstehungsgeschichte des Marxschen "Kapital". Der Rohentwurf des Kapital 1857-1858. Frankfurt/M.

Rosdolsky, Roman (1968b): "Der Streit um die Marxschen Reproduktionsschemata". In: ders. (1968), Bd. III. S. 524-596.

Sablowski, Thomas (2001): Stichwort: "Globalisierung". In: Historischkritisches Wörterbuch des Marxismus. Bd. 5. Hamburg. Sp. 869 – 881.

Sablowski, Thomas (2003): "Krisentendenzen der Kapitalakkumulation". In: Das Argument 251, S. 438 – 452.

Smith, Adam (1776): An Inquiry into the Nature and Causes of the Wealth of Nations. 2 vols. The Glasgow Edition of the Works and Correspondence of Adam Smith II. Oxford 1976.

Stützle, Ingo (2003): "Staatstheorien oder 'Beckenrandschwim-merInnen der Welt, vereinigt Euch!'". In: grundrisse. zeitschrift für linke theorie & debatte 6, 2003, S. 27 – 38.

Trenkle, Norbert (1998): "Was ist der Wert? Was soll die Krise?" In: Streifzüge 3/1998, S. 7 – 10.

Trenkle, Norbert (2000): "Kapitulation vorm Kapitalismus". In: Konkret 7/2000, S. 42 ff.

v. Werlhof, Claudia (1978): "Frauenarbeit: der blinde Fleck in der Kritik der politischen Ökonomie" In: Beiträge zur feministischen Theorie und Praxis 1, S. 18 – 32.

Wolf, Harald (1999): Arbeit und Autonomie. Ein Versuch über Widersprüche und Metamorphosen kapitalistischer Produktion, Münster.

注：本译著中所引述的马克思、恩格斯著作，除单独标注外，均引自人民出版社《马克思恩格斯全集》相应卷次的最新版本。

索 引

(索引中的页码为原著页码,检索时请查本书边码)

Akkumulation 21 积累
　　kapitalische 131 资本主义积累
　　ursprüngliche 89, 209 原始积累
Aktie 161ff 股份
Antisemitismus 188ff 反犹太主义
Äquivalent, allgemeines 59f 一般等价物
Äquivalentform 57 等价形式
Arbeit 劳动
　　abstrakte/konkrete 45ff, 63 抽象/具体劳动
　　einfache/komplizierte 50 简单/复杂劳动
　　privat verausgabte/gesellschaftliche 45, 63 私人耗费的劳动/社会劳动
　　produktive/unproductive 120ff, 134f 生产劳动/非生产劳动

Arbeitskraft 87f, 90f, 117ff 劳动力
Arbeitsprozess/Verwertungsprozess 97f 劳动过程/价值增殖过程
Arbeitswerttheorie 40, 42ff 劳动价值论
Arbeitszeit 劳动时间
　　gesellschaftlich notwendige 41 社会必要劳动时间
　　notwendige/Mehrarbeitszeit 93 必要劳动时间/剩余劳动时间
Ausbeutung 13, 93f 剥削

Bank 158f 银行
Basis/Überbau 202f 基础/上层建筑
Börse 162 Fn.50 证券交易所
Bourgeoisie 13, 195 资产阶级
Buchgeld 159f 账面货币

Demokratie 215ff 民主

Determinismus 23，193，199f 决定论

Dialektik 34ff 辩证法

Dienstleistung 41f，134 服务

Durchschnittsprofit（rate） 144ff 平均利润（率）

Entfremdung 19f，70 Fn. 20 异化

Extramehrwert/Extraprofit 105f 超额剩余价值/超额利润

Fabrik 108 工厂

Fetischismus 69ff，96 Fn. 28，181，218 拜物教

Finanzmarkt 162 Fn. 50 金融市场

Finanzkapital 219 金融资本

Fordismus 120 福特制

Formbestimmung 38，61，74 形式规定

Formel, trinitarische 181，185 三位一体的公式

Gebrauchswert 38 使用价值

Gedankenform, objektive 73f，95，171f 客观的思维形式

Geld 55，61f 货币

Geldfetisch 75 货币拜物教

Geldform 54，60 货币形式

Geldkapital 131 货币资本

Geldkapitalist 156 货币资本家

Geldware 60，67f，160f 货币商品

Gesamtkapitalist, ideeller 211 理想的总资本家

Gesellschaft, bürgerliche 13，76，180 资产阶级社会

Grundrente 181f 地租

Handelskapital 134f 商业资本

Imperialismus 219ff 帝国主义

Kapital 15，83 资本

　fiktives 163f 虚拟资本

　fixes/zirkulierendes 135f 固定资本/流动资本

　fungierendes 156 执行职能的资本

　industrielles 133f 产业资本

　kaufmännisches（kommerzielles） 134f 商人（商贸的）资本

　konstantes/variables 99 不变资本/可变资本

　produktives 131 生产资本

　zinstragendes 155ff 生息资本

Kapitalfetisch 110，133，158 资本拜物教

Kapitalismus 15f 资本主义

Kapitalist 85f 资本家

Kapitalmarkt 161f 资本市场

Kapitalzusammensetzung 资本构成

　organische/technische/wertmäßige

123f 资本的有机/技术/价值构成

Klasse（Klassenverhältnis）12f, 88f, 193ff 阶级（阶级关系）

strukturelle/historische 194f 结构的/历史的阶级（阶级关系）

Klassenkampf 91, 101f, 196ff 阶级斗争

Kommunismus 216ff 共产主义

Konkurrenz, Zwangsgesetze der 14f, 85f, 106, 123 竞争的强制规律

Konzentration des Kapitals 126 资本的积聚

Kostpreis 141 成本价格

Kredit 154ff 信贷

Kreditgeld 159f 信用货币

Kreditsystem 165 信用制度

Kreislauf des Kapitals 131f 资本的循环

Kritik 31ff, 74 批判

Krise 65, 169ff, 174 危机

Kurswert（Börsenkurs）162f 市值（交易所价格）

Logisch/Historisch 27ff, 55 逻辑的/历史的

Lohn(form) 94ff 工资（形式）

Marxismus 23ff, 30, 62, 77, 165, 227 马克思主义

Marxismus-Leninismus 23f, 227 马克思列宁主义

Manufaktur 108 工场手工业

Mehrwert 84, 99 剩余价值

absoluter 102 绝对剩余价值

relativer 103f 相对剩余价值

Mehrwertrate 100 剩余价值率

Monopolkapitalismus 219f 垄断资本主义

Mystifikation 96, 142, 181 神秘化

Nation 209 民族国家

Nominallohn 118 名义工资

Ökonomie, bürgerliche 30f, 42f, 54ff 资产阶级经济学

Ökonomismus 23, 194 经济主义

Personalisierung 187（Fn 60）人格化

Personifikation 61, 85, 187（Fn 60）人格化

Personifizierung 187（Fn 60）人格化

Preis 63f 价格

Produktionsfaktor 13f, 183f 生产要素

Produktionsmittel 15, 98 生产资料

Produktionspreis 145 生产价格

Produktionszeit 132 生产时间

Profit 100, 141f 利润

Profitrate 100, 142 利润率

Proletariat 13, 17, 195 无产阶级

Realabstraktion 47 实在抽象

Reallohn 118 实际工资

Realsozialismus 227f 现实社会主义

Rechtsstaat 208f 法治国家

Reproduktion 再生产

 einfache/erweiterte 137ff 简单/扩大再生产

Reservearmee, industrielle 125f 产业后备军

Saysches Gesetz 170 萨伊定律

Sozialismus 225 社会主义

Sozialstaat 212f 福利国家

Staat, bürgerliche 208 资产阶级国家

Subsumtion, formelle/reelle 117 形式/实际从属

Tauschwert 38 交换价值

Taylorismus 108 泰勒制

Transformationsproblem 147ff 转形问题

Überproduktion 173 生产过剩

Überakkumulation 173 积累过剩

Umlauf des Geldes 66 货币的流通

Umlaufszeit 132 流通时间

Umschlag des Kapitals 135 资本周转

Unterkonsumtionstheorie 172 消费不足理论

Unternehmergewinn 156 企业主收入

Verdinglichung 32, 185 物化

Verelendungstheorie 127ff 贫困化理论

Verwertung 14, 83f 价值增殖

Ware 38, 41 商品

Warenbesitzer 61 商品占有者

Warenfetisch 69ff 商品拜物教

Warenkapital 132 商品资本

Warenproduktion, einfache 78f 简单商品生产

Warenzirkulation 65 商品流通

Wechsel 159 汇票

Weltgeld 67 世界货币

Weltmarkt 218ff 世界市场

Wert 40, 47, 53, 57f 价值

Werttheorie 42, 44f 价值理论

 monetäre 62, 147, 165 货币价值论

 substanzialistische 47, 54, 62 实体主义价值论

Wertform 价值形式

 allgemeine 58f 一般价值形式

 einfache 56f 简单价值形式

 entfaltete 58 扩大的价值形式

 relative 57 相对价值形式

Wertgesetz 42 价值规律

Wertgröße 40f, 49, 53, 64 价值量

Wertpapier, festverzinsliches 161ff 固

定利息证券/债券
Wertsubstanz 47, 54 价值实体
Wertzeichen 66 价值符号

Zahlungsmittel 67 支付手段
Zentralisation des Kapitals 126 资本的集中
Zins 155f 利息

Zirkulation 流通
 einfache 79 简单流通
 des Kapitals 131ff 资本的流通
Zirkulationskosten 132f 流通费用
Zirkulationsmittel 64f 流通手段
Zusammenbruchstheorie 175ff 崩溃理论
Zyklus 169f 周期

译后记

2015年7月,我利用在德国柏林洪堡大学访问学习的机会,拜访了同在柏林的米夏埃尔·海因里希(Michael Heinrich)教授。临别之际,他赠予我几部他的代表作,其中就包括已经多次再版的《政治经济学批判导论》(*Kritik der politischen Ökonomie：Eine Einführung*)。一年之后,2016年10月,海因里希教授应邀来到南京大学,受聘为哲学系"刘伯明短期讲座教授",为全校各专业的本科生开设了一门解读《资本论》的课程。在此期间,他欣然同意将本书的中文版授权给南京大学出版社,由我根据德文版进行翻译。该书的翻译计划得到了张一兵教授的支持和宝贵意见,南京大学马克思主义社会理论研究中心也聘任海因里希教授为兼职研究员。

在我翻译此书的过程中,还发生了一件意料之外的事情。2017年9月,我收到了一封来自北京大学经济学院博士生房誉的电子邮件。原来,他的导师方敏教授在开设《资本论》相关课程的过程中,也将海因里希的这本书的英译版(*An introduction to the Three Volumes of Karl Marx's Capital*)作为教学参考书。方教授非常认同该书的学术价值,故而请房博士根据英译版翻译此书,并向北京大学出版社推荐引进本书。多方联系之后才得知,该书版权已经被购得,我也已在翻译的过程中。当时,房博士已经根据英译版完成了一份初稿,花了不少心血。所以，我与海因里希教授及出版社编辑商定，将该书作为我们二人共同的翻译成果。

海因里希教授的文风洗练，观点鲜明，再加上我对他的研究情况和主要观点比较了解，翻译过程总体来说还是比较顺利的。在翻译的过程中，我越发体会到：该书虽然表面上只是一部普及性、导论性的作品，但是，其中大量观点与论证都是充满原创性和针对性的，特别是对于我们这些从中学时代便接触马克思经济学相关知识的中国读者而言，不难发现，该书所呈现出的马克思与《资本论》，同我们在教科书中所学过的内容颇为不同。虽然有所不同，但该书秉持坚定的马克思主义立场，致力于彰显马克思的政治经济学批判理论的当代性与开放性。因此，无论是对于想要了解马克思的《资本论》与政治经济学批判的读者，还是关心马克思主义政治经济学当代发展的读者，这本书都是值得一读的。

为了方便读者对照马克思原著中译本，我在翻译过程中，不仅将全书引述的马克思原文与中文版的《马克思恩格斯全集》和《马克思恩格斯文集》相对照（原则上以全集和新版译文为优先），而且尽量保证该书所用的大量概念与《资本论》中译本的译法相一致。同时当然还要照顾到德文中的概念关联方面的特殊性。另外，德文版与英文版在许多细节上并不一致，我在基于德文版翻译、校对的过程中，几乎逐句与房博士提供的译稿以及该书英文版作了对照。不过，为了尽量体现作者本意，我在标题译法、句法结构方面，还是希望能尽量贴近德文原著。因此，尽管房博士的译稿并没有大篇幅地得到体现，但是他的翻译无疑对我深入准确地理解原书起到了重要的推动作用，这部译著也实实在在是我们二人合作的产物。限于语言和理解水平，定有许多不够妥当甚至错漏之处，恳请读者不吝批评指正。

张义修
2018 年 9 月

《当代学术棱镜译丛》
已出书目

媒介文化系列

第二媒介时代 [美]马克·波斯特

电视与社会 [英]尼古拉斯·阿伯克龙比

思想无羁 [美]保罗·莱文森

媒介建构：流行文化中的大众媒介 [美]劳伦斯·格罗斯伯格 等

揣测与媒介：媒介现象学 [德]鲍里斯·格罗伊斯

媒介学宣言 [法]雷吉斯·德布雷

媒介研究批评术语集 [美]W. J. T. 米歇尔 马克·B. N. 汉森

解码广告：广告的意识形态与含义 [英]朱迪斯·威廉森

全球文化系列

认同的空间——全球媒介、电子世界景观与文化边界 [英]戴维·莫利

全球化的文化 [美]弗雷德里克·杰姆逊 三好将夫

全球化与文化 [英]约翰·汤姆林森

后现代转向 [美]斯蒂芬·贝斯特 道格拉斯·科尔纳

文化地理学 [英]迈克·克朗

文化的观念 [英]特瑞·伊格尔顿

主体的退隐 [德]彼得·毕尔格

反"日语论" [日]莲实重彦

酷的征服——商业文化、反主流文化与嬉皮消费主义的兴起 [美]托马斯·弗兰克

超越文化转向 [美]理查德·比尔纳其 等

全球现代性：全球资本主义时代的现代性 [美]阿里夫·德里克

文化政策 [澳]托比·米勒 [美]乔治·尤迪思

通俗文化系列

解读大众文化　[美]约翰·菲斯克
文化理论与通俗文化导论(第二版)　[英]约翰·斯道雷
通俗文化、媒介和日常生活中的叙事　[美]阿瑟·阿萨·伯格
文化民粹主义　[英]吉姆·麦克盖根
詹姆斯·邦德:时代精神的特工　[德]维尔纳·格雷夫

消费文化系列

消费社会　[法]让·鲍德里亚
消费文化——20世纪后期英国男性气质和社会空间　[英]弗兰克·莫特
消费文化　[英]西莉娅·卢瑞

大师精粹系列

麦克卢汉精粹　[加]埃里克·麦克卢汉　弗兰克·秦格龙
卡尔·曼海姆精粹　[德]卡尔·曼海姆
沃勒斯坦精粹　[美]伊曼纽尔·沃勒斯坦
哈贝马斯精粹　[德]尤尔根·哈贝马斯
赫斯精粹　[德]莫泽斯·赫斯
九鬼周造著作精粹　[日]九鬼周造

社会学系列

孤独的人群　[美]大卫·理斯曼
世界风险社会　[德]乌尔里希·贝克
权力精英　[美]查尔斯·赖特·米尔斯
科学的社会用途——写给科学场的临床社会学　[法]皮埃尔·布尔迪厄
文化社会学——浮现中的理论视野　[美]戴安娜·克兰
白领:美国的中产阶级　[美]C.莱特·米尔斯
论文明、权力与知识　[德]诺贝特·埃利亚斯
解析社会:分析社会学原理　[瑞典]彼得·赫斯特洛姆

局外人：越轨的社会学研究 [美]霍华德·S.贝克尔

社会的构建 [美]爱德华·希尔斯

多元现代性 周宪 [德]比约恩·阿尔珀曼 [德]格尔哈德·普耶尔

新学科系列

后殖民理论——语境 实践 政治 [英]巴特·穆尔-吉尔伯特

趣味社会学 [芬]尤卡·格罗瑙

跨越边界——知识学科 学科互涉 [美]朱丽·汤普森·克莱恩

人文地理学导论：21世纪的议题 [英]彼得·丹尼尔斯 等

文化学研究导论：理论基础·方法思路·研究视角 [德]安斯加·纽宁 [德]维拉·纽宁主编

世纪学术论争系列

"索卡尔事件"与科学大战 [美]艾伦·索卡尔 [法]雅克·德里达 等

沙滩上的房子 [美]诺里塔·克瑞杰

被困的普罗米修斯 [美]诺曼·列维特

科学知识：一种社会学的分析 [英]巴里·巴恩斯 大卫·布鲁尔 约翰·亨利

实践的冲撞——时间、力量与科学 [美]安德鲁·皮克林

爱因斯坦、历史与其他激情——20世纪末对科学的反叛 [美]杰拉尔德·霍尔顿

真理的代价：金钱如何影响科学规范 [美]戴维·雷斯尼克

科学的转型：有关"跨时代断裂论题"的争论 [德]艾尔弗拉德·诺德曼 [荷]汉斯·拉德 [德]格雷戈·希尔曼

广松哲学系列

物象化论的构图 [日]广松涉

事的世界观的前哨 [日]广松涉

文献学语境中的《德意志意识形态》[日]广松涉

存在与意义（第一卷）[日]广松涉

存在与意义（第二卷）[日]广松涉

唯物史观的原像 [日]广松涉

哲学家广松涉的自白式回忆录 [日]广松涉

资本论的哲学 [日]广松涉

马克思主义的哲学 [日]广松涉

世界交互主体的存在结构 [日]广松涉

国外马克思主义与后马克思思潮系列

图绘意识形态 [斯洛文尼亚]斯拉沃热·齐泽克 等

自然的理由——生态学马克思主义研究 [美]詹姆斯·奥康纳

希望的空间 [美]大卫·哈维

甜蜜的暴力——悲剧的观念 [英]特里·伊格尔顿

晚期马克思主义 [美]弗雷德里克·杰姆逊

符号政治经济学批判 [法]让·鲍德里亚

世纪 [法]阿兰·巴迪欧

列宁、黑格尔和西方马克思主义：一种批判性研究 [美]凯文·安德森

列宁主义 [英]尼尔·哈丁

福柯、马克思主义与历史：生产方式与信息方式 [美]马克·波斯特

战后法国的存在主义马克思主义：从萨特到阿尔都塞 [美]马克·波斯特

反映 [德]汉斯·海因茨·霍尔茨

为什么是阿甘本？ [英]亚历克斯·默里

未来思想导论：关于马克思和海德格尔 [法]科斯塔斯·阿克塞洛斯

无尽的焦虑之梦：梦的记录(1941—1967)附《一桩两人共谋的凶杀案》(1985) [法]路易·阿尔都塞

马克思：技术思想家——从人的异化到征服世界 [法]科斯塔斯·阿克塞洛斯

经典补遗系列

卢卡奇早期文选 [匈]格奥尔格·卢卡奇

胡塞尔《几何学的起源》引论 [法]雅克·德里达

黑格尔的幽灵——政治哲学论文集[Ⅰ] [法]路易·阿尔都塞

语言与生命 [法]沙尔·巴依

意识的奥秘 [美]约翰·塞尔

论现象学流派 [法]保罗·利科

脑力劳动与体力劳动：西方历史的认识论 [德]阿尔弗雷德·索恩-雷特尔

黑格尔 [德]马丁·海德格尔

黑格尔的精神现象学 [德]马丁·海德格尔

生产运动：从历史统计学方面论国家和社会的一种新科学的基础的建立 [德]弗里德里希·威廉·舒尔茨

先锋派系列

先锋派散论——现代主义、表现主义和后现代性问题 [英]理查德·墨菲

诗歌的先锋派：博尔赫斯、奥登和布列东团体 [美]贝雷泰·E. 斯特朗

情境主义国际系列

日常生活实践 1. 实践的艺术 [法]米歇尔·德·塞托

日常生活实践 2. 居住与烹饪 [法]米歇尔·德·塞托 吕斯·贾尔 皮埃尔·梅约尔

日常生活的革命 [法]鲁尔·瓦纳格姆

居伊·德波——诗歌革命 [法]樊尚·考夫曼

景观社会 [法]居伊·德波

当代文学理论系列

怎样做理论 [德]沃尔夫冈·伊瑟尔

21 世纪批评述介 [英]朱利安·沃尔弗雷斯

后现代主义诗学：历史·理论·小说 [加]琳达·哈琴

大分野之后：现代主义、大众文化、后现代主义 [美]安德列亚斯·胡伊森

理论的幽灵：文学与常识 [法]安托万·孔帕尼翁

反抗的文化：拒绝表征 [美]贝尔·胡克斯

戏仿：古代、现代与后现代 [英]玛格丽特·A. 罗斯

理论入门 [英]彼得·巴里

现代主义 [英]蒂姆·阿姆斯特朗

叙事的本质 [美]罗伯特·斯科尔斯　詹姆斯·费伦　罗伯特·凯洛格
文学制度 [美]杰弗里·J.威廉斯
新批评之后 [美]弗兰克·伦特里奇亚
文学批评史:从柏拉图到现在 [美]M.A.R.哈比布
德国浪漫主义文学理论 [美]恩斯特·贝勒尔
萌在他乡:米勒中国演讲集 [美]J.希利斯·米勒
文学的类别:文类和模态理论导论 [英]阿拉斯泰尔·福勒
思想絮语:文学批评自选集(1958—2002) [英]弗兰克·克默德
叙事的虚构性:有关历史、文学和理论的论文(1957—2007) [美]海登·怀特
21世纪的文学批评:理论的复兴 [美]文森特·B.里奇

核心概念系列

文化 [英]弗雷德·英格利斯
风险 [澳大利亚]狄波拉·勒普顿

学术研究指南系列

美学指南 [美]彼得·基维
文化研究指南 [美]托比·米勒
文化社会学指南 [美]马克·D.雅各布斯　南希·韦斯·汉拉恩
艺术理论指南 [英]保罗·史密斯　卡罗琳·瓦尔德

《德意志意识形态》与文献学系列

梁赞诺夫版《德意志意识形态·费尔巴哈》 [苏]大卫·鲍里索维奇·梁赞诺夫
《德意志意识形态》与MEGA文献研究 [韩]郑文吉
巴加图利亚版《德意志意识形态·费尔巴哈》 [俄]巴加图利亚
MEGA:陶伯特版《德意志意识形态·费尔巴哈》 [德]英格·陶伯特

当代美学理论系列

今日艺术理论 [美]诺埃尔·卡罗尔

艺术与社会理论——美学中的社会学论争 [英]奥斯汀·哈灵顿
艺术哲学:当代分析美学导论 [美]诺埃尔·卡罗尔
美的六种命名 [美]克里斯平·萨特韦尔
文化的政治及其他 [英]罗杰·斯克鲁顿
当代意大利美学精粹 周宪 [意]蒂齐亚娜·安迪娜

现代日本学术系列

带你踏上知识之旅 [日]中村雄二郎 山口昌男
反·哲学入门 [日]高桥哲哉
作为事件的阅读 [日]小森阳一
超越民族与历史 [日]小森阳一 高桥哲哉

现代思想史系列

现代主义的先驱:20世纪思潮里的群英谱 [美]威廉·R.埃弗德尔
现代哲学简史 [英]罗杰·斯克拉顿
美国人对哲学的逃避:实用主义的谱系 [美]康乃尔·韦斯特
时空文化:1880—1918 [美]斯蒂芬·科恩

视觉文化与艺术史系列

可见的签名 [美]弗雷德里克·詹姆逊
摄影与电影 [英]戴维·卡帕尼
艺术史向导 [意]朱利奥·卡洛·阿尔甘 毛里齐奥·法焦洛
电影的虚拟生命 [美]D.N.罗德维克
绘画中的世界观 [美]迈耶·夏皮罗
缪斯之艺:泛美学研究 [美]丹尼尔·奥尔布赖特
视觉艺术的现象学 [英]保罗·克劳瑟
总体屏幕:从电影到智能手机 [法]吉尔·利波维茨基
[法]让·塞鲁瓦
艺术史批评术语 [美]罗伯特·S.纳尔逊 [美]理查德·希夫
设计美学 [加拿大]简·福希

工艺理论:功能和美学表达 [美]霍华德·里萨蒂
艺术并非你想的那样 [美]唐纳德·普雷齐奥西 [美]克莱尔·法拉戈
艺术批评入门:历史、策略与声音 [美]克尔·休斯顿
艺术史:研究方法批判导论 [英]迈克尔·哈特 [德]夏洛特·克朗克
十月:第二个十年,1986—1996 [美]罗莎琳·克劳斯 [美]安妮特·米切尔森 [美]伊夫-阿兰·博瓦 等

当代逻辑理论与应用研究系列

重塑实在论:关于因果、目的和心智的精密理论 [美]罗伯特·C.孔斯
情境与态度 [美]乔恩·巴威斯 约翰·佩里
逻辑与社会:矛盾与可能世界 [美]乔恩·埃尔斯特
指称与意向性 [挪威]奥拉夫·阿斯海姆
说谎者悖论:真与循环 [美]乔恩·巴威斯 约翰·埃切曼迪

波兰尼意会哲学系列

认知与存在:迈克尔·波兰尼文集 [英]迈克尔·波兰尼
科学、信仰与社会 [英]迈克尔·波兰尼

现象学系列

伦理与无限:与菲利普·尼莫的对话 [法]伊曼努尔·列维纳斯

新马克思阅读系列

政治经济学批判:马克思《资本论》导论 [德]米夏埃尔·海因里希
批判理论与政治经济学批判:颠倒与否定理性 [英]维尔纳·博内菲尔德

西蒙东思想系列

论技术物的存在模式 [法]吉尔贝·西蒙东

列斐伏尔研究系列

马克思主义思想与城市 [法]亨利·列斐伏尔

Kritik der politischen Ökonomie
By Michael Heinrich
© Schmetterling Verlag
Simplified Chinese translation copyright © 2021 by NJUP
All rights reserved.

江苏省版权局著作权合同登记　图字：10 - 2016 - 517 号

图书在版编目(CIP)数据

政治经济学批判：马克思《资本论》导论 /（德）米夏埃尔·海因里希著；张义修，房誉译. — 南京：南京大学出版社，2021.9(2025.4 重印)
（当代学术棱镜译丛 / 张一兵主编）
ISBN 978 - 7 - 305 - 23114 - 8

Ⅰ. ①政… Ⅱ. ①米… ②张… ③房… Ⅲ. ①《资本论》— 马克思著作研究 Ⅳ. ①A811.23

中国版本图书馆 CIP 数据核字(2020)第 049200 号

出版发行	南京大学出版社
社　　址	南京市汉口路 22 号　邮　编　210093
丛 书 名	当代学术棱镜译丛
书　　名	政治经济学批判：马克思《资本论》导论 ZHENGZHI JINGJIXUE PIPAN: MAKESI《ZIBENLUN》DAOLUN
著　　者	［德］米夏埃尔·海因里希
译　　者	张义修　房　誉
责任编辑	巫闽花
照　　排	南京南琳图文制作有限公司
印　　刷	南京玉河印刷厂
开　　本	787 mm×1092 mm　1/16 开　印张 16.75　字数 245 千
版　　次	2021 年 9 月第 1 版　印次　2025 年 4 月第 7 次印刷
ISBN	978 - 7 - 305 - 23114 - 8
定　　价	55.00 元
网　　址	http://njupco.com
官方微博	http://weibo.com/njupco
官方微信	njupress
销售热线	025 - 83594756

* 版权所有，侵权必究
* 凡购买南大版图书，如有印装质量问题，请与所购图书销售部门联系调换